AS FESTAS DA ABOLIÇÃO NO RIO DE JANEIRO (1888-1908)

RENATA FIGUEIREDO MORAES

AS FESTAS DA ABOLIÇÃO NO RIO DE JANEIRO (1888-1908)

FGV EDITORA

FAPERJ
Fundação Carlos Chagas Filho de Amparo à Pesquisa do Estado do Rio de Janeiro

Direitos desta edição reservados à
FGV EDITORA
Rua Jornalista Orlando Dantas, 9
22231-010 | Rio de Janeiro, RJ | Brasil
Tel.: 21-3799-4427
editora@fgv.br | www.editora.fgv.br

Impresso no Brasil | *Printed in Brazil*

1ª edição – 2023

Preparação de originais: Sandra Frank
Editoração eletrônica: Abreu's System
Revisão: Aline Duque Erthal
Capa: Estúdio 513

Dados Internacionais de Catalogação na Publicação (CIP)
Ficha catalográfica elaborada pela Biblioteca Mario Henrique Simonsen/FGV

Moraes, Renata Figueiredo
As festas da Abolição no Rio de Janeiro : (1888-1908) / Renata Figueiredo Moraes. – Rio de Janeiro : FGV Editora, 2023.
312 p. : il.

Inclui bibliografia.
ISBN 978-65-5652-216-6

1. Escravidão – Rio de Janeiro (RJ) – História – Séc. XIX. 2. Brasil – História – Abolição da escravidão, 1888. I. Fundação Getulio Vargas. II. Título.

CDD – 981.53

Elaborada por Márcia Nunes Bacha – CRB-7/4403

Aos meus pais

Um contador de histórias é justamente o contrário de um historiador, não sendo um historiador, afinal de contas, mais do que um contador de histórias.
Por que essa diferença?
Machado de Assis, *História de quinze dias*
(15 de março de 1877).

Glória a todas as lutas inglórias
Que através da nossa história
Não esquecemos jamais.
Aldir Blanc e João Bosco, "Mestre-sala dos mares".

Sumário

Índice de figuras

Agradecimentos

A publicação deste livro é um antigo sonho, que talvez tenha começado há mais tempo do que eu possa imaginar. Quando terminei a graduação em história na Universidade Federal Fluminense (UFF), e já discutia Abolição, não imaginei que um dia pudesse publicar um livro sobre suas festas. Esse dia chegou, talvez tenha demorado um pouco. Um pouco mais de 10 anos separam a finalização da tese da publicação deste livro. Os agradecimentos que faço neste momento são baseados nessa longa espera, que gerou em mim um amadurecimento intelectual e profissional. O tempo é sábio e necessário para certas ocasiões, uma lição difícil de ser aprendida. Porém, consegui, aqui estou, fazendo os agradecimentos a tanta gente, que temo esquecer algum nome. Certamente não caberiam em poucas páginas os nomes de todos aqueles que merecem meu "muito obrigada". Portanto, cito aqui alguns de tantos amigos e amigas que estiveram comigo em diferentes etapas dessa longa e vitoriosa jornada.

Muita coisa mudou nesses últimos 10 anos, e uma delas é o acesso à pós-graduação. Por isso, primeiramente quero reforçar meus agradecimentos ao CNPq, que me concedeu uma bolsa para a realização do doutorado, e à Pontifícia Universidade Católica do Rio de Janeiro (PUC-Rio) por me acolher em seu programa, especialmente a seus funcionários sempre atenciosos e cuidadosos com os alunos e alunas. À UFF agradeço por ser minha instituição de referência, por me fazer historiadora e por me dar pessoas tão valiosas que hoje são amigos de mais de duas décadas. Entre eles, cito alguns, saudosa dos nossos tempos do Gragoatá: Tarsila Mancebo, Renato Coutinho, Gustavo Alonso, Sabrina Machado e tantos outros e outras que fizeram parte da minha turma de graduação e os "amigos da UFF".

Agradeço e ressalto a importância de algumas instituições para a realização dessa pesquisa e a publicação do livro. Primeiramente, a Biblioteca Nacional, local que frequento desde o início da graduação e que nos últimos anos nos ofereceu novas formas de consultar seu acervo. Ainda assim, chego a sentir falta dos microfilmes e dos pensamentos que vagavam quando buscava manualmente as notícias das festas. Que possamos preservá-la e deixá-la sempre disponível a todos os interessados na história do Brasil. O Arquivo Geral da Cidade do Rio de Janeiro e Arquivo Público Mineiro ofereceram valiosos documentos para os estudos e por isso meus agradecimentos e votos de tempos melhores a eles e a todas as instituições de pesquisa do Brasil.

Este livro não seria possível sem os recursos públicos do governo do estado do Rio de Janeiro através da Faperj e seu edital de publicação. Agradeço a oportunidade oferecida a mim e a tantos outros autores que há muito não tinham esse tipo de incentivo para a publicação das suas obras. Igualmente agradeço à FGV Editora o cuidado com o livro, especialmente a Maria da Graça Burity Moreira, sempre atenciosa e disposta a tirar minhas dúvidas. Um agradecimento especial a Luiz Vieira, da editora Capivara, pela cessão do uso das imagens que compõem alguns capítulos deste livro.

A banca de doutorado, realizada em setembro de 2012, foi composta pelas professoras Margarida de Souza Neves, Ivana Stolze, Wlamyra Albuquerque e Martha Abreu, a quem agradeço imensamente a leitura atenta. À Martha Abreu, um agradecimento especial por ter sido uma das minhas grandes incentivadoras durante o período da graduação e do mestrado, eterna orientadora, cujos ensinamentos levei para o doutorado e para a vida.

Um grande agradecimento ao meu orientador do doutorado, Leonardo Pereira, que incentivou a publicação deste livro e pela escrita do prefácio. Os agradecimentos que tenho a ele são desde o período do doutorado; sua primorosa orientação que foram fundamentais para a minha formação como historiadora e professora. Fui muito feliz com esse encontro.

Alguns colegas da minha turma de doutorado na PUC hoje estão comigo na Universidade do Estado do Rio de Janeiro (Uerj), o que me dá a certeza de que estive sempre nos lugares certos e na hora certa. Agradeço imensamente a parceria de Daniel Pinha, Géssica Guimarães e Francisco Gouvea, que desde o primeiro dia de aula, em 2008, na PUC, ofereceram sua amizade e atenção, e hoje são colegas queridos de departamento na Uerj. Além deles, agradeço a amizade e a parceria de Carlos Eduardo Pinto de Pinto, Jaime Antunes, Márcia Gonçalves e Camila Borges, e dos alunos da graduação e orientandos, que recebem de mim um pouco do que recebi de meus professores, fazendo uma corrente de ensinamento que junta UFF, PUC e Uerj. À Uerj, minha casa querida e resistente, que me apresentou pessoas que já fazem parte da minha vida: Deborah Fontenelle e Renê Foster. Além deles, agradeço à Luana Pinho, com quem compartilho dúvidas da vida e projetos, sempre me incentivando a seguir.

Todos esses anos de estudo ficaram mais leves com os amigos e amigas de diferentes lugares, que chegaram em minha vida às vezes por outros amigos, como Ynaê Lopes dos Santos, que chegou pela Júlia O'Donnell; como Alessandra Carvalho e Claudiane Torres, que apareceram em minha vida pela Samantha Quadrat, que me acompanha há muito, desde os tempos do doutorado. Sou muito agradecida por ter todas em minha vida. Agradeço o eterno apoio de Larissa Viana e Carolina Dantas, minhas parceiras desde os tempos de UFF e encontros pelo Gragoatá. Agradeço a ajuda de Marcos Lopes, principalmente com as imagens que usei na tese e, agora, no livro. À minha afilhada Alice e à comadre Ana Paula, que me acompanha desde os tempos do colégio em Santa Cruz e que está sempre divulgando minhas pesquisas sobre escravidão e abolição por aí. Aos amigos dos últimos anos e que foram importantes para superarmos as tristezas das festas interrompidas: Paula Habib, Juliana Barreto, Erika Arantes, Juliana Cunha e tantos outros com quem compartilho abraços, samba e cerveja.

Por fim, um agradecimento especial à minha família. Meus pais, Nivaldo e Raimunda, são os melhores que eu poderia ter na vida e sempre admirados com minha dedicação aos estudos – não poderia ser diferente, por conta dos ensinamentos que eles me deram. Às minhas irmãs Nívea e Roberta, e cunhado Luiz Fernando. Nesses últimos 10 anos tivemos mais uma felicidade na nossa casa: Fernandinho apareceu para nos alegrar junto com seu irmão Bruno, amores infinitos da titia. Nesse tempo, perdemos nossa Tia Rosa, minha madrinha querida e referência de família e amor. Agradeço por tudo e por entenderem o afastamento, porque tinha que escrever, estudar, pesquisar, trabalhar... Agora terão em mãos um pouco da materialidade desse esforço todo.

Tempo, tempo, tempo, tambor de todos os ritmos... Agradeço o acordo que fiz contigo, a calma que me deu para esperar o momento certo chegar. Agradeço o ensinamento do tempo, o de esperar e ter esperança. Agradeço a todos e todas que lutaram por um Brasil melhor nos últimos anos e que ainda têm esperança de que a igualdade virá um dia. Estamos presos em outras amarras; algumas já se quebraram e temos um longo caminho de luta, principalmente por mais igualdade e dignidade, perdidas nos últimos tempos. Que este livro chegue num país melhor, mais justo, sem racismo, sem pobreza e com mais incentivos à educação e à ciência. Viva a ciência!

Prefácio

O 13 de Maio de 1888, data da Abolição da escravidão no Brasil, tem sido, ao longo das últimas décadas, objeto de importantes controvérsias. Ao apontar para o caráter precário e incompleto da liberdade conquistada naquela ocasião, assim como para o destaque conferido à princesa Isabel no ato de suposta concessão dessa liberdade, parcelas significativas do movimento negro trataram, a partir das últimas décadas do século XX, de se afastar dessa efeméride, definindo uma data diversa para celebrar o orgulho negro no país: o 20 de Novembro, escolhido em homenagem à luta de Zumbi dos Palmares. Afirmam, com isso, o protagonismo negro na luta contra o cativeiro, assim como o caráter autônomo e radical dos ideais de liberdade por ele representado – em contraposição a uma vitoriosa memória oficial que, ao longo do tempo, acabou por desvincular a chamada Lei Áurea das muitas lutas dos escravizados por sua própria liberdade.

É dessas disputas de memória que trata este livro. Sem deixar de corroborar as preocupações e cuidados que alimentaram as críticas às imagens tradicionais sobre o 13 de Maio, Renata Moraes desenvolve uma reflexão que retoma esse debate, centrando-se nos sentidos assumidos pela data em seus primeiros tempos. Baseado em investigação empírica vasta e original, o livro aponta, por um lado, para o início do processo de afirmação de uma memória unívoca sobre a Abolição, que tentava apagar a importância das lutas negras ao longo das décadas anteriores; por outro, para o modo particular como diversos grupos do período, como os próprios trabalhadores negros, trataram de celebrá-la, conferindo-lhe sentidos particulares. Não se trata, portanto, de um estudo sobre o processo abolicionista em si, mas sim sobre o modo como a data da Abolição foi disputada por grupos sociais diversos, em processo que se estendeu pelas duas primeiras décadas da República.

Surpreende, já de início, a exposição detalhada, na primeira parte do livro, do deliberado esforço de afirmação, por parte das elites políticas e intelectuais do Rio de Janeiro, de uma memória unívoca sobre aquela celebração. Por um lado, a própria família imperial tentava impor sua centralidade no ato através de representações imagéticas e escritas. Ao definir a liberdade como uma espécie de benesse dada pela princesa Isabel aos escravizados, promoveu a celebração da assinatura da lei em uma grande missa campal, buscando ligar a Abolição ao sentimento cristão da caridade e à lógica paternalista da concessão. Ao mesmo tempo, redatores, diretores e proprietários das grandes folhas da Corte, com a pena na mão, tratavam de se colocar, já nos dias seguintes à assinatura da lei, como protagonistas maiores da luta pela liberdade. Sem deixar de assinalar o papel destacado da princesa Isabel, definiam o abolicionismo como um movimento ilustrado, supostamente patrocinado por eles mesmos, desconsiderando por completo as experiências e lutas dos próprios escravizados, definidos como simples beneficiários da benesse alcançada. Configurava-se, com isso, uma memória do 13 de Maio que tinha a família real e os grupos ilustrados como seus principais protagonistas.

Mais do que afirmar sua perspectiva subjetiva, esses sujeitos trataram de tentar fazer desta memória a própria definição do processo abolicionista. Isso pode ser percebido, por exemplo, nas comemorações oficiais preparadas para celebrar a data. Renata Moraes mostra que, além das atividades religiosas e esportivas, que dialogavam tanto com o catolicismo do Império quanto com as novas perspectivas científicas sobre a necessidade de regeneração nacional através do investimento na cultura física, a comemoração foi marcada pela organização de um grande desfile cívico. Com uma mínima participação de grupos negros, o desfile era composto, em sua maior parte, de representantes da imprensa, contando também com a presença de corporações militares, comissões escolares e associações de imigrantes. Se, na campanha abolicionista, esses grupos podem ter tido atuações independentes, no desfile eles se apresentavam em procissão unificada, que tentava afirmar uma memória única para a data. O que se apresentava, portanto, era uma encenação da Abolição que se pretendia geral e unívoca, marcada pelo protagonismo de grupos ilustrados. Não por acaso, a própria diversidade entre os jornais da cidade era, naquele momento, deixada de lado em favor da tentativa de imposição dessa memória única da "imprensa fluminense", que tentava transformar uma leitura muito específica sobre o significado da data em sua própria história.

Se testemunhos como esses serviram de base para a análise de historiadores e cientistas sociais da posteridade, que muitas vezes se limitaram a reafirmar esta memória, Renata Moraes trata de apontar para seus limites e contradições. Na segunda parte do livro explora, para isso, a diversidade de sujeitos e experiências envolvidos na celebração da data, que expressavam concepções muito diversas sobre o significado da nova lei. Em meio a tal diversidade, uma base social clara se impunha: eram trabalhadores muitos dos que tentavam, a seu modo, participar dos festejos. Fosse através de subscrições populares ou de doações individuais, faziam questão de se colocar como sujeitos ativos da festa. Destacavam-se, entre eles, os próprios grupos negros. Ainda que não conseguissem participar dos festejos oficiais da região central da Corte, ou que não conseguissem participar de festas promovidas durante seu horário de trabalho, muitos celebraram a data nos subúrbios e nas zonas rurais, fosse em espaços públicos, em seus clubes recreativos ou mesmo nas fazendas em que trabalhavam. Com mostra a autora, as próprias forma e intensidade dessas celebrações, muitas vezes animadas por batuques e jongos, desnudavam a distância que separava a festa oficial dessas muitas outras comemorações espalhadas pela cidade – na expressão de uma festa que tinha não apenas sujeitos variados, mas também motivações muito diversas, de acordo com o perfil social e étnico de quem comemorava. Por mais que o evento celebrado pudesse ser o mesmo, essa variedade de formas e espaços deixava claro que havia muitas festas dentro da festa, em distinções fortemente marcadas por clivagens sociais e étnicas. Afirmavam-se, assim, no próprio momento daquela celebração, visões muito distintas sobre a liberdade que estava sendo festejada.

Longe de se equacionar ao longo dos anos seguintes, essa diferença foi ficando mais clara, ano após ano, através do modo como os diversos grupos sociais passariam a celebrar a data. Enquanto a empolgação inicial da imprensa com a efeméride parecia diminuir com o passar do tempo, limitando-se a longos artigos de jornal celebrando a liberdade de forma etérea, nos clubes, salões e espaços religiosos frequentados por trabalhadoras e trabalhadores negros da cidade o entusiasmo com o 13 de Maio se manteve intacto por décadas. Ao acompanhar, na terceira parte do livro, as comemorações da data ao longo dos anos seguintes, a autora indica os diversos caminhos de construção da memória sobre aquele marco, que afastavam ainda mais as celebrações negras da lógica liberal expressa pelos jornais. Mostra, com isso, a importância assumida pela Abolição na experiência desses sujeitos. Apesar dos conhecidos limites e contradições da liberdade que havia sido conquistada em 1888, para esses trabalhadores afrodescendentes era inequivocamente uma vitória a ser comemorada e relembrada, o que tratavam de fazer em seus espaços de lazer e de crença.

Configurava-se, nesses caminhos, uma memória negra sobre o 13 de Maio de todo diversa daquela celebrada nos jornais – o que mostrava que, passados anos da assinatura da lei, tratava-se ainda de uma efeméride em disputa. Se para muitos tratava-se de simples ato de superação do passado colonial e de ingresso do Brasil na modernidade liberal, sem que fossem alteradas as bases da ordem social, nas celebrações negras a data era associada a uma concepção mais ampla de liberdade, associada à reivindicação de direitos em meio aos primeiros anos da República. Não por acaso, as mulheres e os homens negros que participavam dessas celebrações não apenas relembravam a conquista passada, mas também apontavam para seus projetos de inclusão em uma República que teimava em tentar excluí-los – fosse ao evidenciar a força de seus cantos e danças, muitas vezes reprimidos pelo poder público; ao afirmar seus laços de crença, tanto em irmandades negras quanto em celebrações de religiosidade afro-brasileira; ou até ao reivindicar seu direito de participação política, como mostram, em 1909, certos festejos da data que se somavam à celebração de um deputado negro.

É essa história de disputas e tensões em torno do 13 de Maio que o leitor tem em mãos. Se hoje sabemos que, ao longo das décadas seguintes, os registros da festa oficial acabaram por deixar nas sombras a memória negra sobre a data, Renata Moraes nos permite compreender o contexto e o sentido original desta disputa. Mostra, com isso, que as lutas negras pela liberdade se afirmaram por caminhos diversos, todos igualmente legítimos. Longe de se colocarem em contradição, o 13 de Maio e o 20 de Novembro, quando analisados a partir das experiências e lutas negras, se apresentam como momentos igualmente importantes. Ao se centrar nas festas da Abolição, este livro nos permite não somente acompanhar as formas e lógicas assumidas por essa celebração, mas também refletir sobre as disputas de memória que levaram ao seu esquecimento. São motivos mais que suficientes para garantir um lugar de destaque para este livro na já vasta produção historiográfica sobre a experiência negra no Brasil.

Leonardo Affonso de Miranda Pereira
(PUC-Rio)

Introdução

A data do 13 de Maio, dia da Abolição da escravidão no Brasil (1888), se tornou feriado nacional em 1890, por meio de um decreto republicano que a indicava como Dia da Fraternidade entre os Brasileiros. Em 1930, o presidente Getúlio Vargas reduziu o número de feriados e deixou apenas as datas com "larga significação humana e social" e que "sensibilizam, mais profundamente, a consciência coletiva".[1] Com esse decreto, a data da Abolição perdia sua característica de feriado (Abreu e Mattos, 2018:33). Apesar disso, os festejos pelo 13 de Maio permaneceram por meios não oficiais, promovidos por ex-escravizados e seus descendentes que tinham na data o momento de celebrar o fim de um tempo e o recomeço de uma vida em liberdade.

No entanto, ao longo do século XX a data teve seu peso reduzido para homens e mulheres negros e negras, principalmente integrantes dos movimentos sociais surgidos a partir da década de 1960. Em 1971, quatro intelectuais negros fundaram em Porto Alegre o Grupo Palmares, com fortes críticas à forma como a história do negro era contada e aos significados atribuídos ao 13 de Maio. A mobilização do grupo, somada às ações do Movimento Negro Unificado, transformou o 20 de Novembro, dia de morte de Zumbi dos Palmares, em marco político de afirmação da história do povo negro e Dia Nacional da Consciência Negra (Gonzalez e Hasenbalg, 2002:72).[2] Em 2002 a data tornou-se feriado es-

---

1 Decreto nº 19.488, de 15 de dezembro de 1930, assinado por Getúlio Vargas e Francisco Campos. As datas que permaneceram no calendário foram: 1º de Janeiro (Fraternidade Universal); 1º de Maio (Confraternidade Universal das Classes Operárias); 7 de Setembro (Independência do Brasil); 2 de Novembro (Comemoração dos Mortos); 15 de Novembro (Advento da República); 25 de Dezembro (Unidade Espiritual dos Povos Cristãos). Disponível em: <www2.camara.leg.br/legin/fed/decret/1930-1939/decreto-19488-15-dezembro-1930-508040-republicacao-85201-pe.html>. Acesso em: 8 out. 2022.

2 A segunda Assembleia Nacional do Movimento Negro Unificado ocorreu no dia 4 de novembro de 1978, em Salvador, e estabeleceu o 20 de Novembro como "Dia Nacional da Consciência Negra" (Pereira, 2012).

tadual no Rio de Janeiro[3] e, no ano seguinte, as *Diretrizes curriculares nacionais para a educação das relações étnico-raciais e para o ensino de história e cultura afro-brasileira* integraram-na ao calendário escolar.[4] Desde então, essa data foi tomada como momento privilegiado de celebração do orgulho negro, enquanto o 13 de Maio foi esvaziado de sentidos diante das denúncias de que as diferenças sociais existentes no país seriam heranças da forma como ocorreu a Abolição, desvinculada de um projeto social mais amplo que integrasse o ex-escravizado à sociedade.

Tomada nos dias de hoje como dado de realidade, a construção desses sentidos para as duas datas se liga, no entanto, a uma história de disputas e conflitos que teve início ainda em Maio de 1888. O vazio e a repulsa identificados em relação ao 13 de Maio na contemporaneidade são opostos àquelas manifestações vividas no momento do fim da escravidão, quando uma euforia festiva tomou conta das ruas da Corte – como sugere o testemunho de um contemporâneo:

> Dez dias duraram as festas comemorativas do grande acontecimento, e tão extraordinário foi o regozijo público manifestado naquela ocasião, que de outro, igual não há, nem houve, jamais, memória na nossa terra. Foi justo e sincero esse regozijo; e por isso dissemos, no princípio deste trabalho, haver sido a campanha travada em prol da Abolição a mais generosa, a mais entusiástica e a mais popular de quantas até hoje se tem pelejado no Brasil [Duque-Estrada, 2005:198].

O fim da escravidão, tido como grande acontecimento, foi comemorado de forma entusiasmada por aqueles que ocuparam as ruas da Corte. A campanha abolicionista saía vitoriosa de uma grande batalha. Esse grande regozijo público parece, assim, muito diferente daquele vivido nas décadas seguintes, quando a data teve reduzido seu significado social.

A história da cidade do Rio de Janeiro explica a euforia que suas ruas testemunharam com o fim da escravidão. A maior cidade escravista das Américas

---

3 Lei Estadual, nº 4.007, de 11 de novembro de 2002. Em 23 de agosto de 2021, o projeto de lei do Senado (nº 482/2017), de autoria do senador Randolfe Rodrigues, estabeleceu a data 20 de novembro como feriado nacional, sendo aprovado na Comissão de Educação, Cultura e Esporte. O projeto seguiu para a Câmara dos Deputados e até o fechamento deste livro não havia tido a sanção presidencial (ver <www12.senado.leg.br/noticias/materias/2021/08/23/aprovado-feriado-nacional-pelo-dia-de-zumbi-e-da-consciencia-negra>. Acesso em: 13 set. 2021.

4 Lei nº 10.639, de 9 de janeiro de 2003.

surgiu após uma trajetória que envolveu sua capacidade de articulação entre o interior (tomado por fazendas e engenhos), as possessões atlânticas do rio da Prata e os enclaves negreiros na África. A descoberta do ouro também foi um marco para o início da prosperidade da região, que alcançou o auge no século XVIII, ao se tornar sede do vice-reinado, em 1763. O Rio de Janeiro tinha um papel fundamental na sustentação da monarquia e do Império português (Bicalho, 2006). No século XIX, a chegada da Corte provocou um aumento da demanda por alimentos e escravos para satisfazer o aparato estatal que compunha a sede do Império luso (mais tarde o Império do Brasil).

A cidade, ao exercer sua função de concentração populacional, era marcada pela forte presença de africanos provenientes de diversas origens, reunindo relações sociais, práticas de interação e de oposição, hábitos e comportamentos a partir da sua característica crucial: comportar a diversidade (Pesavento, 2007). Inúmeros viajantes e escritores, estrangeiros e nacionais, perceberam relações peculiares surgidas como fruto das experiências da escravidão e do contato entre diferentes culturas. A Corte tornava-se complexa e heterogênea ao longo do século XIX e era um reflexo de seus habitantes e suas diferentes formas de viver a cidade. O Rio de Janeiro, com suas ruas escravizadas e escravistas, era ocupado por homens e mulheres para a realização do trabalho, para moradia, reuniões e aglomerações que poderiam promover a reconstrução de identidades, de laços familiares e de solidariedade.

A cidade negra viveu, durante a escravidão, cotidianamente, ações de resistência dos escravizados e de tentativa de estabelecimento de uma ordem por parte daqueles que pretendiam controlar festas e ajuntamentos de negros nas ruas. No entanto, não escapou de vivenciar as novas relações que se estabeleciam entre ex-escravos, letrados, livres, africanos, escravizados e abolicionistas, entre outros. As últimas décadas da escravidão foram marcadas por uma incerteza quanto ao futuro de mulheres e homens escravizados, apesar de serem também tempos de esperanças e de conquistas que, possivelmente, foram influenciadas por essas novas relações existentes no Rio de Janeiro e por esses diversos sujeitos que nele habitavam (Chalhoub, 1990:180).

No entanto, não era apenas negra a principal característica da cidade. Era também o fato de constituir a sede do Império e das casas legislativas, o que permitiu que sua população acompanhasse de perto as discussões realizadas na Câmara e no Senado e depois reproduzidas nos jornais que circulavam diariamente. A Corte também atraiu literatos de diversas províncias do Império por ser um ambiente de ressonância para seus textos. A escravidão fazia parte do dia a dia de todos e era assunto nas ruas, nas livrarias, cafés e, principalmente, nos jornais, por meio de textos produzidos por esses literatos e políticos, que, além de testemunharem o processo abolicionista, tentaram estabelecer sentidos para a Abolição, o 13 de Maio, e para as festas, além de organizá-las.

* * *

O modo pelo qual os contemporâneos que viveram a data da Abolição interpretaram aquele momento era distinto do pensado pelos movimentos sociais no final do século XX. As bases para essa distinção estão na tradição historiográfica formada ao longo desse período em torno da Abolição. Desde maio de 1888, algumas análises sobre o fim da escravidão surgiram, feitas por homens que viveram aquele tempo e dispostos a indicar as etapas do processo abolicionista a partir das suas memórias.[5] No entanto, duas obras se diferenciaram dessa tendência. A primeira é o livro *A Abolição: esboço histórico*, de 1918 e escrito por Joaquim Osório Duque-Estrada (1870-1927). No ano do 30º aniversário da Abolição, foi publicada a obra que analisava o processo abolicionista a partir de documentos oficiais, discursos parlamentares, jornais e material legislativo (Moraes, 2007). Para o autor, a campanha abolicionista foi "a mais entusiástica e a mais popular" até então vivida pelo país e por sua geração (Duque-Estrada, 2005:19). Desse modo, as festas do 13 de Maio realizadas no Rio de Janeiro eram, para ele, o resultado de uma mobilização já constituída anteriormente. O sentido dado pelo livro às festas era, portanto, uma resposta àqueles que, da sua geração, viam na assinatura da lei pela regente um simples ato de gabinete sem maior participação popular, em meio às disputas da memória denunciadas por Rui Barbosa, autor do prefácio. Nele, Rui Barbosa indicou as disputas simbólicas em torno dos aniversários da Abolição, que tornavam os sentidos maleáveis e dependentes das circunstâncias políticas e sociais.

---

5 Um exemplo disso é o texto de Franklin Américo de Meneses Dória, o barão de Loreto, publicado em 1900 na *Revista do Instituto Histórico e Geográfico Brasileiro*, sobre o processo da Abolição, que, segundo ele, iniciara já com d. João IV, sendo, portanto, a Abolição uma obra do Império (Dória, 1900).

> Cada facção, cada grupo, cada interesse, cada seita, cada fanatismo, cada ódio, cada vingança tem o seu ídolo, ou a sua vítima, a sua calúnia, ou a sua apologia e, de cada oportunidade, em cada comemoração, a cada aniversário, os mesmos nomes e os mesmos estribilhos, os mesmos ataques e as mesmas loas, os mesmos entusiasmos e os mesmos esquecimentos, os mesmos silêncios e as mesmas ovações renovam periodicamente as injustiças consagradas [Duque-Estrada, 2005:15].

Essa disputa era testemunhada por aqueles que celebravam a data nos tensos anos republicanos. A memória dos acontecimentos do 13 de Maio era alvo de uma tentativa de cristalização de sentidos restritos à data, por vezes já estranhos à experiência dos homens e mulheres que viveram a euforia da assinatura da lei. Essa heterogeneidade de grupos e sentidos atribuída à Abolição tinha, assim, nos seus aniversários, o momento mais claro de expressão.

O trabalho de Duque-Estrada foi seguido por outra importante obra sobre esse período, também em parte alimentada pelas memórias do seu autor: *A campanha abolicionista (1879-1888)*, do advogado abolicionista e republicano Evaristo de Moraes, lançado em 1924. Seguindo uma tendência criada por seu antecessor, Moraes também reuniu uma vasta documentação sobre o período e tentou se esquivar das preferências pessoais e políticas para a construção do seu argumento. Ao tratar da campanha, o autor não deixou de mencionar o abolicionismo que apareceu nas páginas dos jornais publicados no Rio de Janeiro, entre eles a *Gazeta da Tarde*, dirigida por José do Patrocínio. Uma parte da vitória dessa campanha se dava também pela criação, em 1883, da *Confederação Abolicionista*, que reuniu as sociedades existentes no Rio de Janeiro e em Niterói (Moraes, 1986:46).[6]

O autor destacou as ações empreendidas por abolicionistas, entre elas as que acobertavam escravos, e a atuação de homens como Joaquim Nabuco e José do Patrocínio, ganhando este último um texto especial logo após o capítulo que tratou da assinatura da lei. Ainda que o autor não tenha se alongado na narração das festas do 13 de Maio, expunha na obra a popularidade das comemorações pela Abolição ao citar que o Paço, local da assinatura da lei, fora "invadido por pessoas de todas as classes sociais", que também ocupavam os arredores, num número aproximado de 5 mil pessoas (Moraes, 1986:281).

6 Angela Alonso (2015:180) afirma que o "efeito centrífugo de Patrocínio" transformou a *Gazeta da Tarde*, em 1882, no quartel-general da propaganda abolicionista.

Durante muito tempo, essas duas obras foram as principais referências de historiadores, que utilizaram, de algum modo, a esquematização feita por elas para tratar da campanha abolicionista. Foi o caso, em especial, de Emília Viotti da Costa, cujo livro *Da senzala à colônia*, de 1966, logo se tornou referência para os estudos sobre a escravidão e seu fim no Brasil. O movimento abolicionista, para a autora, era essencialmente urbano (Costa, 1966:433), e por isso ela destacou algumas ações.

> Nas cidades, a propaganda ganhava forças. Desfilavam nas ruas da capital e outros centros das províncias, grupos de pessoas levando cartazes que representavam castigos infligidos aos escravos, fazendo coletas em prol da campanha e chegando mesmo a incitar os escravos à violência e à rebelião. Improvisavam-se tribunas nas praças, espalhavam-se proclamações, apregoando-se que a escravidão era um crime e a propriedade do escravo um roubo. Os abolicionistas mais exaltados e os capoeiras traziam os proprietários em sobressalto [Costa, 1966:412].

Mesmo não privilegiando as movimentações abolicionistas na Corte, a autora ressalta a força da campanha nas cidades e o perigo que representava para a estabilidade das relações entre senhor e escravo.

Ainda que se utilizasse fartamente da obra de Duque-Estrada para analisar o processo de Abolição e sua celebração, Viotti da Costa definiu um sentido diverso para a festa. Ao sobrevalorizar o papel dos círculos letrados em todo o processo, a autora acaba por ver o ato como simples consequência dos interesses e disputas internas das elites imperiais. O que aparece em sua análise, desse modo, é uma visão pacífica e passiva dos escravos diante da lei comemorada, com a qual teriam de fato pouca relação:

> Fora primordialmente uma promoção de branco, de homens livres [...] nascera mais do desejo de libertar a nação dos malefícios da escravatura [...] do que propriamente do desejo de libertar a raça escravizada em benefício dela própria, para integrá-la à sociedade dos homens livres [Costa, 1966:450].

Ao não tratar a lei como algo que fosse ligado à causa dos próprios escravizados, a autora esvazia a relação deles com o 13 de Maio. Não por acaso, no livro *Abolição*, que escreveria décadas mais tarde, a festa e a movimentação das ruas no dia da Abolição foram tratadas pela autora em poucas linhas, de forma genérica: "nas ruas, a população celebrou ruidosamente a emancipação dos escravos; nas ruas, o povo celebrou a vitória" (Costa, 2008:10). Sem ver nos próprios escravos emancipados uma participação mais direta na festa, define para ela um sujeito disforme, cujos interesses e posições específicas não chegam a se evidenciar: a "população", ou o "povo". Fiel à ideia do fim da escravidão como um ato mais benéfico aos senhores do que aos escravos, a autora não considerou a heterogeneidade daqueles que ocuparam as ruas da cidade para celebrar a vitória da Abolição. Desse modo, a festa era destacada por suas ausências e limites, como explicita ao fim da obra:

> Dessa forma, a Abolição foi apenas um primeiro passo em direção à emancipação do povo brasileiro. O arbítrio, a ignorância, a violência, a miséria, os preconceitos que a sociedade escravista criou ainda pesam sobre nós. Se é justo comemorar o 13 de maio, é preciso, no entanto, que a comemoração não nos ofusque a ponto de transformarmos a liberdade que simboliza em um mito a serviço da opressão da exploração do trabalho [Costa, 2008:131].

Ao silenciar sobre a realidade de privação e exclusão vivida pelos libertos após a emancipação, a festa poderia, para ela, ser simples meio de afastá-los da consciência de sua situação, perpetuando sua dominação. Ao colocar dessa forma a questão, a autora mostrava não levar em conta a possibilidade de que essa mesma comemoração pudesse ganhar, para os ex-escravizados, outros sentidos, diversos daqueles dos senhores.

Viotti da Costa não estava sozinha nessa avaliação. Ao longo das décadas de 1960 e 1970, a maior parte dos trabalhos que abordavam o período escravista reforçava a crítica à reificação do escravo decorrente do cativeiro.[7] É na contraposição a esse "escravo-coisa" que passam a ser valorizados os exemplos de rebeldia negra. Ao verem na resistência aberta a única forma de os escravizados se mostrarem conscientes frente à escravidão, tais análises acabam, assim, por fazer da imagem de Zumbi, o rebelde de Palmares, o símbolo maior da contestação ao mito de uma nação racialmente pacífica e harmônica supostamente projetada por

[7] Entre os autores que focaram nesse aspecto, estão Fernando Henrique Cardoso (*Capitalismo e escravidão no Brasil meridional*, 1962) e Jacob Gorender (*O escravismo colonial*, 1978). Ver Lara (1988).

Gilberto Freyre (Chalhoub, 1989). Como consequência de visões como essas, o 13 de Maio perdia força como data comemorativa da conquista da liberdade.

Analisadas em sua própria historicidade, entretanto, as festas da Abolição parecem ganhar outra dimensão. Por mais corretas que sejam as análises que apontam para o caráter parcial e relativo da liberdade celebrada na ocasião, as grandes manifestações públicas e privadas que marcaram a data merecem ser consideradas com maior cuidado e atenção. Se, como sugerem os relatos de Duque-Estrada e Evaristo de Moraes, a celebração causou tanta comoção entre grupos sociais tão diversos, cabe buscar entender suas motivações e lógicas, de modo a fazer do estudo da data e das suas comemorações um meio de compreensão sobre o sentido que os diferentes sujeitos conferiam a ela a partir de suas próprias experiências. Além disso, perceber a peculiaridade do Rio de Janeiro, onde ocorreram essas celebrações, é dar um novo protagonismo à cidade, abordando aspectos que vão além da rebeldia e do perigo citados por Viotti da Costa. Na verdade, seus moradores, entre eles escravizados, livres, libertos, letrados, homens e mulheres pobres ou escravistas, se relacionavam de maneiras distintas a partir de suas experiências com a escravidão, o que afetaria diretamente a participação deles nos eventos realizados para comemorar a Abolição.

Para dar conta dessa tarefa, a festa, como momento especial e destacado da vida social da cidade, deve ser analisada em sua complexidade e tendo em vista que uma mesma manifestação pode caracterizar inúmeros sentidos. Seguimos as propostas de E. P. Thompson ao estudar uma prática de diversão entre os jovens na Inglaterra entre os séculos XVIII e XIX: a *rough music*, equivalente local do *charivari*. Segundo o autor, essa manifestação, longe de ser uma festividade casual e sem sentido, seria uma forma ritual de expressão de hostilidades entre seus praticantes por meio da zombaria. Através de uma festa pública, eles organizavam assim seus laços de solidariedade e diferença, fazendo desse momento um canal de comunicação e embate social (Thompson, 1998:366).

A polifonia e a polissemia enxergadas por Thompson em uma prática festiva como a *rough music* podem servir como parâmetro para o estudo das festas da Abolição, uma vez que existem variados sentidos para sua realização, que dependem da experiência de cada participante em relação ao que está sendo celebrado. Ao serem compartilhadas por diferentes grupos sociais, as comemorações pela Abolição em 1888 aparecem como um campo fértil de reflexão tanto sobre as experiências dessa variedade de sujeitos quanto dos diálogos entre eles estabelecidos a partir de símbolos compartilhados a respeito do fim da escravidão, por exemplo. Além disso, são oportunidades para a identificação das tensões existentes na sociedade do Império em relação a um fato da vida social, fugindo do caráter unívoco que muitos podem tentar atribuir à festa. Por ser ela um espaço de "expressão de múltiplas vontades, com várias direções e possibilidades de escolha" (Cunha, 2001:302), seu momento tem uma força política e social que vai além dos relatos a seu respeito. Como sugere Natalie Davis (1990), essas comemorações apontam para a possibilidade de formação de identidades e de reivindicações de espaços e de direitos, além do compartilhamento de valores e de crítica à ordem social. Todas essas possibilidades podem ser observadas se o foco sobre a festa atentar para seus detalhes, na busca das especificidades e diferenciações entre as formas de celebração dos variados sujeitos que dela participam (Cunha, 2002:17). Mesmo que possa representar a celebração de uma identidade (Guarinello, 2001:972), uma comemoração é marcada pela dinamicidade e polifonia, uma vez que seus participantes possuem seus próprios valores e crenças, transformados a partir de uma herança cultural e histórica que não se apaga facilmente na ocasião da celebração (Abreu, 1999:28).

Ainda mais complexa se faz a questão quando tratamos de festas patrióticas oficialmente incorporadas ao calendário da nação, como foi o caso do 13 de Maio (Oliveira, 1989). Na contramão da diversidade própria a qualquer festa, nesse caso percebe-se de forma ainda mais clara a tentativa de fazer desses eventos um meio de ensinamento de uma ordem cívica e do amor à pátria. São utilizados símbolos para representar univocamente todos os participantes do evento, como se fosse possível resumir suas lógicas e aspirações – foi o que ocorreu tanto em 1888 quanto nos anos seguintes, quando as autoridades públicas tentaram fixar uma memória nacional a partir de monumentos e outros objetos que demarcassem de forma clara o sentido da festa.

Diante de tamanha dinamicidade, a celebração pelo 13 de Maio foi apropriada por historiadores que analisaram as festas para além das realizadas na Corte. Ao estudarem essas manifestações, confirmam sua importância para grupos sociais diversos daqueles encontrados na capital do Império ou da República. O estudo da Abolição na Bahia mostra que ela foi celebrada como um complemento da liberdade conquistada em 1823, quando as tropas portuguesas foram expulsas da província (Fraga Filho, 2006:128). Em 1888, desfiles foram realizados pelas ruas de Salvador promovidos por populares e pelas associações abolicionistas, antecipando os festejos pelo 2 de Julho, data da independência baiana (Albuquerque, 2009:124; 1999). No entanto, essa mesma festa produziu uma tensão entre as autoridades locais, uma vez que não podiam controlar a euforia popular e temiam, assim, que algo de pior ocorresse (Albuquerque, 2009:98).[8] A expectativa do caos foi maior do que a realidade daquele maio festivo. Portanto, a participação no festejo ainda era algo a ser conquistado pelos ex-escravos no momento de celebração da sua própria liberdade. De acordo com Walter Fraga Filho (2006:126), ao reivindicarem a participação nas passeatas até a igreja do Bonfim, nas missas e nos demais eventos promovidos para celebrar a ocasião, os ex-escravizados marcavam para os organizadores desses eventos que desejavam participar "politicamente dos acontecimentos na condição de cidadãos livres". A festa da Abolição revela, assim, sentimentos e expectativas desses egressos da escravidão em relação à nova condição de homens e mulheres livres (Fraga Filho, 2006:128). Na província de Minas Gerais e nas cidades do interior, a Abolição foi festejada numa tentativa de associá-la à causa republicana, tornando-se também essas festas um elemento de disputa de interesses entre monarquistas e republicanos, além de celebrações e resistências dos ex-escravizados (Custódio Sobrinho, 2018:76).

O olhar atento aos eventos que comemoraram a Abolição na Corte, a partir da perspectiva dos estudos que os abordam na sua diversidade, ajuda à entender o processo que levou ao esvaziamento do 13 de Maio nos anos seguintes e à perda da sua força como momento de reivindicação política por parte da comunidade afrodescendente. Além disso, o Rio de Janeiro ganha importância no cenário de constituição das festas da Abolição não apenas por ser a Corte, mas por ser um ambiente de produção literária e, por sua vez, de construção de sentidos para a Abolição e sua festa. Desse modo, o que se celebrava pelas ruas do Rio de Janeiro, nos arredores do Parlamento e do Paço, causaria ressonâncias em outras províncias e serviria de espelho para quem desejasse celebrar o fim da escravidão.

Diante disso, a pesquisa que resultou neste livro acompanhou as festas da Abolição realizadas no Rio de Janeiro, Corte e capital da República, pela pers-

8 Segundo Wlamyra de Albuquerque, o temor provocado pela euforia da Abolição não se restringiu à província da Bahia. Para a autora, a correspondência entre o Ministério da Justiça e os presidentes das províncias mostra uma apreensão em regiões do norte e do sul do país. O temor era pela possibilidade de desordem, que poderia vir de qualquer lado, dos ex-escravizados ou dos fazendeiros escravistas insatisfeitos. Ver Mata (2002).

pectiva de sujeitos diversos entre os anos de 1888 e 1908. As fontes utilizadas na pesquisa foram variadas: imprensa, materiais manuscritos, fotografias, poesias e livros. Os jornais do Rio de Janeiro, locais de estabelecimento de uma memória da Abolição, são testemunhas essencialmente polifônicas e polissêmicas (Barbosa, 2007; Pereira, 1997) e um valioso meio de compreensão da festa e de sua organização, assim como das disputas ao redor de seus sentidos. Os jornais pesquisados estão disponíveis no setor de periódicos da Biblioteca Nacional e foram utilizados neste livro de forma ampliada, ou seja, foi feita uma leitura cuidadosa de edições inteiras de jornais diários, semanais, quinzenais e outros que repercutiram a Abolição e suas comemorações. Assim foi possível montar uma trajetória da festa, desde sua ideia inicial, por parte da imprensa fluminense, até sua concretização e depois sua materialidade, como poesias e fotografias.

Através de alguns livros foi possível identificar outras formas de festejar a Abolição. Uma delas foi por meio das poesias distribuídas pela cidade nos dias de festa. Os jornais informaram sobre a existência desses papéis coloridos, mas o conjunto dessa publicação e seus autores só foi possível conhecer através de um livro editado pela Academia Brasileira de Letras (Miranda, 1999). Restava, no entanto, conhecer as cores dos papéis, vê-los tais como os festeiros que ocuparam as ruas e que conseguiram alcançá-los. Em homenagem aos 120 anos da Abolição, o Arquivo Público Mineiro reproduziu em livro o *fac-símile* dessas poesias (Venâncio, 2007), fornecendo também as imagens dos papéis coloridos em formato digital para serem utilizadas na pesquisa.

As fotografias da Abolição usadas nesse livro foram encontradas na "Coleção Princesa Isabel", publicada por Pedro e Bia Lago em 2008. As imagens das ruas do Rio de Janeiro tomadas por festeiros celebrando a liberdade em préstitos e missa tornaram visível o que era lido nos jornais a respeito da adesão dos moradores da cidade aos festejos. Diante desse material mais bruto, jornais, poesias e fotografias, foi necessário recorrer a uma pesquisa na hemeroteca digital da Biblioteca Nacional em busca dos detalhes de quem estava nas ruas, ou organizando as festas, ou escrevendo poesias ou fazendo imagens. O impacto do uso dessa ferramenta de pesquisa permitiu cobrir lacunas, principalmente biográficas, dos sujeitos promotores da festa e seus festeiros.

Os registros da festa pertencem a alguns acervos. Um deles é o da Câmara Municipal, uma importante patrocinadora da festa, cujo material pertence ao Arquivo Geral da Cidade do Rio de Janeiro. A participação de pessoas comuns nas festas está registrada nos bilhetes com as doações em dinheiro para comprar a pena de ouro para a assinatura da lei, acervo do Setor de Manuscritos da Biblioteca Nacional. Por fim, a literatura mostrou-se essencial para compreendermos a memória da festa da Abolição nos anos seguintes e como ocorreu o processo de cristalização de certas imagens e significados para a data, expressos em prosa e verso nas produções de Coelho Netto, Arthur Azevedo e Machado de Assis, festeiros de 1888 e que por 20 anos celebraram de formas diferentes o 13 de Maio. Todo esse material ajudou a compor a visualidade da festa, tecendo um discurso sobre seu significado através da participação de diferentes grupos sociais em ambientes distintos: Corte, subúrbios, salões e fazendas.

Este livro é resultado da tese de doutorado defendida em 2012 no Departamento de História da PUC-Rio. Ao longo dos 10 anos que separam a defesa da publicação deste livro, o material agora apresentado passou por muitas releituras e reescritas. O mesmo podemos dizer sobre a data do 13 de Maio, hoje reapropriada por militantes do movimento negro e por pesquisadores interessados em oferecer novos significados para ela, distanciando o ato da assinatura da lei de uma pretensa bondade ou benevolência imperial. Este livro é uma contribuição aos estudos das últimas décadas que construíram o campo do pós-Abolição e o fizeram um problema historiográfico.

O livro foi dividido em três partes a partir dos festeiros da Abolição e dos significados atribuídos a ela. A primeira, "Uma festa cívica para a Abolição", tem seis capítulos que analisam diferentes aspectos das comemorações realizadas pela Comissão da Imprensa Fluminense, formada em maio de 1888 com o objetivo de organizar a festa da Abolição. Missa, préstitos e eventos esportivos fizeram parte dessa programação oficial comandada pelos editores dos jornais do Rio de Janeiro, ilustrados com poesias e fotografias. Por meio dessas diferentes celebrações realizadas pela imprensa, foi possível compor uma leitura da Abolição na qual a cidade do Rio de Janeiro é o principal cenário da festa. As ruas da Corte foram ocupadas por festeiros que comemoraram uma celebração cívica para a Abolição.

Na parte II, "A Abolição no plural", o foco dos quatro capítulos está nas comemorações de maio de 1888 a partir da diversidade de festeiros e eventos realizados pela Abolição na cidade, independentemente de um aparato oficial que tentasse mediar os sentidos das celebrações. Nesse caso, tornou-se essencial buscar os detalhes no noticiário da época, nos anúncios, crônicas ou nas colunas policiais, e nos pequenos bilhetes enviados por aqueles que queriam participar da festa, mesmo que fosse doando uma pequena quantia para a compra da pena de ouro. Além disso, ao investigarmos sobre o relato da Abolição fora do quadrilátero da Corte, nos subúrbios e antigas fazendas de escravos, foi possível inserir outros sujeitos na perspectiva festiva da Abolição, confirmando não haver uma unanimidade de sentidos e práticas estabelecidas por aqueles que promoveram as festas nas ruas da Corte. Por meio de tais procedimentos, expõem-se as formas distintas de celebrar a Abolição, com suas diferenças e embates sociais mais amplos contemplados em meio àquela comemoração geral.

Por fim, a última parte, "As festas da memória", aborda o processo de reconfiguração dos sentidos da festa ao longo das duas primeiras décadas seguintes à promulgação da lei, de modo a acompanhar como a geração que testemunhou o evento original continuou a fazer dele, ao longo de sua vida, um símbolo a ser disputado. Para isso, será privilegiado o testemunho de literatos que, através de sua arte, trataram de diferentes visões da festa a fim de analisar seus diversos sentidos. Ao tomar como eixo algumas de suas produções, os capítulos desta parte mostram como a festa continuou a se mostrar um campo de disputa em torno de projetos sociais muito diversos – que faziam com que o 13 de Maio assumisse sentidos variados em suas celebrações.

As festas da Abolição realizadas na maior cidade escravista das Américas contaram com a diversidade dos festeiros, entre ex-escravizados, imigrantes, pobres e políticos, homens e mulheres de diferentes origens. Em uma cidade que passou de imperial a capital da República, os habitantes do Rio de Janeiro vivenciaram uma redefinição dos papéis sociais diante do fim da escravidão e do Império. Entre esses habitantes estão homens livres, libertos e literatos que a cada ano viveram também diferentes formas de celebrar a Abolição. Desse modo, por mais diferenças e desacordos que pudesse haver, essa foi uma geração que, tendo vivido o 13 de Maio de 1888, nos permite entender o sentido da frase atribuída muitos anos depois a Paula Ney, um dos mais empolgados homens de letras de sua época: "Que domingo aquele, o maior domingo de todos os tempos!" (Menezes, 1944:182).

PARTE I

Uma festa cívica para a Abolição

1. A imprensa e a festa da Abolição

O ano parlamentar de 1888 foi iniciado em maio com a Fala do Trono feita pela princesa Isabel,[9] que ocupava a regência do Império pela terceira vez (Schwarcz, 1998:432). A ausência do imperador se devia a uma viagem à Europa para tratar da sua saúde. Ele embarcou em junho de 1887 e, desde então, o país recebia periodicamente telegramas dando notícias de sua frágil saúde. Enquanto isso, no Brasil, oscilavam as expectativas em torno da Abolição. O tratamento dado pela princesa ao tema na Fala do Trono foi crucial para traçar suas possibilidades – tendo ela deixado claro a todos que a Abolição era a questão do momento, que deveria ser enfrentada logo no início do ano parlamentar (Cidade do Rio, 3 de maio de 1888).[10] A apresentação do projeto ocorreu em 8 de maio de 1888, por intermédio do deputado Rodrigo Silva.[11] O pequeno texto determinava o fim da escravidão no Brasil, sem apoio aos proprietários de escravos, muito menos indenização.

Começava assim, de modo efetivo, o processo parlamentar que acabaria com a escravidão no Brasil, do qual as folhas da Corte participariam através da reprodução de notícias, discursos e convocando seus leitores a se apresentarem no Parlamento a fim de prestigiar tamanho evento. A imprensa tomava para si a missão de definir as características da Abolição que se iniciava.

No mesmo dia da apresentação da lei, o líder do partido liberal na Câmara, Joaquim Nabuco, compôs a comissão formada para a discussão do projeto e

9 A Fala do Trono foi no dia 3 de maio de 1888, e a princesa regente citou a extinção do elemento servil como aspiração nacional e a disposição do governo em apagar o que ela chamou de "exceção" no direito pátrio, que seria antagônico ao espírito cristão e liberal das instituições do país (*Diário de Notícias* e *O Paiz*, 4 maio 1888).

10 Todos os jornais consultados para este livro estão reunidos no setor de periódicos da Biblioteca Nacional, em grande parte já disponibilizados na sua hemeroteca. A exceção será sinalizada.

11 No diário de André Rebouças, a anotação para esse dia indica uma multidão de pessoas, cerca de 5 mil, presentes nos arredores da Câmara dos Deputados, juntamente com os membros da Confederação Abolicionista e cerca de 8 estandartes (Carvalho, 1998:222).

rapidamente deu um parecer sem propor nenhuma alteração.[12] Uma pequena modificação viria no dia seguinte, na quarta-feira, 9 de maio, data da segunda discussão do projeto. O deputado Araújo Góes Júnior inseriu "da data d'esta lei" após a frase "é declarada extinta", sendo aceita a alteração e o projeto aprovado na sua segunda discussão. Essa frase marcava ainda mais o imediatismo da execução da lei e impedia qualquer prolongamento da escravidão.

No terceiro e último dia de tramitação do projeto na Câmara, 10 de maio, o desembargador Henrique Pereira de Lucena, presidente da casa, facilitou a entrada do público, que pôde testemunhar o discurso de Andrade Figueira, contrário ao projeto pelo fim da escravidão (*Revista Illustrada*, 13 maio 1888). Para Figueira, a opinião do país não se poderia medir pela imprensa nem por quem ocupava a Câmara, apoiadores da Abolição em sua maioria (Costa, 2008:20)[13] – numa clara referência ao apoio que os jornais da Corte estavam dando ao projeto. Sobre o público presente na sessão, classificou-o como pessoas estranhas à Câmara, o que acabava criando no local um "circo de cavalinhos" (Mendonça, 2001:20; Moraes, 1986:270). Além de Andrade Figueira, outro deputado, o sr. Pedro Luiz, fez questão de declarar seu voto contrário à Abolição. Entre seus argumentos, estava o temor diante da possibilidade de desorganização do trabalho agrícola, além de críticas ao projeto que não marcava nenhuma modernização para os senhores de escravos nem dava algum "prazozinho" para fazerem a colheita daquele ano.[14] A fala desses deputados e o apoio recebido dentro do Parlamento demonstram que não foi tão fácil e simples a aprovação do projeto, apesar de eles admitirem que a maioria era favorável. Mesmo assim, quiseram deixar marcados nos anais da Câmara sua insatisfação diante da Abolição. Os votos contrários somaram nove, sete deles vindos de representantes da região do vale do Paraíba fluminense (Fernandes, 2006).[15] Os demais, 85 deputados, decidiram pela aprovação total do texto, encaminhando-o para discussão no Senado.

---

12 Para as ações políticas e abolicionistas de Nabuco antes da apresentação da lei na Câmara, ver Souza (2021, especialmente o capítulo "Nabuco e o 'povo'").

13 Foram raras as opiniões semelhantes à desse deputado nas vésperas da Abolição. A maioria não se expressou de forma tão contrária como fizeram Andrade Figueira e Paulino de Souza (Costa, 1966:382).

14 Diante dessa possível desorganização, eles pregavam a indenização aos ex-senhores. Sobre esses temores, ver Mendonça (2001:29-35).

15 Nessa ocasião, o deputado pela província do Rio de Janeiro, Alfredo Chaves, declarou apoio a Andrade Figueira, defensor dos interesses dos representantes conservadores da província (Moraes, 1986:274).

A aprovação da lei na Câmara dos Deputados deu início à realização de festas e manifestações espontâneas, apesar da nova batalha que se anunciava: a discussão no Senado. Esse dia foi um misto de euforia por causa das notícias do dia anterior e de expectativa sobre qual seria a atitude da Câmara vitalícia no julgamento da urgência do projeto. A presidência do Senado estava sob responsabilidade de Cruz Machado, o visconde de Serro Frio. Da mesma forma que ocorreu na Câmara, no Senado o projeto foi, no dia 11 de maio, para uma comissão formada para discuti-lo. No entanto, em apenas alguns minutos, o senador Dantas entregou o parecer favorável e pediu que o projeto fosse discutido logo no dia seguinte, 12 de maio, um sábado, "dia morto para as câmaras", segundo o redator da *Revista Illustrada* (2 jun. 1888).[16]

No dia 12 de maio, os arredores do Senado estavam cheios daqueles que atenderam à convocação feita pelos jornais no dia anterior, que apelavam para que a casa permitisse a entrada de público. A segunda discussão do projeto não foi tão rápida e tranquila como a primeira. O senador barão de Cotegipe pediu a palavra para declarar seu voto contrário. Segundo nota da *Revista Illustrada,* além de Cotegipe, outros cinco seguiram esse voto. Apesar deles, o projeto foi aprovado em segunda votação. A última seria na manhã do dia seguinte.

No domingo, 13 de maio, nos principais jornais da Corte foi publicado um chamado final aos leitores: prestigiar o grande momento, dia da última votação do projeto e possível data de sua assinatura.

> A redação do *Cidade do Rio* e a Confederação abolicionista convidam o povo brasileiro para se reunir hoje (13 de maio), às 10 horas da manhã, na Rua do Ouvidor, em frente à mesma redação e seguir para o Senado, a fim de saudar os ilustres representantes da Câmara vitalícia pela passagem da lei da extinção do elemento servil em 3ª discussão [*Diário de Notícias,* 13 maio 1888].

Por volta das 11h30min, começou mais uma sessão de discussão com falas contrárias ao projeto. O senador Paulino de Souza, do Partido Conservador, foi o responsável pelo discurso de oposição e criticou a lei de 1871. Sua fala foi testemunhada por uma multidão que também ouviu o discurso favorável do

16 A revista atrasou seu relato sobre os antecedentes da Abolição, mas ainda é a melhor descrição entre os jornais da Corte sobre esse período.

senador Dantas. Os discursos desses dois senadores demonstram o quanto não havia unanimidade a respeito do futuro da escravidão, principalmente para os defensores de medidas indenizatórias em caso de liberdade dos escravos.[17]

Após os discursos, o projeto foi aprovado em última votação. No parecer enviado para a sanção do governo juntamente com a lei, a urgência da sua execução e a especificidade da lei para o Império ficam explícitas: "A Assembleia Geral dirige ao Imperador o decreto incluso, que julga vantajoso e útil ao Império, e pede a sua Majestade Imperial se digne dar a sua sanção".[18]

No momento da discussão final da lei, ainda no domingo de manhã, era incerta a assinatura da princesa naquele mesmo dia. Apesar disso, as notícias publicadas nos jornais de domingo apresentavam como certa a aprovação da lei no Senado, cujos protagonistas, senadores, deveriam ser prestigiados, assim como alguns abolicionistas, entre eles José do Patrocínio, editor do *Cidade do Rio*, que promovia a convocação.

A assinatura da lei no domingo, dia 13 de maio, provocou uma verdadeira avalanche de capas comemorativas nas principais folhas publicadas na Corte nos dias seguintes. Os editores desses jornais tentaram interpretar, para seu público, o momento vivido no dia anterior, tomando a lei como principal objeto de louvação e que merecia ser lembrado e destacado como símbolo da vitória do processo abolicionista.

O *Diário de Notícias* publicou textos escritos por literatos da época que, a seu modo, interpretavam aquela data para os leitores daquela folha. Entre os temas está o que valoriza a festa realizada por toda a Corte. Segundo o cronista Rodrigo Otávio, na data do 13 de Maio teria ocorrido a primeira festa nacional, celebrada pelo povo. Além disso, a celebração feita de forma delirante teria uma função futura: "Na posteridade, a notícia desse entusiasmo delirante atenuará sem dúvida o horror da escravidão, tolerada por este povo até o fim do século dezenove" (*Diário de Notícias*, 14 maio 1888). A festa e a data do 13 de Maio possuíam uma marca e uma função porque celebravam um futuro de liberdade iniciado pelo fim de um passado escravista vivido e tolerado, de certa forma, por todos que agora festejavam à sua maneira. A dinâmica encontrada pelos editores

17 Nas discussões do Senado, após os festejos abolicionistas, a questão da indenização foi tocada pelo barão de Cotegipe (*A Verdade*, 18 jun. 1888; Magalhães Jr., 1972:240).

18 BN – Digital: mss49 – 4-4. "Princesa Isabel – autógrafos do decreto de extinção da escravidão no Brasil".

do *Diário de Notícias* para celebrar e interpretar a lei da Abolição, logo no dia seguinte à assinatura, demonstra o quanto seus significados ainda estavam se moldando.

Em meio à celebração inicial e ainda eufórica publicada pelos editores dos jornais, os da *Gazeta de Notícias*, além de citarem a lei, deram destaque semelhante às ações de José do Patrocínio. Tal ênfase possivelmente se deve à antiga relação entre o abolicionista e a folha, primeira a abrir espaço para matérias que discutiram a emancipação, estando Patrocínio no quadro de redatores.[19] Suas ações aparecem na primeira página sintetizando toda uma luta empreendida por outros atores nacionais:

> Na luta triunfante do abolicionismo, José do Patrocínio foi a concretização do espírito nacional. Mais de uma vez foi buscar os argumentos a favor da grande causa, não à lógica dos compêndios, mas ao seu grande coração. Para ele, o abolicionismo não foi unicamente uma questão social, mas um dever de solidariedade humana. No ardor da peleja, confiava mais no quadro descritivo dos horrores da escravidão, do que nas vantagens econômicas da abolição de tão nefanda instituição [*Gazeta de Notícias*, 14 maio 1888].

Os discursos abolicionistas de José do Patrocínio, segundo os editores da *Gazeta de Notícias*, foram fundamentais não só para a ação que se concretizava no dia 13 de maio, mas para compor argumentos que combatessem qualquer ponto favorável à escravidão. Por isso, combinada com a importância dada à lei, a capa do dia 14 de maio não poderia deixar de registrar as homenagens ao abolicionista.

O marco inicial de um novo tempo parecia ser o da assinatura da lei pela princesa. O editor da *Gazeta de Notícias*, ao explicar a angústia dos momentos finais da escravidão e a importância da festa, comparou a pátria a um gigante cujo coração estava esmagado por uma montanha de três séculos de escravidão. Porém, tal angústia e sufoco desapareceram com a "mágica palavra de uma Princesa", e o coração livre se "percebe na alegria do povo" (*Gazeta de Notícias*, 18 maio 1888). De tão marcante, aquele ato deveria, assim, servir de início de um novo tempo, capaz de afirmar uma nova história para o país – pois se o futuro

---

19 O jornal de Ferreira de Araújo foi um dos primeiros a divulgar a propaganda abolicionista, apesar de também de ter publicado anúncios de escravos fugidos (Machado, 2014:131).

do Brasil se faria sem escravos, sua história e seu passado também deveriam ser recontados para apagar tal mancha.

A lei foi privilegiada por Angelo Agostini na capa comemorativa da Abolição na *Revista Illustrada* do dia 19 de maio.[20]

A ilustração da capa mostra a saudação à redação enfeitada. Entre os enfeites constam algumas bandeiras, como as do Império, e placas que destacam duas etapas do processo parlamentar: a primeira lei que pôs fim ao tráfico atlântico, de 7 de novembro de 1831; e a que acabou com o nascimento de escravos, a de 28 de setembro de 1871. Em destaque, a lei do 13 de Maio e seu primeiro artigo: "É declarada extinta a escravidão no Brasil". Ao seu lado, os nomes dos abolicionistas José do Patrocínio, Joaquim Nabuco e João Clapp, presidente da Confederação Abolicionista,[21] e de um parlamentar, o senador Dantas.

A capa da *Revista Illustrada* e seu editorial dão o tom da interpretação que os editores pretendiam passar para seu público leitor. No texto assinado por Angelo Agostini, Luiz de Andrade, Pereira Neto, Fritz Harling, João Joaquim Mendes e Julio Harling, o nascimento da nova era tinha data e hora: 13 de maio, às 15h. Ela nasceu sob um dilúvio de flores, hinos festivos, aclamações, "derramando lágrimas de júbilo sobre a raça redimida e levantando um altar ao esquecimento!". A palavra "escravo" já não teria mais significado na língua, e o país poderia encarar de frente as outras nações.[22] A saudação do povo parece legitimar toda a ação dos abolicionistas e a forma parlamentar da Abolição.

Um importante questionamento foi feito pela *Gazeta da Tarde* no texto "A grande lei". Os editores do jornal, antiga propriedade de José do Patrocínio e local da fundação da *Confederação Abolicionista*,[23] se perguntaram durante quanto tempo se falaria dos escravos. Mais uma vez, o futuro é a preocupação principal, além do espaço que a escravidão ocuparia nele. Para o autor do texto, ela deveria ficar no passado e os brasileiros dariam as costas para a escravidão, já que sua memória não precisaria ser retomada a cada instante. Os que lutaram contra a

20 A *Revista Illustrada* era publicada aos sábados. A capa comemorativa pela Abolição apareceu apenas no sábado seguinte, dia 19 de maio.

21 Criada em 9 de maio de 1883, tinha como plano congregar abolicionistas em uma única e grande associação civil nacional. Inicialmente, foi fundada por 15 sociedades, a maioria sediada no Rio de Janeiro, e outras associações mais tarde aderiram, tendo João Clapp como presidente e seu manifesto redigido por José do Patrocínio e André Rebouças (Alonso, 2015:203).

22 A primeira bandeira que aparece na fachada da redação parecer ser a da Argentina.

23 O jornal de Ferreira de Menezes se identificou como abolicionista e não aceitava anúncios de vendas de escravos (Machado, 2014:134).

Figura 1
***Revista Illustrada*, 19 maio 1888**

escravidão, abolicionistas e escravos, seriam justiçados pela posteridade que se lembraria deles (*Gazeta da Tarde*, 13 maio 1888).

O tom proposto pelos editores da *Gazeta da Tarde* para o esquecimento do passado escravista pode ser comparado à postura menos crítica adotada pelo jornal em relação aos senhores de escravos após a saída de José do Patrocínio do jornal, mesmo permanecendo contrários ao escravismo. Uma espécie de cautela, refletida na ideia de que as lideranças abolicionistas deveriam comandar todo o processo e guiar a participação do povo, apareceu em todos os jornais por onde Patrocínio passou e não estava muito distante do enfoque assumido pela grande imprensa em maio de 1888. Os jornais abolicionistas, e até os que assumiram essa defesa nas vésperas da Abolição, defendiam a legalidade e a ordem para o fim da escravidão como caminhos ideais (Machado, 2014:176).[24] A adesão ao abolicionismo e a defesa de uma solução cautelosa e legítima para a escravidão talvez estivessem relacionadas ao temor que os editores dos jornais da Corte refletiam nos seus textos: o perigo de uma sublevação de escravos e de manifestações populares e, consequentemente, a perda do controle do processo abolicionista.

Desse modo, não era casual o protagonismo que os editores desses jornais se autoatribuíam naquele momento. Ele era o fruto da força que a imprensa vinha ganhando entre círculos mais amplos da sociedade imperial nos anos anteriores. Em maio de 1888, os jornais constituíam a principal ponte entre o mundo parlamentar e o das ruas. Esse alcance pode ser explicado pelos avanços tecnológicos e até mesmo culturais vividos pela imprensa da Corte na década de 1880, além das mudanças no aspecto material dos jornais.[25] No entanto, nada foi mais marcante que o crescimento da "imprensa independente", ou seja, a que não era ligada a partidos políticos (Mello, 2007:82). Tal iniciativa começou com a *Gazeta de Notícias* de Ferreira de Araújo, o mesmo que havia implantado mudanças estruturais na forma de fazer o jornal, influenciando outras redações (Pereira, 2004:39).[26] O objetivo dessa "nova imprensa" era focar sobre o lado

24 Essa também é a base do abolicionismo de Nabuco. Ver Rocha (2009:80).

25 A *Gazeta de Notícias*, que passou a ser vendida de forma avulsa e por pequenos jornaleiros, definia um novo modelo para o jornalismo carioca, afetando a própria produção de notícias e seu alcance. O sistema "barato, popular, fácil de fazer" aumentou a tiragem do jornal, chegando a 24 mil exemplares em uma única edição em maio de 1888. Seu custo também era baixo, apenas 40 réis, preço da maioria dos jornais em maio de 1888 (Sodré, 1999).

26 *O Paiz* e *Diário de Notícias* são exemplos de jornais que seguiram os rumos da *Gazeta de Notícias*.

comercial e alcançar o maior público possível. Ainda que circulassem numa sociedade com maioria analfabeta, o que restringia seu público leitor, os jornais eram os principais veículos do processo de disseminação de ideias na Corte (Barbosa, 2000:26).[27] Práticas como a leitura das notícias em voz alta ou sua discussão em rodas e em cafés ajudavam a proliferar os textos para um público composto também por escravizados, libertos e trabalhadores que não tinham acesso ao meio letrado.[28]

Próximo aos jornais que valorizavam a ação do Império para o fim da escravidão, estavam aqueles que assumiam uma postura republicana e que trataram de explicar, do seu modo, a grande mudança realizada no país. A *Gazeta Nacional*, representante das ideias republicanas na Corte, reproduziu um texto da província de São Paulo acerca da Abolição e seu movimento.[29] Nesse texto, a lei, vitória do abolicionismo, era fruto da vontade nacional, apesar de admitir que o Gabinete 10 de Março, presidido por João Alfredo,[30] merecia elogios, uma vez que conseguiu apressar a discussão (*Gazeta Nacional*, 15 maio 1888). Seus redatores reconheceram a manifestação de agradecimento à princesa e ao Parlamento feita pela população da Corte, apesar de considerarem que a motivação foi exclusivamente por conta da passagem da lei. Em outro texto publicado nesse mesmo dia e assinado por Aristides Lobo, a ênfase é sobre a ação do Parlamento, que havia executado uma ordem imperiosa e urgente do povo.[31] Ou seja, nesses dois textos, o objetivo é dissociar qualquer ideia de benevolência e humanidade do Império e da atitude da princesa ao assinar a lei. A responsabilidade da Abolição era do movimento abolicionista e do próprio povo na sua pressão no Parlamento. A outra reforma, a República, deveria ocorrer simultaneamente à Abolição (*Gazeta Nacional*, 22 maio 1888).

---

27 As melhorias no sistema de correios e as estradas de ferro permitiram uma distribuição maior dos jornais a lugares mais afastados da Corte.

28 Ver El Far (2004) e Barbosa (2000:23). O avanço dos meios de comunicação no Império também é marcante no que tange à divulgação de notícias vindas de outras províncias. Um exemplo foi o caso do Ceará, quando, em 1884, ocorreu sua libertação, tendo a notícia logo chegado à Corte (Ferreira, 2010:100).

29 Um dos redatores da *Gazeta Nacional* nesse período era Evaristo de Moraes (Mendonça, 2007).

30 João Alfredo Correia de Oliveira assumiu a presidência do Conselho de Ministros em março de 1888, substituindo o barão de Cotegipe. O objetivo de João Alfredo, na sua apresentação à Câmara, era encaminhar uma proposta de Abolição (Costa, 2008:124).

31 Aristides Lobo era um dos expoentes do movimento republicano e editou a *Gazeta Nacional* entre os anos 1887 e 1888 (Pessanha, 2006:13).

Outro jornal com fortes tendências republicanas, *O Paiz*,[32] aumentou sua tiragem nos dias seguintes à Abolição.[33] Em 15 de maio, o jornal dava "glória à pátria" por entender que

> A libertação dos escravos faz-se no Brasil por um acentuado movimento da opinião, pela capitulação franca das últimas forças de resistência, pela desagregação dos elementos conservadores, mas em plena paz, sem perturbações da ordem [...] a vitória dos abolicionistas exprime a vontade nacional [*O Paiz*, 15 maio 1888].

Ou seja, assim como a *Gazeta Nacional*, para os editores d'*O Paiz* a Abolição foi fruto de um processo promovido por diferentes fatores que iam além da vontade da princesa, mas estavam ligados ao movimento ordeiro dos abolicionistas. A "plena paz" citada pelo autor da nota é o sinal de que o encaminhamento da questão pela via parlamentar foi o mais correto para dar cabo da instituição secular.

Acompanhando esse movimento da imprensa da Corte de valorizar a via parlamentar, os registros fotográficos da Abolição aparecem para cristalizar os atores desse momento. As fotografias foram feitas por Antônio Luiz Ferreira no dia da aprovação do projeto na Câmara (10 de maio) e no dia 13 de maio diante do Paço Imperial, local da assinatura da lei. Apesar da importância desses registros, pouco se sabe a respeito da biografia do fotógrafo Antônio Luiz Ferreira. Seu trabalho aparece ligado à loja "Fotografia Moderna", localizada em Niterói,[34] especializada em retratar crianças, paisagens, edifícios e pessoas falecidas (*O Fluminense*, 10 jul. 1885) e a um endereço no Rio de Janeiro em 1894.[35] No ano de 1888, Ferreira

32 Jornal fundado em 1884, tendo Quintino Bocaiúva na redação até o ano de 1899. A ideia dos seus redatores era a da imparcialidade, mas ao longo dos anos sua tendência republicana foi se confirmando (Pessanha, 2006:13, 93; Barbosa, 2000:49).

33 No dia 15 de maio, a tiragem do jornal foi de 30.500 exemplares, enquanto a média era de 25 mil exemplares.

34 Em 1885, o endereço da Fotografia Moderna é rua da Conceição, 87 (*Almanak Administrativo, Mercantil e Industrial do Rio de Janeiro*, 1885:1001). No ano seguinte, esse estabelecimento é anunciado no jornal *O Fluminense* como pertencente a Manoel Felippe Gertf, sem informações sobre Ferreira (*O Fluminense*, 24 janeiro 1886).

35 Ver Ermakoff (2004:254). Na listagem de fotógrafos publicada no *Almanack Laemmert* (1894:843), seu endereço consta como sendo rua Guarda Velha, 1. No acervo do Instituto Moreira Salles, há uma fotografia, com data de 1915, assinada por A. L. Ferreira, da fachada da loja "A elegante", na avenida Rio Branco 169. Disponível em: <https://acervos.ims.com.br/portals/#/detailpage/82271>. Acesso em: 9 out. 2022.

já havia feito imagens de outra festa, o Carnaval, na ocasião do préstito do Club dos Fenianos na Terça de Carnaval. De acordo com o jornal *O Paiz*, o artista fotografou o carro no momento da passagem pela rua Primeiro de Março junto à igreja Santa Cruz dos Militares, registrando em uma fotografia o carro do estandarte e em outra os carros da crítica às festas do jubileu. Essas imagens foram expostas no salão do jornal e, de acordo com o anúncio, eram duas grandes e fiéis fotografias (*O Paiz*, 18 fev. 1888). Para a Abolição, Ferreira registrou suas imagens sob a assinatura "A. Luiz Ferreª. Phot".[36]

A imagem do interior da Câmara foi oferecida pelo próprio fotógrafo ao jornal *O Paiz* (15 maio 1888), sendo as demais expostas numa papelaria da rua do Ouvidor, ainda em maio de 1888 (*Diário de Notícias*, 22 maio 1888).[37] Nesse primeiro registro, a última sessão de discussão da lei na Câmara mostra a adesão parlamentar em torno da causa da Abolição e a presença do público.[38]

A fotografia desse dia, feita por Antônio Luiz Ferreira, possivelmente é o registro da fala de algum parlamentar durante o último dia de sessão.[39] O fotógrafo não destacou quem discursava, mas sim quem ouvia. Apesar de a imagem não permitir a identificação de cada deputado, é possível ver quem estava no centro daquele ato. O momento de discussão da lei e sua aprovação nessa primeira casa é uma ação feita e presidida por parlamentares. Eles estão no centro e por isso se tornaram o foco do fotógrafo, aparecendo o público em segundo plano, esperando o final da sessão. Esse momento eternizado por Ferreira poderia ser

36 Algumas informações sobre Antônio Luiz Ferreira vêm do *Dicionário histórico-fotográfico brasileiro*, organizado por Boris Kossoy (2002). Nele, há dois verbetes para se referir a Ferreira. No primeiro verbete, "Ferreira, Antônio Luiz", Kossoy usou as informações do *Almanack Laemmert* de 1894, onde encontrou anúncio desse fotógrafo. No segundo verbete, usou apenas "Ferreira, Luiz" para se referir ao fotógrafo que fez as fotos dos festejos da Abolição. Ao final, o autor não soube dizer se eram a mesma pessoa. A princípio, não é possível fazer essa afirmação, mas é preciso deixar claro que as fotos foram assinadas com o nome completo; e por isso considerei serem a mesma pessoa. Pedro Vasquez também fez referências a ele no livro *Dom Pedro II e a fotografia no Brasil* (1985:212) como Luís Ferreira, apesar de seu nome completo ser Antônio Luiz Ferreira.

37 De acordo com o anúncio: "Os Srs. Guimarães & Ferdinando com estabelecimento de papelaria, chromos e objetos de escritório, à rua do Ouvidor, esquina da do Carmo, expuseram nas suas vitrines as fotografias do recinto da Câmara dos Srs. Deputados, no dia da sessão em que foi votada a lei áurea, do grande préstito do dia 20, tirada de diversas localidades, do glorioso ministério de 10 de março e outras".

38 Graças aos fotógrafos, é possível identificar as imagens como registros dos festejos da Abolição. As fotos de Antônio Luiz Ferreira utilizadas neste capítulo, com exceção da foto da missa campal presente no capítulo seguinte, fazem parte da Coleção Princesa Isabel organizada em livro por Pedro e Bia Corrêa Lago e publicada pela editora Capivara em 2008.

39 Todas as imagens deitadas possuem o mesmo tamanho: 19 × 24,5 cm (Lago, 2008:288).

Figura 2
Antônio Luiz Ferreira, *Sessão da aprovação da lei*, 1888

Fonte: Lago (2008:289).

adquirido na papelaria Guimarães & Ferdinando,[40] sendo o anúncio da venda da fotografia da "gloriosa sessão" publicado no *Diário de Notícias* da edição de 13 de maio.

Três dias após a aprovação da lei na Câmara, dessa vez era o Senado que a aprovava, no dia 13, sob os olhares do público que ocupava as galerias dessa casa. Aqueles que ocupavam as ruas dos arredores do Senado foram em cortejo para a

40 Essa papelaria era de propriedade de Alberto Ferdinando Cogorno de Oliveira e Joaquim da Costa Leite Guimarães, localizada na rua do Ouvidor, 35, sendo um estabelecimento que vendia "coisas finas e artísticas" e artigos de papelaria, papéis importados, materiais de escritório, *souvenirs* e folhinhas (*Diário de Notícias*, 25 dez. 1887). Antes da Abolição, a papelaria já servira de exposição de objetos importantes, tais como ocorrera em março de 1888, quando expôs a medalha que seria oferecida a um médico em homenagem ao seu aniversário e aos seus bons serviços prestados (*Diário de Notícias*, 21 mar. 1888).

região do Paço, passando antes pela rua do Ouvidor, a fim de esperar a chegada da princesa para a assinatura da lei ainda no domingo, 13 de maio (*Gazeta de Notícias*, 14 maio 1888).[41]

Antônio Luiz Ferreira fez dois registros do largo do Paço e colocou uma legenda a fim de diferenciar os dois momentos distintos.[42]

Figura 3
Antônio Luiz Ferreira, *Antes da assinatura do decreto*, 1888

Fonte: Lago (2008:302).

41 A princesa veio de Petrópolis no mesmo dia e desembarcou na estação das barcas, atual praça XV.
42 Essa primeira imagem encontra-se disponível na coleção Gilberto Ferrez do Instituto Moreira Salles, mas não possui a legenda que foi reproduzida no livro de Pedro Lago, por isso optamos pela reprodução da imagem do livro. Para a imagem do IMS, ver <https://acervos.ims.com.br/portals/#/detailpage/63869>. Acesso em: 9 out. 2022.

Além de mostrar a espera pela assinatura da lei, a imagem registra a opulência do prédio do Paço Imperial, suas sacadas miradas para a baía de Guanabara, a região do morro do Castelo e suas humildes construções.

Grande parte do público que ocupava o largo do Paço fez um pequeno cortejo pelas ruas do Senado, no campo de Santana, até a frente do local da assinatura da lei. Essa foi a primeira manifestação festiva pela Abolição (*Gazeta de Notícias*, 14 maio 1888). A cidade do Rio de Janeiro, principalmente a região que envolvia o Parlamento e a imprensa, em sua maior parte sediada na rua do Ouvidor, foi apropriada como local principal da festa, encenando um roteiro de celebração que serviria de modelo para demais cidades, assim chamada por Margarida de Souza Neves de *cidade capital* (Neves, 2003:253). Esse cenário compôs as leituras sobre a Abolição feitas pela imprensa. A capital do Império se tornava a dos festejos pela Abolição, causando ressonâncias nas demais províncias, assim como nas regiões mais periféricas. O papel dos jornais para a divulgação desse posicionamento da Corte foi fundamental.

As duas fotografias que marcam a espera da assinatura da lei da Abolição mostram a ocupação da cidade por um público que, de algum modo, tinha um papel bastante definido nesse evento. Tanto aqueles que ocuparam a Câmara quanto os presentes no largo do Paço se apresentam ao fotógrafo como espectadores de ações centradas no âmbito legal e parlamentar. Em ambas as situações, o público assistiu à espera do grande final como um espetáculo. O "depois" também foi perenizado em outra fotografia do mesmo autor.

Se na foto do "antes" o largo do Paço ainda apresentava espaços vazios, na imagem do "depois" a região já estava tomada por aqueles que testemunharam do lado de fora o fim da escravidão e ouviram Joaquim Nabuco anunciar a grande notícia (Orico, s.d.; *Gazeta de Notícias,* 14 maio 1888). Além disso, a foto mostra mais pessoas chegando ao largo do Paço para compor o cenário da celebração da lei.

Os que ocupavam o largo saudaram a princesa, presente na sacada central do Paço, os parlamentares e outros presentes nas demais sacadas (*Gazeta de Notícias,* 14 maio 1888). O Rio de Janeiro, por abrigar as câmaras legislativas do Império, se tornou o primeiro e principal palco da festa da Abolição. No domingo, dia 13, seus moradores, e quem quer que estivesse na cidade, puderam ter uma leitura de todo o processo legislativo através dos cortejos realizados quase aleatoriamente na Corte. Neles, os nomes dos abolicionistas e de quem assinou a lei eram ressaltados a todo momento.

Figura 4
Antônio Luiz Ferreira, *Depois da assinatura do decreto*, 1888

Fonte: Lago (2008:303).

Figura 5
Recorte da figura 4

Figura 6
Recorte da figura 4

As fotografias do "antes" e do "depois" da assinatura da lei, cujos recortes destacam as saudações dadas pelo público no largo do Paço, parecem ser a síntese de todas as descrições publicadas nos jornais, nos dias seguintes à assinatura, sobre a recepção à lei.

Essas imagens quase reproduzem o testemunho de uma criança, que fazia aniversário nesse dia e que estava presente no largo do Paço junto ao seu pai. Anos mais tarde, o então escritor Lima Barreto descreveu o que tinha visto naquele dia, quase como se estivesse descrevendo a foto do largo do Paço:

> [...] na minha lembrança desses acontecimentos, o edifício do antigo Paço, hoje repartição dos Telégrafos, fica muito alto, um *sky-scraper* [...] Havia uma imensa multidão ansiosa, com o olhar preso às janelas do velho casarão. Afinal a lei foi assinada e, num segundo, todos aqueles milhares de pessoas o souberam. A Princesa veio à janela. Foi uma ovação: palmas, acenos com lenço, vivas. [...] Jamais, na minha vida, vi tanta alegria. Era geral, era total: e os dias que se seguiram, dias de folganças e satisfação, deram-me uma visão da vida inteiramente festa e harmonia. [Schwarcz, 2017:68].[43]

Os vivas e a harmonia imaginados por Barreto aparecem nas fotos da Abolição, que além de registrarem o ambiente parlamentar sem conflitos, mostram as ruas que receberam a notícia de modo harmônico, tal como ficara marcado na lembrança do escritor. Além do largo do Paço, a rua do Ouvidor foi foco das lentes de Ferreira, principalmente por concentrar as redações dos principais jornais e aqueles que acompanhavam as discussões na Câmara e no Senado. De acordo com o publicado sobre o dia da assinatura da lei pela *Gazeta de Notícias*, o público havia saído dos arredores do Senado em direção ao largo do Paço, mas antes, por volta das 2 horas, passou pela Ouvidor a fim de saudar a imprensa sediada naquela região. As redações, nesses relatos, apareciam como locais privilegiados para a comemoração abolicionista, uma vez que seus redatores eram tidos como os grandes atores daquele momento, devido ao trabalho feito na imprensa a favor do fim da escravidão. Uma dessas redações recebeu uma atenção especial do fotógrafo.

Na imagem, o privilégio é para o prédio do jornal *O Paiz*.[44] Sua fachada enfeitada especialmente para a ocasião deveria ser registrada, e isso era um desejo dos próprios responsáveis pelo jornal. Numa nota publicada em 15 de maio de 1888, o pedido para a fotografia é feito para Marc Ferrez, que também estaria responsável por outros registros das festas:

---

43 Essa crônica de Lima Barreto, "Maio", foi originalmente publicada na *Gazeta da Tarde* em 4 de maio de 1911.

44 Tamanho da fotografia, assim como todas as outras nesse formato: 18 × 12 cm.

Figura 7
Antônio Luiz Ferreira, *A abolição no Brazil*, 1888

Fonte: Lago (2008:303).

A convite da empreza d'O Paiz, o conhecido fotógrafo Marc Ferrez ocupou-se durante o dia em tirar fotografias da fachada do nosso edifício e partes entre vizinhas [ilegível]. Do mesmo excelente artista temos presente uma grande e nítida fotografia, representando fielmente o aspecto exterior do paço do senado por ocasião da chegada de Sua Alteza a princesa regente à sessão de abertura do parlamento em [ilegível] corrente.

O Sr. A. Luiz Ferreira, retratista estabelecido nesta capital, nos ofereceu também fotografias representando o interior do paço da câmara dos deputados na sessão de 10 do corrente, em que foi apresentado o decreto da abolição.

Apesar do pedido do jornal a Ferrez, a fotografia da fachada foi assinada por Antônio Luiz Ferreira.[45] No dia seguinte, 16 de maio de 1888, *O Paiz* indicou que Ferrez continuava fazendo os registros dos grupos e dos lugares principais dos festejos. No final desse mês, um anúncio nesse jornal indicava que o estabelecimento de Ferrez estaria vendendo fotografias de várias cerimônias e pontos da cidade por ocasião da passagem da lei da Abolição, sem indicar se eram suas imagens (30 de maio de 1888).[46] Na foto de Ferreira da fachada da redação do jornal, há uma necessidade de deixar registrada para a posteridade uma imagem da festa da Abolição onde, nesse caso, os sujeitos principais são os homens que aparecem na sacada, possivelmente os responsáveis pelo jornal, além de uma mulher bem no canto. Eles, de certa forma, simbolizavam todos aqueles que participaram do movimento abolicionista e que agora comemoravam nas ruas, ou dos prédios das redações, as festas que eles próprios promoviam. A rua do Ouvidor também abrigava as sedes de outros jornais, igualmente fotografadas por Ferreira. Porém, nessa imagem a rua aparece ocupada por outros festeiros.

45 A imagem de Marc Ferrez ainda permanece inédita. Há uma fotografia da fachada do Club Naval, feita por ele, em cuja legenda consta: "As festas da Abolição". Essa imagem foi publicada por Lago (2008:196), mas não há conhecimento das demais feitas pelo fotógrafo na ocasião da Abolição.

46 Em pesquisas em *sites* que possuem o acervo do fotógrafo (Instituto Moreira Salles e Brasiliana Fotográfica) não foram encontradas essas imagens, apenas a notícia de que estaria fazendo as fotos a partir do publicado no jornal *O Paiz*. O estabelecimento anunciado que estaria vendendo as fotografias era seu ateliê na rua São José, 88.

Figura 8
Antônio Luiz Ferreira, *A abolição no Brazil*, 1888

Fonte: Lago (2008:301).

Na imagem aparecem as redações da *Gazeta de Notícias* e *Cidade do Rio* e no meio a alfaiataria *A la Capitale*. Essas redações não apareceram na fotografia da redação d'*O Paiz*, apesar de estarem bem próximas. Por não ser datada, não é possível saber se foi feita no mesmo dia 13 de maio. A imagem indica alguns pontos para a construção de uma narrativa para a Abolição. A *Gazeta de Notícias* enfeitou sua fachada com a imagem da princesa Isabel, lá no alto, mas aos olhos dos que ocupavam a rua estava o retrato de José do Patrocínio, proprietário do jornal vizinho *Cidade do Rio*, que tem sua sacada ocupada por cinco homens, possivelmente atuantes na redação. Isabel e Patrocínio parecem ser os personagens principais dessa festa, que não considerava outros sujeitos essenciais para o fim da escravidão, os ex-escravizados. Logo, a campanha abolicionista e o

Império alcançavam um pedestal de louvação por aqueles que ocupavam a rua do Ouvidor, semelhante ao tempo do Carnaval.[47]

Essas duas fotos da Ouvidor marcam a distinção entre aqueles que festejavam, o público que ocupava as ruas e os que ficavam nas sacadas das redações dos jornais interpretando toda aquela manifestação. Certamente, a visão que os editores, noticiaristas e literatos tinham do alto ajudou a pensar na melhor forma de comandar os sentidos da festa. Foi desse patamar superior que esse "carnaval" em pleno maio foi pensado.[48]

O 13 de Maio de 1888 deveria ser comemorado de forma exaustiva e ordeira, assim como foi a aprovação da lei. Se o público acompanhou os comandos dos editores dos jornais comparecendo ao Parlamento para testemunhar a aprovação da lei, para os festejos não seria diferente.

> A imprensa da Corte resolveu festejar condignamente o decreto da abolição dos escravos no Brasil. Esta festa é inteiramente popular. Amanhã às 9 horas da noite reúnem-se no salão do Club de Esgrima à travessa de S. Francisco de Paula, as redações da Gazeta de Notícias, do Jornal do Commércio, do Diário de Notícias, da Época, da Revista Ilustrada, da Gazeta da Tarde, do Novidades e da Cidade do Rio para deliberarem sobre o modo melhor de levar-se a efeito o festival projetado [*Cidade do Rio*, 11 maio 1888].

O público presente nas ruas durante o 13 de Maio era o alvo dos organizadores dos festejos. As festas planejadas pelos redatores e editores das folhas da Corte pretendiam ter um caráter popular, mas obedecendo a um planejamento cuidadoso. Para isso, foi realizada uma reunião antes mesmo do dia crucial, tendo por finalidade iniciar um projeto de festas que abrangesse a maioria e que

---

47 A estreita rua do Ouvidor era o local do desfile dos grupos carnavalescos e das grandes sociedades durante o século XIX. Das sacadas dessas redações, os literatos que compunham o quadro editorial dos jornais observavam os foliões do carnaval. O mesmo acontecia agora com a Abolição (Pereira, 2004:134).

48 Era comum a ocupação das sacadas das redações pelos literatos na ocasião das festas pela rua do Ouvidor. Durante o carnaval, elas eram o lugar mais seguro para festejar, mas não para viver o melhor da festa. Foi o que aconteceu no carnaval de 1886, quando o literato Arthur Azevedo não resistiu aos encantos de uma sociedade originária da região da Cidade Nova que passava pela Ouvidor enquanto ele estava na redação do *Diário de Notícias*. Nessa ocasião, o literato desceu e foi se juntar aos foliões (Pereira, 2004:130). Para a Abolição, anos depois, a sacada continuava a ser um bom lugar para observar os festejos.

comungasse todos os jornais e suas particularidades em torno de um objetivo específico: comemorar a Abolição dignamente.

A reunião dos representantes de cada jornal foi feita em 12 de maio, à noite, e dela saíram comissões que seriam responsáveis pela organização e execução dos festejos. Além dos jornais citados, na reunião estavam presentes os representantes das seguintes folhas: *Estação*, *Rio News* e *Diário Mercantil*, de São Paulo. E outros comunicaram adesão à ideia: *L'Étoile Du Sud*, *Itália*, *Sportsman*, *Jornal dos Economistas*, *O Paiz*, *Gazeta Nacional* (*Gazeta de Notícias* e *Diário de Notícias*, 13 maio 1888).

Para dar conta da realização das festas, pequenos grupos foram organizados a fim de dividir as tarefas. Foi escolhida uma comissão diretora dos festejos da imprensa fluminense, uma responsável pela tesouraria e outra para organizar o jornal especial que seria publicado ao final das comemorações. A diretoria ficou a cargo dos redatores-chefes dos jornais: João Carlos de Souza Ferreira (*Jornal do Commercio*)[49] como presidente, tendo José Ferreira de Souza Araújo (*Gazeta de Notícias*) como vice; Dermeval da Fonseca (*Gazeta de Notícias*) escolhido como primeiro secretário; Fernando Mendes de Almeida (*Diário de Notícias*) como segundo secretário.

A tesouraria da comissão foi composta por Henrique Villeneuve (*Jornal do Commercio*) e Arthur Azevedo (*Estação*) (*Diário de Notícias*, 15 maio 1888). A organização do jornal especial, *Imprensa Fluminense*, ficou sob a responsabilidade de Henrique Chaves (*Gazeta de Notícias*), dr. Pederneiras, dr. Rego Macedo, dr. Ribeiro de Freitas, Coelho Netto e, mais uma vez, do literato Arthur Azevedo (*Diário de Notícias*, 16 maio 1888).

Os jornais que compunham a direção da comissão, *Jornal do Commercio*, *Gazeta de Notícias* e *Diário de Notícias*, já vinham compartilhando ideias acerca do processo abolicionista e sobre o regime que mantinha a escravidão. O *Jornal do Commercio*, na direção de Luiz de Castro, teve como um dos redatores Gusmão Lobo, bacharel em direito e reconhecido por Joaquim Nabuco no seu livro *Minha formação* como um dos grandes expoentes da causa abolicionista na imprensa (Sandroni, 2007:209; Sodré, 1999:238). Esse foi o jornal que, além de presidir a comissão da imprensa para os festejos, cedeu também suas oficinas para a im-

49 João Carlos de Souza Ferreira substituiu Luiz de Castro, morto dias antes da Abolição, na direção do *Jornal do Commercio*.

pressão da edição especial do jornal comemorativo, o *Imprensa Fluminense*. No entanto, na ocasião da morte de Luiz de Castro, um dos nomes possíveis para assumir o cargo de redator-chefe foi o do republicano José Carlos Rodrigues, que não foi aceito. A ligação do jornal com a Coroa ainda era necessária naquele momento, e talvez por conta disso houve certo receio por parte do seu novo redator, João Carlos de Souza Ferreira, diante do comportamento dos ex-escravos. Seu desejo era de que permanecessem nas suas antigas atividades, apesar da liberdade recém-conquistada (Sandroni, 2007:237).

A *Gazeta de Notícias*, de Ferreira de Araújo, se ligava à organização das festas por ter sido a primeira a abrigar os textos de José do Patrocínio contra a escravidão. O *Diário de Notícias*, de Fernando Mendes de Almeida, outro jornal que encabeçava os festejos, defendeu a validade da lei para o fim da escravidão e a estampou na primeira página do jornal por dois dias seguidos (14 e 15 de maio), tendo em volta, como uma moldura, poesias e pequenos textos que interpretavam os significados da lei e do fim da escravidão no Brasil. Esses três jornais, com apoio de literatos e homens da sociedade letrada do Império e atuantes em outros órgãos da imprensa, encabeçaram a organização dos festejos pela Abolição a fim de deixar marcado para aqueles que festejaram, assim como para as demais folhas, que a vitória sobre a escravidão foi resultado também da sua própria atuação na sociedade.

No entanto, é preciso considerar essa imprensa como local de reunião de homens que não estavam apenas ligados à prática de dar notícias. Entre os redatores estava grande parte dos literatos que mais tarde teriam seus nomes escritos no panteão literário brasileiro. Representantes de uma estética realista, ocuparam as redações dessas folhas não apenas para produzir literatura, mas sim para atuar como redatores de notícias diárias e do cotidiano da cidade e da política nacional. A *Gazeta de Notícias* abrigou Machado de Assis, Olavo Bilac, Coelho Netto, Guimarães Passos e Raul Pompeia (Mello, 2007:117). Jornais de outras províncias, como São Paulo, por exemplo, receberam contribuições desses literatos no papel de redatores ou autores de textos de ficção. Para eles, o jornalismo servia como forma de compensar a pobreza editorial, uma vez que tinham espaço para divulgar uma literatura que dificilmente seria publicada em livro (Mello, 2007:120).

A função de redator rendia-lhes a maior parte do sustento e estava atrelada à participação deles no cotidiano dos jornais. Tal função não era do agrado de todos, uma vez que a ideia de criar textos informativos, ou seja, com o relato do dia a dia da Corte, era encarada como atividade menor (Pereira, 2004:42). Contudo, esses literatos reproduziam em seus textos, para os jornais ou na literatura de ficção, os conceitos e polêmicas existentes na década de 1870. O abolicionismo e o republicanismo estavam entre eles (Mello, 2007; Alonso, 2009). A atuação deles na Corte, em meio às contradições das ideias liberais vindas de fora e da permanência da escravidão no Brasil, trazia à tona, em maio de 1888, os conceitos acerca do trabalho livre, tema antigo nas discussões entre abolicionistas e emancipacionistas da década de 1880. Diante disso, tais debates e dilemas, assim como o posicionamento editorial que cada jornal seguia, apareceram nas atribuições recebidas por esses homens para a organização da festa e sua função para a produção de uma memória sobre a Abolição.

Em meio ao que era vivido nas ruas, escrito e discutido por literatos nos jornais, tanto na parte literária como no relato do cotidiano, o fim do grande problema, a escravidão, não passaria despercebido para eles. Pelo contrário, se a literatura tinha a missão de formar conceitos e ideias, a participação desses literatos nos jornais tinha também a missão de comandar as festas e as interpretações sobre o fim da escravidão. Logo, a mesma imprensa que teve a iniciativa de abrigar literatos em seu quadro de redatores vai se autoatribuir o papel de organizadora principal das festas que outros homens, comuns aos seus olhos, já estavam fazendo nas ruas.

Dessa forma, estabeleceram o 13 de Maio como uma data cívica, por meio do apoio parlamentar do deputado Afonso Celso Júnior, que propôs que a data fosse considerada de glória nacional (*Revista Illustrada*, 13 maio 1888).[50] Como toda data cívica, os festejos a consagrariam juntamente com uma mensagem homogênea e clara que seria passada à população (Kraay, 2001). Por estarem os festejos, de certa forma, ligados ao Império e à forma legal pela qual foi feita a Abolição, não haveria momentos para rememorar os anos de escravidão nem a atitude do imperador diante das pressões externas para esse fim. De certo modo, ao promoverem as festas, os homens da imprensa iniciaram uma arrumação da memória e do esquecimento do processo abolicionista (lutas e sangue não precisavam ser recordados), assim como o estabelecimento dos heróis e dos fatos que levaram à Abolição. O que deveria ser festejado, a partir de 13 de maio, era a vitória da forma legal contra a escravidão sobre toda e qualquer outra forma bárbara que pudesse existir. O processo parlamentar foi enfatizado nos textos e nas fotografias e deveria ser lembrado a todo momento.

50 A proposta foi feita no dia 10 de maio.

2. O ato inaugural: uma festa sagrada

A Abolição discutida e assinada no dia 13 de maio diante de uma multidão que ocupou as ruas, o salão do Senado e a frente do Paço Imperial teria como auge das comemorações os festejos comandados pela imprensa fluminense. A programação das festas foi publicada nos jornais no dia 15 de maio e abrangia uma diversidade de eventos que, durante quatro dias, ocupariam os horários da manhã, tarde e noite dos festeiros, com missa, bailes populares, préstitos e práticas esportivas, como o turfe e as regatas. Haveria também sessões literárias e de teatro especiais e gratuitas. O acesso do público seria facilitado pelas linhas e horários especiais de bondes e trens. O comércio também deveria demonstrar adesão às festas, fechando suas portas a fim de permitir a participação de patrões e empregados (*Diário de Notícias*, 16 maio 1888). As comemorações seriam encerradas com uma publicação especial, o *Imprensa Fluminense*, jornal único e exclusivo de circulação na Corte na segunda-feira, dia 21, dia seguinte ao fim dos festejos.

Até o início dos eventos, os jornais da comissão se dedicaram a manter acesa a chama da comemoração, com notícias que descreviam a empolgação popular pelas ruas nos dias seguintes ao 13 de Maio.

> Não há exemplo de manifestação de tão alevantado patriotismo, que se traduz por esta ebulição constante e contínua de uma alegria enorme. [...] às 7 ½ caiu forte aguaceiro, que não conseguiu, entretanto, arrefecer o entusiasmo popular [*Gazeta de Notícias*, 16 maio 1888].

O entusiasmo popular, que não cessava nem mesmo debaixo de chuva e era admirado pelo redator, correspondeu também às manifestações de apoio aos festejos vindas de diferentes formas. Além das notícias com expectativas sobre as festas, eram publicadas nos jornais as adesões de diferentes sociedades e grupos à programação da imprensa, representadas por doações em forma de dinheiro por parte de clubes e bares,[51] empréstimo de locais para a realização de algum evento ou mesmo a confirmação da presença de instituições escolares e clubes nos desfiles escolar e da imprensa, a serem realizados para festejar a Abolição.

Uma missa campal em 17 de maio, quinta-feira, abriu a sequência de comemorações pela Abolição organizada pela imprensa fluminense. O local escolhido para sua realização foi o campo de São Cristóvão, bairro residencial de origem aristocrática com infraestrutura urbana que o diferenciava do restante da cidade (Mendonça, 2014:41). Nesse bairro ficava o Palácio da Boa Vista, residência do rei d. João VI e mais tarde moradia oficial do Império (Schwarcz, 1998:215).

A Princesa Isabel foi convidada por Ferreira de Araújo e Fernando Mendes de Almeida a participar da missa e dos demais eventos programados.[52] Além dela, eram esperados os representantes de alguns ministérios, das forças militares, dos bombeiros, do exército e do batalhão naval. As associações religiosas, ordens terceiras, irmandades e confrarias foram convidadas através de um anúncio publicado nas principais folhas da Corte (*Gazeta de Notícias*, 16 maio 1888). O convite a todos esses grupos evidenciava também a amplitude que pretendiam dar a essa celebração religiosa, que confirmaria um discurso presente na imprensa que associava uma sacralidade à assinatura da lei e aos seus sujeitos, e uniria, sob um mesmo evento, o poder político, militar e religioso.

Para a realização da missa, um altar foi especialmente construído e iluminado no campo, e no próprio dia 17, data da celebração, a comissão organizadora publicou notícias a respeito da disposição física das tribunas e por quem seriam ocupadas.

> Ao lado esquerdo do altar acha-se levantada uma tribuna de onde assistirão à missa Sua Alteza e seu augusto esposo. Em seguida a essa tribuna, há uma outra destinada à câmara municipal e à imprensa fluminense, que deve apresentar-se com o respectivo distinctivo, a fim de ali ter entrada.
>
> Ao lado direito do altar levanta-se uma outra tribuna, destinada aos membros do ministério e do corpo diplomático [*Diário de Notícias*, 17 maio 1888].

---

51 Um exemplo foi o Sport Club, que doou o valor de um páreo realizado no clube para compor os recursos financeiros da comissão. Dois comerciantes da Corte doaram 3 mil réis para cobrir os gastos com as festividades (*Diário de Notícias*, 16 maio 1888).

52 Vice-presidente e segundo secretário da comissão, respectivamente.

Essa disposição física parecia ter a intenção de aproximar diferentes autoridades: as do Império, as da cidade e os representantes da imprensa de um lado, e no lado oposto, os demais membros do Império e de alguns países. A posição da princesa e dos membros da imprensa no altar permitiu que fossem vistos e louvados, juntamente com o aspecto religioso, por aqueles que foram ao campo participar do momento sagrado de celebração.[53]

A missa iniciada às 9h da manhã recebeu um grande público, apesar dos relatos de chuva que caía na cidade nesse horário. Entre as autoridades religiosas presentes constam os membros da Ordem Terceira de São Francisco de Paula, de São Francisco da Penitência e N. S. do Carmo, as irmandades de São Cristóvão e do Rosário (*Diário de Notícias*, 18 maio 1888).[54] De acordo com a *Gazeta de Notícias* (18 maio 1888), aproximadamente 30 mil pessoas compareceram à missa – provavelmente um cálculo exagerado, dado que o repórter de *O Paiz* (18 maio 1888) atestou apenas a metade desse número. Mesmo com essa divergência numérica, foi comum às duas folhas a descrição do sucesso do evento apesar do mau tempo – no qual, segundo um redator da *Gazeta de Notícias*, o "céu pardacento" entraria em contraste com a "alegria do povo" (18 maio 1888).

Em meio às notícias acerca do primeiro evento das festas da Abolição, havia a informação de que a comissão iria contratar um fotógrafo para fazer o registro do campo (*Gazeta de Notícias*, 16 maio 1888). A imagem da missa foi feita por Antônio Luiz Ferreira, o mesmo que já havia registrado a Câmara dos Deputados no dia 10 de maio e o largo do Paço no dia 13 de maio.[55]

Nessa fotografia, grande parte do campo foi enquadrada pelo fotógrafo e mostra-se proporcional à magnitude do evento. Diante dessa imagem, é possível entender a confusão de números entre a *Gazeta de Notícias* e *O Paiz* a respeito da quantidade do público. Na verdade, havia, além de todo esse público concentrado

53 Além dessas autoridades, estariam também a Primeira e a Segunda Brigadas da Guarnição da Corte, os aspirantes da Marinha, o Batalhão Naval, o Corpo de Bombeiros e diversas associações religiosas e civis (*Gazeta* e *Diário de Notícias*, 17 maio 1888).

54 As confrarias eram organizações de leigos, ao passo que as irmandades e as ordens terceiras estavam subordinadas às ordens religiosas (Abreu, 1999:34).

55 O tamanho original dessa fotografia é de 29 × 52 cm e na sua margem consta a seguinte observação: "*Après la messe militaire* – Praça dom Pedro primeiro (campo de são Cristóvão), Rio de Janeiro, 17 de maio de 1888 – 10hs" (Vasquez, 1985:216). Atualmente, essa fotografia faz parte da coleção Dom João de Orleans e Bragança, do acervo do Instituto Moreira Salles, e está disponível no seu *site* com o título "Missa campal celebrada em ação de graças pela Abolição da escravatura no Brasil". Disponível em: <https://acervos.ims.com.br/portals/#/detailpage/16564>. Acesso em: 9 out. 2022.

no plano inferior da imagem, outro que estava mais disperso e nas proximidades do portal de entrada do campo. A imagem também permite ver alguns detalhes a respeito dos presentes, principalmente quem ocupava o altar.

Figura 9
***Missa campal celebrada no campo de São Cristóvão em ação de graças pela abolição da escravatura no Brasil*, 17 de maio de 1888**

Fonte: Antônio Luiz Ferreira. Coleção Dom João de Orleans e Bragança, sob guarda do Acervo do Instituto Moreira Salles.

A fotografia confirma o planejado a respeito de quem estaria no altar da missa. A princesa e o conde D'Eu aparecem entre dois grupos distintos. Do seu lado direito estavam os membros do gabinete que comandou o projeto da Abolição. Na fotografia, é possível identificar o conselheiro João Alfredo, o senador Thomaz Coelho e Rodrigo Silva. Do seu lado esquerdo, de acordo com o dito pelos organizadores do evento, estavam os representantes da imprensa. Nesse grupo, em destaque encontra-se Machado de Assis. A realização de um evento religioso para a abertura dos festejos pela Abolição se distancia um pouco da atitude antieclesiástica vivida pelos homens da geração de 1870 (Alonso, 2009). Porém, devido ao encaminhamento pacífico para o fim da escravidão, estratégia incentivada pelos literatos e por homens da imprensa, fazia sentido a promoção de uma celebração religiosa a fim de deixar irmanados todos os diferentes sujeitos daquele processo. O altar da missa, com suas tribunas, era a representação desse

Figura 10
Recorte da figura 9

patamar onde autoridades religiosas parecem igualadas com as da imprensa e as do Império, estando próximas no que tange à responsabilidade no processo da Abolição por conta da atuação no Parlamento, na imprensa e nas ruas, essas últimas sendo ocupadas por um público que atendeu às convocações feitas pela imprensa para que participasse das manifestações em prol da assinatura da lei. Os literatos também atenderam quando lhes foram solicitadas poesias especiais para celebrar aquele momento grandioso para todos. Aqueles que subiram ao altar da missa da Abolição deveriam ser sacralizados diante daqueles que festejavam e que tentavam tomar parte do evento e da imagem que se fazia dele.

A beirada do altar era para poucos, e grande parte do público se concentrou à sua esquerda. O fotógrafo, ao fazer o registro, teve como foco não apenas a princesa e as autoridades, todas espremidas no canto esquerdo da imagem, mas sim o público que ocupou toda a extensão do campo e que parece estar ciente do momento da fotografia.

Figura 11
Recorte da figura 9

Próximo ao altar se concentraram aqueles que levaram os símbolos das associações, sociedades e colégios, em forma de estandartes e bandeiras, marcando para os demais a adesão daqueles grupos ao ato da Abolição e ao seu festejo. Esses objetos também serviam para compor o cenário da celebração.

As bandeiras colocadas na extensão do campo são uma forma de montar um cenário de celebração que era religioso e político. A bandeira do Império está ao lado da de outros países que também compartilharam os princípios da Abolição e sua forma. Um desses países é a República Argentina, homenageada pelo presidente da comissão da imprensa, Souza Ferreira, tanto no início

Figura 12
Recorte da figura 9

como no final da missa (*Diário de Notícias*, 18 maio 1888), possivelmente como resposta aos festejos promovidos no país a fim de comemorar a Abolição no Brasil. Além disso, inúmeros telegramas de congratulações foram enviados aos membros do governo imperial e aos redatores dos principais jornais da Corte pelo fim da escravidão.[56] As demais bandeiras que aparecem na fotografia, devido ao tempo que, segundo os jornais, estava chuvoso, aparecem dobradas, o que dificulta uma identificação. De qualquer forma, o importante nesse caso é salientar a arrumação do cenário para a promoção da festa. Não importava apenas a presença do público e dos convidados especiais, era necessário preparar o ambiente no qual todos que estivessem ali presentes pudessem compartilhar os mesmos símbolos.[57]

No relato dos acontecimentos desse primeiro dia de celebração, os redatores da *Gazeta de Notícias* sintetizaram o sentido que tentavam atribuir à festa, o que explica a relevância da presença da parte simbólica das outras nações no cenário da missa que inaugurava os festejos:

> [...] a festa é assim grandiosa, porque celebra a pátria o direito divino de dizer com ufania às nações coirmãs:
>
> – quebrei as algemas da escravidão! Sou livre! Sou completamente livre!

---

56 A imprensa brasileira foi saudada por outros países que a consideraram fundamental para o fim da escravidão. Sobre a Argentina, o *Diário de Notícias* (18 maio 1888) relatou o entusiasmo e os festejos ocorridos em Buenos Aires e nas outras províncias.

57 Um dos sinais de singularidade do evento religioso foi o uso de um missal e de um vinho especiais para a ocasião. Tal uso foi ressaltado nos jornais que, nas vésperas da missa, destacavam a grandiosidade do início dos festejos (*Diário de Notícias*, 18 maio 1888).

Essa passagem se completa com a afirmação de que, na missa, poderiam ser vistos "milhares de patriotas agradecendo a Deus a libertação da sua pátria" (*Gazeta de Notícias*, 18 maio 1888). Em tal concepção, a celebração teria por sujeito a própria pátria, que se vê livre das algemas e comemora sua liberdade. Não há preocupação com o ex-escravizado ou com o liberto. Todos estariam agora submetidos à mesma liberdade após um período de escravidão que parecia ter oprimido igualmente a todos. As outras nações se tornam coirmãs por viverem sob o mesmo regime de trabalho e por serem livres. Talvez por isso as bandeiras estavam penduradas compondo o cenário. Esse não seria o primeiro evento com associação entre liberdade e política simbolizada pelo uso das bandeiras de outros países. Durante todos os dias de festejos, as ideias de pátria, liberdade e proximidade do Brasil com outras nações caminharam unidas na Corte.

A associação da religião com o fim da escravidão não apareceu nos discursos de literatos e nas notícias dos jornais apenas após a assinatura da lei. Nos primeiros dias de maio, no *Cidade do Rio*, Patrocínio fez a ligação entre o mês que se iniciara e a liberdade que viria, comparando a escravidão a um grande sacrifício, "Sacrifício de século! Sacrifício de uma raça inteira":

> Ninguém ousa soluçar mais alto; – as almas se confrangem de agonia e todos esperam, confiados nos discípulos do abolicionismo, ver a agonia do Homem escravo ao martírio, para que ressurja do túmulo, glorificado, grande, luminoso, no dia supremo da ressurreição d'alma da pátria, do renascimento da grandeza nacional e do brio do Brasil, o novo filho de Deus, o novo Cristo – a liberdade – ainda, grande, que, semeando sorrisos e auroras, cindirá o espaço, cegando com o prefulgente brilho de suas asas longas os vis, os canibais dos eitos, que levantaram no coração do amor da pátria americana a grande cruz para os escravos d'África [*Cidade do Rio*, 2 maio 1888].

Nessa interpretação sobre o futuro próximo que o autor pressente, os escravizados esperariam passivos a ação dos discípulos, os abolicionistas. O resultado dessa ação, a liberdade, era o Cristo, que no catolicismo é a imagem da redenção dos homens. Para Patrocínio, a redenção viria através da ação de quem doasse a liberdade, nesse caso, a princesa. Não foi à toa que Patrocínio associou a imagem da princesa à de uma redentora. O discurso religioso no qual se baseou a Abolição, assim como a interpretação incorporada por outros jornais nos dias seguintes, ao utilizarem um vocabulário próximo do âmbito religioso, pretendiam marcar a passividade do processo e a liberdade como momento de doação e resultado de um sacrifício – aquele feito pelos escravos. Desse modo, diante do sentido de dádiva associado à Abolição, a promoção de um evento religioso marca para aqueles que assistem aos discursos os sujeitos dessa dádiva.

A ligação entre a Abolição e o aspecto religioso do cristianismo não ficou restrita apenas a essa missa. As irmandades, presentes nessa celebração, promoveram festejos religiosos pelo 13 de Maio. As ordens terceiras e irmandades que existiam na Corte no ano da Abolição eram ordens de leigos e herdeiras de uma organização religiosa existente em Portugal dedicada à caridade e ligada a ordens conventuais, o que lhes dava mais prestígio (Reis, 1991:49). No Brasil, desde o período colonial, houve irmandades de brancos, de negros e pardos, e cada uma tinha um critério de aceitação dos seus membros. Foi a partir delas que o catolicismo popular pôde se espalhar pelo Brasil, sendo as compostas por homens negros uma combinação da tradição católica com a herança africana (Kiddy, 2008:170),[58] servindo para entender as relações entre os negros e o catolicismo colonial (Viana, 2018:251). Por meio das irmandades, os africanos e seus descendentes puderam se reunir de forma mais ou menos autônoma, reconstruindo identidades e constituindo solidariedades específicas que lhes eram vedadas de outra forma pelo governo imperial (Farias et al., 2006:103). O culto mariano foi introduzido no Brasil pelos jesuítas, e a irmandade de Nossa Senhora do Rosário agregou negros, entre escravizados e livres, que dividiram sua fé entre os santos negros. Entre os mais cultuados está São Benedito.[59] Nesse sentido, ao se fazerem presentes na festa com seu estandarte, símbolo da identidade específica que compartilhavam, os membros das irmandades de São Benedito e do Rosário, por exemplo, mostravam que era por meio de suas próprias culturas que se juntavam aos festejos pela Abolição.

Os eventos religiosos, além do promovido pela imprensa, realizados nas igrejas da cidade em ação de graças pelo fim da escravidão marcaram a união de diversos sujeitos sob uma mesma devoção: a Abolição e sua sacralidade. Entre eles estavam os membros do Parlamento, responsáveis pela discussão da lei e sua

58 A autora destaca as irmandades leigas como lugar ideal para a recriação de uma comunidade africana no Brasil. No entanto, é preciso considerar as experiências vividas por descendentes de africanos e essa utilização na apropriação de símbolos católicos e sua adoração.

59 Além de Nossa Senhora do Rosário e São Benedito, havia também o culto a outros dois santos: Santa Efigênia e São Elesbão. Ver Borges (2005).

aprovação final, a princesa, que com sua assinatura decretou o fim do regime escravo, a imprensa, cujos representantes, além de promoverem a campanha pelo fim da escravidão, organizaram os festejos que o celebrava, e os membros das irmandades que não queriam ficar de fora da celebração religiosa. Unidos a todos esses elementos de autoridade estavam também os moradores da Corte, homens e mulheres, brancos e negros, ex-escravos e libertos, que haviam participado do processo abolicionista de diferentes formas (resistindo à escravidão, dando abrigo aos escravos em fuga, entre outras) e naqueles primeiros dias de maio ocuparam as ruas e o Parlamento e festejaram no largo do Paço a assinatura da lei. Esse público, vindo de diferentes partes da província, se deslocou até o campo de São Cristóvão a fim de celebrar no formato religioso a Abolição. Na crônica de 1911, Lima Barreto, então com 8 anos, escreveu também suas memórias sobre a missa em São Cristóvão, à qual foi com o pai, e comparou a imagem da missa da Abolição com a feita por Vítor Meirelles para a primeira missa (Schwarcz, 2017:68).

Assim como nos tempos coloniais, quando o limite entre o sagrado e o profano das festas, em sua maioria religiosas, parecia se romper a partir das experiências e interesses dos festeiros (Abreu, 1999:34), para o tempo da Abolição, o momento sagrado da missa foi sucedido por modos profanos de festejar a lei do 13 de Maio.

A saída da multidão do campo de São Cristóvão em direção ao Centro foi feita de formas variadas. As tropas militares foram em caminhada até a rua do Ouvidor, enquanto grande parte do público utilizou as linhas de bondes para chegar até a região central (*Diário de Notícias*, 18 maio 1888). Ainda para o dia 17, estavam programados bailes populares à noite, assim como ocorreria nos dias seguintes de festa em diversos pontos da cidade. De acordo com a programação divulgada nos jornais no dia 15, os bailes aconteciam em São Cristóvão, no largo do Paço, no boulevard de Vila Isabel e nas margens do canal do Mangue (*Diário de Notícias*, 15 maio 1888). Esses bailes serviriam para fechar cada dia de festejo. A concorrência era tanta que, em uma noite, o redator do *Diário de Notícias* calculou a presença de quase 30 mil pessoas (*Diário de Notícias*, 20 maio 1888). Esse número se assemelha ao calculado pela *Gazeta de Notícias* na ocasião da missa no primeiro dia. Ou seja, independentemente do caráter do evento, sagrado ou profano, o público estava disposto a celebrar a Abolição.

Aqueles que compareceram aos bailes públicos testemunharam, em pelo menos duas noites, espetáculos de fogos de artifício, em cujas peças finais apareceram os retratos do imperador, da princesa, do visconde do Rio Branco, de Joaquim Nabuco e de José do Patrocínio (*Diário de Notícias*, 19 maio 1888). Longe do ambiente sagrado, os sujeitos da Abolição indicados pelos organizadores dos festejos estariam presentes, mesmo se fosse num evento pirotécnico.

O momento da missa foi reproduzido numa imagem, que foi exposta àqueles interessados em ver de forma panorâmica aquele momento único.[60] No dia 25 de maio, o anúncio era a respeito da venda das fotografias de "todos os festejos da Abolição. Retratos dos heróis abolicionistas e do glorioso Ministério 10 de Maio". O pequeno anúncio na segunda página do jornal não fornece detalhes sobre quem seriam os personagens fotografados (*Diário de Notícias*, 25 maio 1888). No entanto, há, no dia 19 de maio, um convite feito pelos srs. Moreira e Baltgem, da fotografia americana, ao presidente e demais membros da *Confederação Abolicionista* para que comparecessem ao estabelecimento para serem fotografados em grupo, a fim de deixar registrado para gerações futuras e as imagens serem vendidas com parte da verba destinada à fundação de escolas e outros meios para a educação dos libertos (*O Paiz*, 19 maio 1888).[61]

A venda das fotografias da Abolição serviu para marcar a grandiosidade do evento e das comemorações, deixando evidente o quanto o *souvenir* da festa poderia ser demandado por quem tinha condições de adquirir as imagens, ou apenas queria vê-las na livraria ou na redação do jornal, ambos na movimentada rua do Ouvidor, um dos locais das festas.

Em junho de 1888, a fotografia da missa foi preparada para ser doada à alteza. De acordo com o jornal *O Paiz* (3 jun. 1888), a fotografia media 52 × 32 cm e seria de uma "nitidez assaz para uma fotografia panorâmica"; estaria emoldurada "por um lindo quadro de pelúcia auriverde e as margens do cartão preenchidas por iluminuras do calígrafo R. Santos". Dias antes da entrega da imagem à princesa, a *Gazeta de Notícias* deu mais informações. De acordo com a nota, Antônio Luiz Ferreira se propôs a fotografar o campo de São Cristóvão e teria feito um "trabalho perfeitíssimo", tendo escolhido o melhor ponto de vista. Em seguida, descreve a imagem:

---

60 Possivelmente, a lembrança de Barreto sobre a imagem da missa e sua comparação com o quadro de Vitor Meireles venha dessa fotografia que ficou exposta.

61 Em seu livro, Angela Alonso (2015) reproduziu uma imagem dos diretores da Confederação Abolicionista com data de 16 de maio de 1888, sem informar, no entanto, a fonte.

> No primeiro plano distingue-se o altar e aos lados o grupo de pessoas conhecidas que mais próximo se achavam, e nos seguintes vê-se a grande aglomeração de povo, carros, e ao longe a tropa, esparsa pelo campo afora, formando tudo um conjunto vivo, animado. É uma excelente fotografia onde se reconhecem mais de trezentas pessoas, com retratos perfeitos, parecidíssimos [*Gazeta de Notícias,* 4 jun. 1888].

No dia 8 de junho a princesa recebeu a imagem da missa e mais 12 fotografias dos festejos da Abolição feitas por Antônio Luiz Ferreira.[62] Para quem quisesse ver a fotografia, um exemplar foi exposto na papelaria Guimarães & Ferdinando.

A missa que inaugurou os festejos contribuiu para a construção de uma narrativa que sacralizava a Abolição e dava à princesa o papel de redentora. Os jornais, nos relatos sobre a missa, exploraram o espectro religioso, dando o tom para os dias seguintes de como a festa e seu relato deveriam transcorrer. No dia 13 de maio, a religião tornara-se o ponto de ligação entre diferentes sujeitos que, se antes pareciam tão diferentes, como libertos e nobres, intelectuais e clérigos, após a conquista do objetivo comum pareciam irmanados numa espécie de confraria. Nela, todos tinham como objetivo marcar o caráter redentor da lei sem relembrar o sacrifício da escravidão. Se no cristianismo a redenção apareceu após o sacrifício de um homem, o sofrimento dos escravos era o pano de fundo da redenção de toda uma nação, unida simbolicamente em meio à missa. Pouco importava, naquele instante, que estivessem determinados os lugares sociais de cada sujeito no ato – marcados, na fotografia oficial da missa, na distância que separava o centro da ação, que estava no altar, do centro da imagem, focada no público indiferenciado. Nesse posicionamento ficava claro a quem caberia dirigir tal celebração e quem seriam os receptores da mensagem. Retrato fiel de uma sociedade baseada em hierarquizações, a missa e seu registro fotográfico representam, assim, a base de construção do futuro planejado para o Império brasileiro.

62 À exceção da foto da missa, todas as 12 fotografias estão publicadas no livro organizado por Lago (2008:304-305) e serão tratadas neste livro nos capítulos seguintes. Ferreira ainda fez mais três fotografias em 1888: uma no Paço, na ocasião do regresso do imperador e da imperatriz em agosto, e outras duas, chamadas de "Exercícios militares"; tais exercícios eram comandados por conde D'Eu em homenagem ao regresso do imperador. Não foram encontradas notícias nos jornais sobre um novo encontro de Ferreira com a princesa para a doação dessas fotos, que podem ter sido adquiridas em outra ocasião ou solenidade.

3. Celebrações no esporte

Abertos em 17 de maio com a missa em São Cristóvão, à qual se seguiram festejos pela região do Centro, os eventos planejados pela comissão da imprensa tiveram continuidade no dia seguinte, uma sexta-feira. Segundo a programação, nessa data ocorreria uma corrida de cavalos em homenagem à assinatura da lei, seguida, no dia 19, na parte da tarde, de regatas na baía de Guanabara organizadas com a mesma finalidade. Realizados em clubes, alguns gratuitamente, os esportes nas festas da Abolição apareceram como meio de festejar a liberdade e apontar para novos sentidos atribuídos à celebração pelos que tratavam de tomar sua direção.

Os dois eventos esportivos realizados em maio de 1888 em homenagem à Abolição possuíam significados bastante distintos entre si. No entanto, ambos fazem parte da história do esporte no Brasil, que se liga aos hábitos vindos com imigrantes europeus. A introdução do esporte na sociedade brasileira remonta ao início do século XIX (Melo, 2001:50; Jesus, 1999). Segundo vários relatos, os ingleses que viviam na cidade do Rio de Janeiro foram os responsáveis pela realização dos eventos esportivos, vistos como meio de autoidentificação entre os membros da colônia britânica e como forma de amenizar as dificuldades de se viver numa cidade ainda provinciana como o Rio de Janeiro. Segundo Victor Melo, as primeiras corridas de cavalo organizadas pelos britânicos ocorreram ainda em 1810, nas areias da praia de Botafogo. Além dessas, foram esporadicamente organizadas corridas de touro e outros esportes que não tiveram sucesso na virada do século (Melo, 2001:52).[63] Foi o turfe, entre as práticas esportivas trazidas pelos ingleses, a primeira a se fixar no Rio de Janeiro – valendo-se, para isso, da valorização das vivências

---

63 Um desses esportes, segundo Melo (2001), foi o *cricket*, que, apesar de ter inúmeros clubes, não chegou a se popularizar como os demais implantados pelos britânicos.

públicas de diversão, que passavam a ser vistas como marcas da modernidade (Melo, 2001:53; Jesus, 1999).[64]

O turfe e as regatas foram os primeiros esportes a se desenvolverem na cidade, com organização de calendário, apostas, público e profissionais. No caso do turfe, ele era acompanhado por um público fiel e diversificado que se reunia nos hipódromos espalhados pela cidade – como o Derby Club e o Jockey Club, os dois principais centros dessa prática. As corridas de cavalo, na segunda metade do século XIX, eram o exemplo de esporte praticado no período (Pereira, 2000:45). Os admiradores dessa prática esportiva se organizavam em clubes, que eram uma forma de associação moderna para a exibição de dotes e ideias a respeito da sociedade e do futuro do esporte. Além disso, pretendiam se diferenciar daqueles que frequentavam outros ambientes ligados ao lazer. No editorial de 1887 do jornal *O Sportman*, periódico dedicado à prática esportiva (Lucena, 2001:85), essa distinção fica bem clara:

> No Rio de Janeiro há pessoas que supõem serem os clubes de corridas meros pretextos para passatempos, equiparando-os assim às sociedades de dança e grêmios mais ou menos dramáticos, que por ali pululam. Outros, e estes são os piores, entendem que tais clubes não são senão casas de jogo, que enriquecem com as porcentagens que cobram [*O Sportman*, 15 maio 1887].

Um ano antes da Abolição, aqueles que escreviam para essa publicação especial não pretendiam se equiparar aos membros de clubes dançantes e grêmios, possivelmente ocupados por trabalhadores da Corte, nem ver a prática esportiva das corridas como um mero jogo de sorte ou forma de enriquecimento daqueles que tinham pouco a oferecer para o clube. Ao contrário, pretendiam se fazer presentes na sociedade letrada através de uma publicação especial, *O Sportman*, a fim de mostrar para seus leitores a verdadeira prática esportiva e, assim, associar ao esporte um caráter mais elitista e sério, diferente daquele que pudesse ter quem apenas se divertia em bailes dançantes.

---

64 Esses autores não fazem a relação entre esporte e Abolição; apenas citam rapidamente a permanência da escravidão como um dos fatores de impedimento para o desenvolvimento de práticas esportivas. Porém não destacam em suas análises o ano de 1888 como de mudança na vida social que, consequentemente, interferiria na cultura da prática esportiva.

Contudo, se a atração que o esporte exercia sobre setores mais elevados da sociedade se ligava ao desejo de se diferenciarem dos demais apreciadores do gênero e não associados aos clubes, para os mais humildes as corridas de cavalo representavam uma possibilidade de obtenção de dinheiro fácil, por meio das apostas – prática instituída pelo próprio Jockey Club e que se intensificou com a criação de casas especializadas, muitas instaladas pela rua do Ouvidor (Melo, 2001:164). As apostas davam ao esporte todo o suspense e emoção esperados por aqueles que tinham poucas opções de lazer numa sociedade ainda escravista. O grande número de corridas programadas para o ano da Abolição mostra o quanto que elas eram apreciadas pelos moradores da Corte e arredores. Apenas três clubes (Vila Isabel, Jockey Club e Derby Club) haviam programado 47 corridas para o ano de 1888 (Melo, 2001:167;171),[65] sem contar os demais eventos realizados em clubes menores e que tiveram pouca repercussão nos jornais (Melo, 2001:113).[66] Tratava-se assim, no final da década de 1880, de um esporte que interessava efetivamente aos diferentes setores sociais, o que fazia com que as competições fossem assuntos constantes nas principais folhas da cidade.

Diante da forte presença do esporte no dia a dia da cidade e de seus moradores, no momento da Abolição e na euforia dos festejos, tal evento não poderia ficar de fora. Porém, a promoção de uma corrida, desde a localização do seu páreo até o esquema que envolveu a participação dos festeiros, possui uma dinâmica que está ligada a alguns setores da sociedade imperial e suas posições diante da escravidão e da Abolição. A distinta formação das sociedades turfísticas do Jockey e do Derby dão pistas sobre a participação e presença desse esporte nos festejos pela Abolição.

Fundado em 1868, o Jockey Club era composto, de início, por grandes e pequenos fazendeiros e contava com o apoio da família imperial. O decreto que instalou definitivamente o clube foi assinado pelo imperador na ocasião de uma corrida que contou com a presença da princesa Isabel. A fim de facilitar a participação do público nesse evento, foi feito um esquema especial nos transportes, com redução de tarifas e de intervalos entre os trens, que vinham de diversas

65 Esse número de corridas era correspondente aos meses entre abril e dezembro. As competições foram publicadas em *O Guia do Sportman*, jornal especial para a divulgação das corridas.

66 Outros prados surgiram na segunda metade da década de 1880 e se propunham mais populares que o Derby Club. Entre eles estavam o Vila Guarany, o Sport Club, o Hippódromo Fluminense e o Sport Fluminense. Por serem menores, possivelmente não divulgavam com grande alarde pelos jornais os eventos que promoviam.

partes da província (Lucena, 2001:107).[67] Os clubes turfísticos, nesse período, não serviam apenas para a realização de corridas ou como meio de ganhar alguns dividendos. Eram também locais de presença de membros da sociedade do Império, em muitos casos sócios desses clubes, que tinham nos prados um local para negociação e sociabilidade. Assim como foi tratado pelos editores d'*O Sportman*, os clubes não serviam apenas para ver cavalos correrem; eram locais para os membros da sociedade serem vistos por seus semelhantes (Melo, 2001:61).[68]

O domínio do Jockey Club entre aqueles apreciadores de corridas de cavalo foi reduzido com o surgimento do Derby Club, em 1885, mais ligado aos setores urbanos e com o objetivo de popularizar a corrida de cavalos e dar maior atenção aos proprietários dos animais.[69] Seu hipódromo ficava no atual bairro do Maracanã, no local do estádio de mesmo nome, o que contribuiu para o acesso daqueles que habitavam entre a Zona Norte, local de moradia das elites e da família imperial, e o Centro (Melo, 2001:59).[70] Por conta dessa aproximação, a família imperial, frequentadora do hipódromo mais antigo, o Jockey Club, passou a ir também ao Derby Club, que mostrava-se mais organizado na divulgação dos eventos, venda de bilhetes e localização das arquibancadas.

No final da década de 1880, os apreciadores do turfe se dividiram entre esses dois clubes. Os setores mais tradicionais e ligados à economia agrária fluminense permaneceram fiéis ao mais antigo, enquanto o mais novo, o Derby Club, atraiu os novos setores da elite – letrados, profissionais liberais, setores urbanos, entre outros – e aqueles que buscavam ali não um esporte refinado, mas uma simples chance de aumentar sua renda através do jogo (Melo, 2001:84). A visão em torno do esporte e da necessidade de pertencimento à sociedade no ambiente dos clubes muda à medida em que a influência de setores tradicionais do Império – barões do café e proprietários de escravos – perde lugar para aqueles que não estavam ligados à ordem escravista.

67 A corrida foi realizada em 1869, um ano depois da fundação do clube.

68 Segundo o autor, os clubes de turfe eram locais de articulação, de encontro e de autoidentificação.

69 Presidia o clube, em 1888, o engenheiro André Gustavo Paulo de Frontin (*Almanack Laemmert*, 1888:1531; *Diário de Notícias*, 15 maio 1888).

70 No século XIX, era mais elegante morar nas regiões mais afastadas, como os bairros da Zona Norte (Cidade Nova, São Cristóvão, Tijuca, Rio Comprido) e, mais para o século XX, nos bairros da Zona Sul (Glória, Flamengo, Laranjeiras, Cosme Velho, Botafogo). Ao mesmo tempo, as freguesias do Centro eram cheias de habitações conhecidas como cortiços e destinadas aos mais pobres (Needel, 1993:48; Graham, 1992).

Apesar disso, o momento das corridas de cavalo não servia para discutir a escravidão, mesmo quando os discursos abolicionistas ganharam espaço nos jornais e nos debates parlamentares. Um ano antes do fim da escravidão, eram quase inexistentes as referências a esse tema no jornal *O Sportman*. A exceção ficou por conta do relato de uma corrida promovida pelo Sport Club em comemoração ao aniversário da Independência em 1887. Na ocasião, oito escravos receberam suas cartas de alforria numa cerimônia que contou com a presença da diretoria da sociedade e dos membros da Câmara Municipal (*O Sportman*, 10 set. 1887). Esse clube, frente aos outros dois, Derby e Jockey Club, foi de menor ressonância e de curta duração (Melo, 2001:113).[71] Mesmo assim, foi ele quem promoveu, em maio de 1888, um páreo chamado "13 de Maio", cuja receita foi destinada à Comissão dos Festejos (*Diário de Notícias*, 16 maio 1888).[72] Apesar de pequeno, seus sócios queriam estar presentes na conjuntura dos festejos pela Abolição.

Em maio de 1888, houve duas propostas de corridas para compor os festejos oficiais. O Jockey Club ofereceu seu prado para a realização de uma corrida que acabou não ocorrendo (*Diário de Notícias*, 16 maio 1888).[73] A proposta do Derby Club teve mais sucesso, e já no dia 15 de maio, quando houve a divulgação do programa dos festejos nos jornais, a corrida especial aparecia como uma das atrações.

A intenção em oferecer eventos para compor a programação dos festejos da imprensa pela Abolição e a consequente não realização de um deles por parte do clube mais antigo da cidade possivelmente está ligada à forma como foi feita a Abolição. A presença de grandes e pequenos proprietários de terras no quadro de sócios do Jockey não pode ser descartada. Desde antes da Abolição, esse clube vinha perdendo espaço e prestígio para seu concorrente, e não é difícil pensar que os problemas financeiros vividos pelo clube estivessem ligados à dinâmica abolicionista que se seguiu na segunda metade da década de 1880. Apesar disso, tanto o Derby quanto o Jockey buscavam apoio governamental para a manuten-

71 Segundo o autor, o Prado Guarany, o Hippódromo Fluminense e o Sport Fluminense também foram clubes de menor duração.

72 O evento ocorreu no dia 17 de maio, antes do páreo do Derby Club. Os responsáveis pelo clube já haviam avisado da doação do valor para a comissão antes mesmo da sua realização. O valor da doação foi de 4175$ (*Diário de Notícias*, 20 maio 1888).

73 Os motivos do cancelamento, segundo uma nota do *Diário de Notícias* (16 maio 1888), foram divulgados como sendo "alheios à vontade da comissão".

ção das suas atividades (Melo, 2001:85-7).[74] Tal apoio era correspondido com a presença, muitas das vezes, do imperador e da princesa nos eventos turfísticos promovidos por ambos os clubes. Logo, oferecer um evento para compor uma celebração que tinha como objetivo valorizar o ato imperial para o fim da escravidão seria uma resposta às ações da família imperial em prol do esporte e um apoio desses clubes à forma como foi feita a Abolição, mesmo que isso não tenha sido satisfatório para todos os sócios do Jockey.

O evento comemorativo no Derby Club combinou a referência às corridas de cavalo, que os frequentadores dos prados já tinham, com os símbolos da Abolição indicados pela imprensa em maio de 1888. O evento mostrava-se acessível a setores sociais distantes da pompa e da elegância dos sócios dos clubes de corridas, uma vez que o acesso ao clube seria gratuito – dando oportunidade de conhecer esse tipo de divertimento a quem, até 1888, ainda não tinha visto cavalos correrem. Os demais frequentadores, interessados nas vantagens financeiras que uma corrida trazia, podiam, do mesmo modo, se divertir, pois as apostas seriam permitidas normalmente naquele dia. Além disso, quem morava mais distante pôde contar com um esquema de trens feito especialmente para o festejo.[75] Apesar de o evento só começar ao meio-dia, haveria desde as 10h15 saídas de trens diretos do Centro para o Derby até as 13h30, e também do clube para o Centro logo após o término das corridas. Esses trens não teriam suas passagens cobradas, uma vez que o trajeto era para atender ao público que se dirigia ao prado especialmente para os festejos.

Porém, logo no anúncio da adesão do clube aos festejos pela Abolição já havia o aviso de que as arquibancadas seriam reservadas aos sócios e aos convidados do Derby e da imprensa (*Diário de Notícias*, 15 maio 1888). Mesmo oferecendo seu local para a realização de um evento gratuito, o clube ainda pretendia marcar que havia frequentadores que se diferenciavam daqueles que assistiriam à corrida gratuitamente. A Abolição seria assim comemorada com a corrida de cavalo aberta a todos, mas com a permanência de uma distinção dentro do prado. A igualdade da lei não chegava totalmente aos espetáculos esportivos.

---

74 O autor cita as dificuldades financeiras vividas pelo Jockey Club e a concorrência com o Derby, sem citar o processo abolicionista como hipótese para essa crise financeira.

75 Era comum a realização de esquemas especiais nos trens e bondes por conta das corridas. Em maio de 1887, os trens da Estrada de Ferro D. Pedro II tiveram horários especiais para atender ao público que foi ao Derby Club para uma corrida (*O Sportman*, 19 maio 1887).

Diante de todos os tipos sociais que presenciariam cavalos correrem para festejar a Abolição, um verdadeiro desfile em forma de páreos contaria os marcos do processo abolicionista que deu cabo da escravidão. A corrida divulgada em anúncios de uma página foi chamada de "Os festejos populares comemorativos da abolição" e teve seis páreos nomeados a partir desses marcos. O primeiro páreo foi "Estrada de Ferro D. Pedro II"; o segundo, "Derby Club"; o terceiro, "Joaquim Nabuco"; o quarto, "José do Patrocínio"; o quinto, "Princesa Imperial"; o sexto e último, "13 de Maio – Abolição".

O nome dado ao segundo, o próprio nome do clube, pretende marcar a inserção do prado e até dos seus integrantes no processo abolicionista, que aparecia quase de forma cronológica através da ordem dos páreos. Joaquim Nabuco (terceiro páreo) e José do Patrocínio (quarto páreo) foram os abolicionistas atuantes, mas somente com a ação da Princesa Imperial (quinto páreo) foi possível a Abolição no dia 13 de maio (sexto páreo e fim da corrida). A divulgação da sequência dos páreos nessa ordem numa página do jornal marcava uma leitura do processo da Abolição, ao menos da forma pela qual seu idealizador pretendia festejar.

Segundo as regras da festa divulgadas pela imprensa, os vencedores desses páreos ganhariam medalhas e objetos especiais como premiação – relógio de mesa, alfinete de ouro, par de jarras vindas do Japão, corrente de ouro com medalha para relógio, dois quadros, aparelho de chá e taça de ouro e prata.[76] A Comissão de Entrega era composta por, entre outros, André Rebouças, José do Patrocínio e Joaquim Nabuco (*Diário de Notícias*, 18 maio 1888).[77] Mais uma vez, caberia a eles o papel de sujeitos da dádiva.

O turfe nas comemorações pela Abolição é um sinal do movimento de valorização do esporte vivido pela sociedade imperial nas últimas décadas do século XIX e que, culminando com as mudanças vindas com a lei do 13 de Maio, marcava a entrada do país num ambiente moderno e saudável que associaria a prática do esporte a um hábito ligado à higiene. Além disso, em 1888 o esporte se integrava à vida social da Corte, uma vez que não ficou de fora desse momento ímpar vivido por seus moradores. Por outro lado, a participação de clubes na

---

76 Não há o nome dos doadores de todos os objetos. O sr. F. A. Moreira doou o relógio de mesa; o alfinete foi doação do Derby Club; Carneiro da Rocha doou os quadros; e José Alves da Silva doou o aparelho de chá. Também não há informações a respeito desses doadores, mas possivelmente eram sócios do clube.

77 O resultado da corrida apareceu na seção especial "Sport", no dia seguinte, com os nomes dos vencedores de cada páreo, sem especificar qual premiação foi dada em cada páreo.

organização dos eventos esportivos para a Abolição também indica a defesa de um tipo de associação, ligada aos clubes esportivos, cujos sentidos deveriam se identificar com um associativismo mais sério de diversão, distinto de outras formas de se associar, como clubes carnavalescos, por exemplo.[78] A atuação desses clubes ficou mais forte na realização das regatas da Abolição.

A história da prática das regatas no Rio de Janeiro se assemelha à introdução do turfe por também estar ligada à ação de grupos estrangeiros. No entanto, as regatas tinham a seu favor a localização geográfica do Rio de Janeiro, em grande parte à beira-mar (Pereira, 2000b:50). A partir da década de 1860, a Corte passou a ter grupos de regatas para a organização do esporte (Pereira, 2000b:47; Melo, 2001:52; 67), e, assim como o turfe, em algumas ocasiões os eventos marítimos contaram com a presença do imperador. Coube ao Club Guanabarense, fundado em 1874, o estabelecimento do remo na cidade. Foi no seu encalço que, ao longo da década de 1880, outros clubes foram formados (Melo, 2001:67-68).

A valorização do remo como esporte está ligada às discussões de meados do século XIX a respeito da higiene física (Pereira, 2000b:46). O remo, ao mesmo tempo que desenvolvia a força, se associava à valorização da saúde do corpo, ideias que apareciam nas discussões parlamentares em defesa da atividade física no ambiente escolar. Tais discussões não tiveram êxito de imediato no século XIX, sendo necessários mais debates para convencer a população da validade do esporte como alimento de uma mente e de um corpo saudáveis (Pereira, 2000b:44). Mesmo assim, no final da década de 1880, as regatas atraíam uma juventude da Corte que já se organizava a partir dos seus clubes, além de frequentar as competições a fim de apreciar a força humana movendo barcos e excitando o público.

Assim como o turfe, as regatas representavam a modernidade, novo tempo vivido pelo Império diante do fim da escravidão. A força física passa a ser valorizada no esporte e se associa à ideia de uma vida saudável. Nos festejos da Abolição, um evento que incluísse as regatas tendia a reforçar a popularidade do esporte diante de um significativo número de festeiros que ocupavam, naqueles dias, as ruas da cidade.[79] Para os apreciadores do esporte, o evento especial era mais uma oportunidade para assistir aos espetáculos no mar.

78 A respeito do associativismo para o lazer, como para promoção de bailes e festas, ver Pereira (2020).

79 Em 1884, outra regata na enseada de Botafogo já havia sido realizada para comemorar a libertação do Ceará e contou com a presença do Dragão do Mar, Francisco José do Nascimento, o grande líder da libertação da província, que impediu o embarque de escravos no porto de Fortaleza (Alonso, 2015:228).

As regatas especiais da Abolição ficaram sob responsabilidade do Club Naval, composto por oficiais da Armada e das classes anexas, como eles próprios se definiram. O clube, em 1888, não era exclusivo para o exercício desse esporte, sediando também modalidades que estimulassem o desenvolvimento da força e da destreza (*Almanack Laemmert*, 1888, IV:152).[80]

O evento na enseada de Botafogo estava marcado para a parte da tarde no dia 19 de maio, e seus organizadores contavam com a presença da princesa, que seria recepcionada por autoridades da Armada e da comissão da imprensa – Ferreira de Araújo e Souza Ferreira – e pelo deputado e abolicionista Joaquim Nabuco (*Diário de Notícias*, 16 maio 1888). Ao contrário do turfe realizado no dia anterior, essas regatas não tiveram suas entradas gratuitas. O ingresso para arquibancada geral seria vendido na ocasião do evento, enquanto a arquibancada especial seria destinada ao ingresso de famílias (*Diário de Notícias*, 19 maio 1888).[81] Isso não impedia, no entanto, que a população assistisse à prova – uma vez que ela foi realizada na baía de Guanabara, que, naquela época, poderia ser avistada mais facilmente de outros pontos da cidade. A cobrança do ingresso para as arquibancadas, provavelmente em um lugar muito mais privilegiado para a apreciação do espetáculo, definia assim uma separação entre diferentes setores sociais do público, semelhante àquela estipulada no Derby Club.

A organização das regatas da Abolição pelo Club Naval contou com o apoio do Club Guanabarense, cujos sócios cederam o espaço como forma de ponto de apoio para a realização das provas. Além deles, participariam também os membros do Club de Regatas Cajuense, o Club Internacional de Regatas e o Club de Regatas Paquetense. Os profissionais e os "amadores" poderiam participar do evento conforme o pedido publicado no jornal: "Roga-se aos amadores e profissionais que tomam parte nas regatas de se apresentarem meia hora antes dos páreos" (*Diário de Notícias*, 15-19 maio 1888).

Os profissionais que o redator do *Diário de Notícias* cita possivelmente eram aqueles ligados aos clubes, enquanto os amadores representavam os aptos a participar das corridas mesmo não estando vinculados a um clube. De acordo com Victor Melo (1999), isso não era incomum nas últimas décadas do século XIX,

80 As modalidades, na ocasião desse anúncio, foram: jogo de espada, florete, tiro ao alvo, esgrima de baioneta, de infantaria, natação e ginástica.

81 O valor para a arquibancada geral seria de 1$000 réis. Como forma de comparação, esse valor era o correspondente a dois exemplares da *Revista Illustrada* naquele ano.

quando o esporte ainda se firmava a partir dos clubes de regatas. Logo, em pleno momento de celebração pelo fim do trabalho forçado, um esporte que aliava força e destreza se integrava aos festejos. Porém, os praticantes desse esporte, entre membros da Armada, profissionais e amadores do remo, construiriam a modo próprio seus sentidos e significados para a Abolição.

Os 11 páreos da regata seguiram a lógica presente nas corridas de cavalo, sendo nomeados a partir de alguns símbolos ligados à Abolição.

PROGRAMA DAS GRANDES REGATAS PROMOVIDAS PELA IMPRENSA FLUMINENSE

1º Páreo: *13 de Maio* – prêmio – medalhas de ouro comemorativas

2º Páreo: *José do Patrocínio* – prêmio – um alfinete de coral para gravata

3º Páreo: *João Alfredo* – prêmio – um serviço de prata dourada para escritório

4º Páreo: *Princesa Imperial* – prêmio – um serviço de prata dourada para peixe

5º Páreo: *Imprensa Fluminense* – prêmios – três medalhas comemorativas

6º Páreo: *Dez de Março* – prêmio – um serviço de prata dourada para ostras

7º Páreo: *Abolicionista* – prêmio – um anel de ouro com pedra preciosa

8º Páreo: *Dr. Luiz de Castro* – prêmio – medalhas de ouro comemorativas

9º Páreo: *Visconde do Rio Branco* – prêmio – uma abotoadura de ouro

10º Páreo: *Euzébio de Queiroz* – prêmio – uma cigarreira e fosforeira de prata oxidada

11º Páreo: *Rio de Janeiro* – prêmio – um canivete de ouro [*Diário de Notícias*, 19 maio 1888].

A partir dos nomes dados aos páreos, é possível fazer uma leitura da Abolição, proposta pelos organizadores das regatas e presente nos eventos da imprensa. Os heróis da Abolição aparecem na participação no processo parlamentar que culminou com o "13 de Maio", páreo que inaugurava aquela regata. Os do abolicionista "José do Patrocínio" (segundo) e do conselheiro "João Alfredo" (terceiro) precederam ao "Princesa Imperial" (quarto), e os três formaram uma cronologia para a Abolição. Ou seja, a ação abolicionista de José do Patrocínio abriu o caminho para a formação de um gabinete que seria responsável pelo encaminhamento da questão do fim da escravidão pela via parlamentar. Esse gabinete, presidido por João Alfredo, ficou conhecido por "Dez de Março" (sexto páreo) e ganharia espaço na leitura da Abolição feita pelas regatas. A Princesa Imperial é a última ponta desse processo que culmina com a assinatura da lei, na data do 13 de Maio, páreo inaugural das regatas. Os seguintes, do quinto ao décimo, retomam a participação de outros sujeitos de um processo abolicionista que não começou apenas em março com a escolha do gabinete, mas sim desde a assinatura por "Euzébio de Queiroz" (décimo páreo) da lei do fim do tráfico em 1850 e da lei de 1871, que libertou o ventre escravo e que foi assinada pelo "Visconde do Rio Branco" (nono páreo). Retomar a participação desses homens para o resultado final era significativo, já que eles compuseram a dinâmica parlamentar para dar cabo da escravidão. Por sua vez, os homens da "Imprensa Fluminense" (quinto páreo), tais como o "Dr. Luiz de Castro" (oitavo páreo), editor do *Jornal do Commercio* e falecido dias antes da Abolição, mereciam destaque, uma vez que cederam espaço nos seus jornais para o debate "abolicionista" (sétimo páreo). Por fim, a corrida é encerrada com o páreo "Rio de Janeiro". Assim como a data da lei, motivo de toda aquela comemoração e que inaugurou esse evento especial, o nome da cidade em destaque homenageava o cenário da Abolição. Os homens da imprensa, nos seus relatos sobre as festas, ao mesmo tempo que ressaltavam a felicidade da pátria, colocavam o Rio de Janeiro como participante da festa. Portanto, muito natural que um evento de tamanha grandiosidade fosse encerrado com a lembrança da capital do Império na dinâmica de todo o processo abolicionista.

Os vencedores de cada páreo receberiam uma premiação especial e específica. No entanto, não é possível desvincular a diferenciação da qualidade dos prêmios da denominação dos páreos. As medalhas comemorativas de ouro, ou seja, as que tinham um valor simbólico muito mais forte que um conjunto de prata para alguma refeição, foram doadas aos vencedores de três páreos: o "13 de Maio", o "Imprensa Fluminense" e o "Dr. Luiz de Castro". É a ligação forte entre imprensa e Abolição, uma vez que os demais competidores dos outros páreos receberam prêmios diferenciados, nenhum com essa marca comemorativa.

Além da nomeação dos páreos com marcas do processo abolicionista, havia também nesse jogo simbólico do esporte os nomes de cada barco competidor. A partir deles, é possível pensar que essa escolha tenha sido feita de forma aleatória pelos participantes e a partir de critérios próprios de quem competia, e não de quem organizava as regatas. Os nomes grifados correspondem ao vencedor de cada páreo.

Páreo 13 de Maio – competidores: *Gigg Cajuense* e Ferreira de Araújo
Páreo José do Patrocínio – competidores: Custódio de Melo e *Barão de Jaceguay*
Páreo João Alfredo – competidores: *Joaquim Nabuco* e Rio Branco

> Páreo Princesa Imperial – competidores: João Alfredo, 13 de Maio, Piratinim, *Luiz Gama*, Ferreira Viana, Rui Barbosa
> Páreo Imprensa Fluminense – competidores: 13 de Maio e *Frou-frou*
> Páreo Dez de Março – competidores: Senador Dantas e *José do Patrocínio*
> Páreo Abolicionista – competidores: *13 de Maio* e Dez de Março
> Páreo Dr. Luiz de Castro – competidores: Internacional e *Frou-frou*
> Páreo Visconde do Rio Branco – competidores: Ferreira de Menezes e *Antonio Prado*
> Páreo Euzébio de Queiroz – competidores: Antonio Bento, Alves Branco, Acarape, *Senador Vieira da Silva*
> Páreo Rio de Janeiro – competidores: *João Clapp* e José Mariano [*Gazeta de Notícias*, 19 maio 1888).[82]

Um dos sinais de que os nomes dos barcos competidores foram dados por quem competia é a falta de um padrão. Há referências aos clubes de regatas, como o Cajuense e o Internacional, ao presidente do Clube Naval, Custódio de Mello, e aos abolicionistas celebrados em outros eventos, como José do Patrocínio, Joaquim Nabuco e Senador Dantas.

No entanto, o que chama atenção nesse caso é a referência a abolicionistas que foram pouco lembrados nos festejos anteriores. João Clapp e Rui Barbosa são alguns exemplos. Apesar de o primeiro ser o presidente da Confederação Abolicionista, pode-se dizer que foi pouco ressaltado em meio aos festejos, cujos organizadores preferiram exaltar as ações de Patrocínio e Nabuco.[83] O jurista Rui Barbosa se utilizou das leis assinadas antes do 13 de Maio para combater a escravidão que, a seu ver, era ilegal. Por meio de discursos feitos em praça pública ou em clubes fechados, desde o final da década de 1860, Rui Barbosa reforçava sua tese de que a "escravidão era um roubo" (Silva, 2000:58; Alonso, 2015). Possivelmente, a ausência de seu nome em alguns festejos promovidos pela imprensa se justificava por não ter, em maio de 1888, nenhum mandato no Legislativo e, portanto, não ter participação direta na aprovação da lei do 13 de Maio (Magalhães

82 No anúncio das regatas do jornal, tanto os nomes dos páreos quanto os competidores e os prêmios foram publicados num único espaço. A opção por separar as premiações dos competidores foi para facilitar a análise de todo o anúncio.

83 João Clapp era negociante na Corte e administrava uma firma de investimentos que, anos antes da Abolição, conseguiu arrecadar uma grande quantia para servir de fundos para Abolição (Machado, 2010:161; Moraes, 1986:40). A *Revista Illustrada* prestou homenagens a João Clapp colocando seu nome na fachada da redação na ilustração da capa comemorativa da Abolição.

Jr., 1965:421). Porém tanto João Clapp quanto Rui Barbosa estavam ligados a um abolicionismo de denúncia contra a ilegalidade da escravidão e de uma prática abolicionista nos quilombos urbanos, principalmente o do Leblon, que acolhia escravos fugidos e que tinha comunicação com quilombos de outras províncias. As camélias, símbolo do quilombo do Leblon, foram entregues por João Clapp à princesa Isabel na ocasião da assinatura da lei do 13 de Maio. Rui Barbosa era um associado da Confederação Abolicionista e apoiava as ações da mesma para a eliminação da escravidão (Silva, 2003:42; 67). Portanto, abolicionistas que atuaram na defesa do fim da escravidão e que tiveram papel ativo para a redução da influência escravista na Corte eram lembrados por esportistas nas festas.

Num caminho semelhante ao feito por Rui Barbosa, resguardadas todas as peculiaridades de trajetória de vida, a atuação de Luiz Gama, também mencionado pelos praticantes das regatas, foi esquecida pelos organizadores dos festejos da Corte. O negro Luiz Gonzaga Pinto da Gama nasceu livre e era filho de um português com uma liberta africana. Atuou no abolicionismo na cidade de São Paulo promovendo denúncias e ações judiciais em prol da liberdade de quem era escravizado ilegalmente (Azevedo, 1999:189). A partir do argumento da validade da lei de 1831 para o fim do tráfico, Gama defendia que todos que haviam entrado após essa data eram escravos ilegais. Apesar de não ter sido o primeiro a utilizar o argumento da lei de 1831 para denunciar a ilegalidade da escravidão, Luiz Gama conseguiu alcançar grande popularidade nos tribunais de São Paulo (Machado, 2010:144). Afinal, sua atuação no ambiente jurídico era a personificação da luta por uma causa e não por um meio de vida (Machado, 2010:193; Azevedo, 1999:193). Apesar de ter morrido em 1882, seis anos antes da Abolição, as ações desse advogado abolicionista e filho de uma ex-escrava ainda pareciam refletir na memória de quem participava dos festejos da Abolição na Corte e fazia questão de batizar uma embarcação com seu nome.[84]

O radicalismo abolicionista não foi esquecido nas regatas. As ações abolicionistas em São Paulo foram lembradas na menção ao nome de Antônio Bento, um dos diretores das mais ativas e radicais associações abolicionistas que promoviam também conexões com os abolicionistas da Corte, entre eles João Clapp, presidente da Confederação Abolicionista. A atuação de Antônio Bento em prol da liberdade

---

84 Em São Paulo, nas festas pela Abolição, houve uma espécie de cortejo até o cemitério onde estava o corpo de Luiz Gama (Pereira, 2011:148).

dos escravos envolveu ações diretas com os escravos das fazendas e na organização de um jornal, *A Redenção* (Moraes, 1986:48; 215; Machado, 2010:146). Em São Paulo, os festeiros da Abolição exaltaram seu nome e produziram marchas até a frente da sua residência, onde foi saudado como verdadeiro herói daquele momento. O conselheiro Antônio Prado também recebeu homenagens semelhantes em São Paulo, sendo lembrado nas regatas da Corte (Pereira, 2011:145-147).[85]

As regatas da Abolição na Corte também prestaram homenagens ao abolicionismo do Ceará. Os jangadeiros dessa província, liderados por Francisco Nascimento, desde o início da década de 1880 intervieram no tráfico interprovincial evitando o transporte de escravos das províncias do Norte para o Sul.[86] As ações desses homens simples, somadas às propagandas abolicionistas vindas da Corte, permitiram que em 25 de março de 1884 toda a província do Ceará estivesse livre da escravidão (Moraes, 1986:187-188).[87] Em 1888, em meio à realização das regatas pela Abolição, a jangada de Francisco Nascimento percorreria as raias, segundo o anúncio da regata publicado no *Diário de Notícias* (19 maio 1888).

Antônio Bento e os jangadeiros do Ceará são exemplos de um abolicionismo mais radical que, através de ações diretas, tentaram frear a escravidão nas suas províncias. Além desses, Ferreira de Menezes, editor da *Gazeta da Tarde* (Moraes, 1986:40), jornal abolicionista de forte atuação na Corte, falecido em 1881,[88] foi homenageado nas regatas, que pareciam demonstrar uma heterogeneidade de sentidos para a Abolição muito maior que a vista até então.

Assim, apesar de toda a valorização da via parlamentar presente na nomeação dos páreos das regatas – com ênfase tanto na ação de alguns homens que contribuíram para a assinatura das leis quanto na atuação de um abolicionismo mais retórico na Corte, com Patrocínio e Nabuco, por exemplo –, os participantes,

---

85 Na ocasião das festas em São Paulo, o ator Francisco Vasques fez uma poesia em que dizia ser 13 de maio dia de Antônio Bento, uma alusão ao dia 13 de junho, de Santo Antônio. O outro Antônio homenageado, o Antônio Prado, foi ministro da Agricultura, antes de Rodrigo Silva. Pertencente a uma importante família paulista, defendia o trabalho do imigrante e o trabalho livre (Magalhães Jr., 1966:139). Os festeiros de São Paulo também foram até a sua residência para saudá-lo pelo fim da escravidão.

86 No Ceará, os cativos eram transportados nas jangadas até os navios nos quais sairiam para o Sul. Os jangadeiros evitavam exatamente a chegada desses cativos aos navios e, em muitos casos, facilitavam a fuga de alguns.

87 A libertação do Ceará em 1884 e as ações do jangadeiro Francisco José do Nascimento foram celebradas em várias províncias, além da Corte. Em Recife as festividades contaram com enfeites e bandeiras espalhados pela cidade, passeatas, sessão literária e musical e entrega de cartas de alforrias a mais de 70 escravizados (Souza, 2021:36).

88 Sobre Ferreira de Menezes e sua atuação no jornalismo e no abolicionismo, ver Pinto (2018).

entre amadores e profissionais, pretendiam rememorar uma trajetória abolicionista que ia além daquela vivida na Corte e nos órgãos de imprensa e que se mostrava muito mais popular e radical. Apesar de o abolicionismo de Luiz Gama e Antônio Bento não ter encontrado ressonância nos festejos organizados pela imprensa da Corte, em um momento específico e de autonomia para a inserção de sentidos e homenagens, seus nomes foram lembrados prontamente pelos praticantes do esporte. Os festeiros das regatas não esqueceriam as ações dos jangadeiros no Ceará que, quatro anos antes, haviam sido fundamentais para a libertação da província da escravidão.

Desse modo, os organizadores dos eventos esportivos das festas da Abolição compartilharam uma dinâmica já realizada pelos órgãos da imprensa nos textos que exaltavam heróis e fatos do fim da escravidão. Os esportes na festa da Abolição pretendiam reafirmar esses símbolos e significados por meio de um evento que agregasse toda a população diante de um espetáculo esportivo. No entanto, a promoção dessas partidas especiais não deixou de diferenciar seus frequentadores, seja por meio da cobrança de entradas ou de escolha de assentos mais específicos para determinados grupos sociais, em sua maioria organizados em clubes. Mesmo assim, a população compareceu aos eventos cujos competidores pareciam não compartilhar totalmente do sistema fechado de heróis e sujeitos da Abolição propostos pelos organizadores daquele espetáculo. Ou seja, tanto o turfe quanto as regatas marcaram a existência não apenas de um sentido para a Abolição que deveria ser apreendido durante os festejos, mas também de desvios e formas variadas de entender o processo abolicionista da década de 1880.

4. A Abolição em desfile

Se a missa representara a abertura simbólica dos festejos, e as regatas e corridas de cavalo ajudaram a atrair e entreter o público em meio às celebrações, para os organizadores da festa estava claro que as comemorações pela Abolição teriam nos préstitos seu auge. O desfile de associações e colégios pelas ruas da Corte, com a presença da população, marcou mais do que qualquer outro evento o tom pedagógico embutido nos festejos pelos seus promotores, tendo o claro propósito de dar sentido e significado à data celebrada.

Os préstitos foram programados para acontecer em dias diferentes, com sujeitos e temas distintos. O primeiro foi realizado no sábado, 19 de maio, por meninos e meninas de escolas públicas e particulares que percorreriam, na parte da manhã, um trajeto bastante conhecido durante aqueles dias de festa, as ruas entre o Senado e o Paço Imperial.[89] No dia seguinte, seria a vez da imprensa e de outras organizações, como clubes carnavalescos, esportivos, de trabalhadores, militares, que fariam na parte da tarde um caminho semelhante ao préstito escolar, mas incorporando outras vias a fim de unir toda a Corte naquela celebração cívica. Em meio àqueles que desfilaram, os fotógrafos registraram alguns pontos desses dois desfiles.

Os colegiais saíram do campo de Santana, no portão próximo ao Senado (*Gazeta de Notícias*, 19 maio 1888),[90] e seguiram passando em frente à Câmara Municipal, que ficava do outro lado do campo,[91] entraram pela rua da Constituição, largo da Constituição (também chamado de largo do Rocio, mais tarde

---

89 Esse era um caminho conhecido daqueles que participavam dos préstitos que ocorriam pela Corte em homenagem à Independência (Kraay, 2011).

90 O prédio do Senado abriga atualmente a Faculdade de Direito da UFRJ. O campo de Santana passou a ser chamado de campo da Aclamação após ser construído no seu interior um palacete para a aclamação do primeiro imperador, d. Pedro I (Azevedo, 1969:495). Os jornais se referem a esse local usando esses dois nomes.

91 A Câmara Municipal ficava entre as ruas General Câmara e São Pedro. Esse prédio não existe mais.

praça Tiradentes) e rua do Teatro. Essa rua terminava no largo de São Francisco, o que fez com que os alunos passassem em frente à igreja de São Francisco de Paula para pegar o final da rua do Ouvidor e seguir toda a sua extensão até chegar à rua Primeiro de Março. A partir daí, o préstito deu outras voltas para pegar a rua da Carioca e a Visconde do Rio Branco e finalizar o percurso no campo de Santana (*Gazeta de Notícias*, 19 maio 1888). Esse caminho ensinava não só aos colegiais o trajeto da lei, mas também àqueles que não estavam presentes na sua "caminhada" no domingo anterior.[92]

Esse caminho foi percorrido por aproximadamente 35 colégios com 3.259 alunos (*Diário de Notícias*, 20 maio 1888) e aberto por um carro com os membros da comissão da imprensa, que, ao chegar à Câmara Municipal, saudaram a princesa e convidaram os filhos dela a participarem do préstito.

> Ao chegar à Câmara municipal, onde estavam Suas Altezas imperiais, os Srs. Drs. Dermeval da Fonseca, Fernando Mendes e Souza Ferreira, por intermédio do primeiro, dirigiram-se a Sua Alteza a Princesa Regente e lhe pediram permissão para que os príncipes fizessem parte do préstito. Sua Alteza atendeu ao pedido, e foram os príncipes instalados no carro, acompanhando-os os cavalheiros que já citamos [*Gazeta de Notícias*, 20 maio 1888].

A participação dos filhos da princesa no préstito só reforçava a atuação deles a favor da Abolição, o que já acontecia em Petrópolis através do jornal editado por eles, o *Correio Imperial*, que divulgava a movimentação nessa cidade a favor da libertação dos escravos (Orico, s.d.:115).[93] No início de maio de 1888, já haviam publicado nesse periódico posição favorável ao fim da escravidão.[94] No préstito escolar, segundo a nota da *Gazeta de Notícias*, apenas d. Luís e d. Antonio parti-

92 Nas festas de 2 de julho, data da independência da Bahia, os préstitos foram realizados pelo mesmo caminho feito pelas tropas brasileiras quando venceram as portuguesas em 1823 (Albuquerque, 1999:57). Na festa da Abolição, a repetição de um roteiro feito anteriormente no dia 13 de maio não pode ser descartada.

93 José Murilo de Carvalho considerou o jornal editado no Palácio de Petrópolis pelos netos do imperador como um dos sinais do incentivo da Coroa para o encaminhamento da Abolição (Carvalho, 2003:320).

94 O *Diário de Notícias* reproduziu, em 11 de maio, um texto assinado pelos filhos da princesa e publicado no *Correio Imperial*. No texto "Ave Mater", eles saudavam a mãe por conta da fala do trono feita dias antes, quando houve, por parte dela, a demonstração de que apoiaria um projeto para a Abolição.

ciparam. Os filhos da princesa, ao desfilarem entre alunos da Corte, receberiam as mesmas louvações dadas à mãe.

Os representantes da imprensa da Corte vieram logo em seguida ao carro dos príncipes e na frente de alunos e professores dos colégios da cidade, representando uma diversidade – de gênero, colégios e origens.[95] A presença dos príncipes deu um toque de realeza ao desfile, sendo encerrada na passagem do cortejo pela rua do Ouvidor. De lá, o préstito seguiu seu caminho até retornar à Câmara Municipal, onde se dispersou na parte da tarde, enquanto os príncipes fizeram um caminho contrário, sem acompanhar mais o cortejo (*Gazeta de Notícias*, 20 maio 1888).

Esse desfile, por ter sido todo feito a pé, parecia não dar ao trajeto uma narrativa à Abolição. Apenas afirmava a adesão dos colegiais àquele momento de mudança no país. No entanto, aqueles que desfilaram puderam contar com a arrumação de um cenário composto especialmente para a ocasião. Além disso, os próprios alunos trataram de enfeitar o trajeto segurando galhardetes, bandeirolas e estandartes dos colégios que representavam (*Diário de Notícias*, 20 maio 1888). Assim, quem ocupava as ruas para assistir às crianças desfilando conseguiria identificar o pertencimento de cada uma ao seu colégio.

Diante de toda a composição do cenário e preenchimento das ruas, tanto de espectadores como de atores daquele desfile, os profissionais da fotografia também se fizeram presentes.[96] As imagens da festa, principalmente dos préstitos, dão conta de uma diversidade pouco relatada pelos editores dos jornais. Os autores dessas imagens têm como foco uma determinada parte do desfile, mas registram aquilo que estava ao seu redor, nos permitindo entender o contexto não só da imagem como da realização desse evento. O registro de uma multidão que adere ao desfile confirma o que os entusiastas das festas vinham relatando dias antes: a adesão dos moradores da Corte aos festejos da Abolição. Apesar do

95 Os colégios que participaram foram: "Liceu de São Cristóvão, Ginásio Fluminense, escolas municipais de São Sebastião, São José, Nossa Senhora do Socorro, São Vicente de Paulo, Santa Thereza, Nossa Senhora da Conceição, Santa Thereza de Jesus, Nossa Senhora das Dores, internato e externato do colégio de Pedro II, escola gratuita de São Vicente de Paulo, escola mista da Imperial Quinta da Boa Vista, os professores e alunos das escolas públicas d'esta corte, segunda escola pública da freguesia do Engenho Novo, segunda e terceira de meninos de São José, segunda do Sacramento, colégio Vianna, preparatorianos, Liceu de Artes e Ofícios, Colégio Alemão, Mosteiro de São Bento, Colégio Venerando, curso noturno da sociedade Auxiliadora da Indústria Nacional, Colégio São Feliciano, Imperial Conservatório de Música, Externato Avellar, Liceu Polimático, Liceu do Engenho Velho, segunda escola pública da freguesia de Santa Rita, Escola dos Lázaros. Fechando o grande e imponente préstito, a União Preparatoriana" ("O préstito das crianças", *Gazeta de Notícias*, 20 maio 1888).

96 As fotos dos préstitos também fazem parte da coleção pertencente à princesa (Lago, 2008).

cuidado de não deixar as imagens "andando sozinhas" (Lima, 2016:403), elas ajudam a compreender a festa por outro viés, ou seja, pelo dos participantes que ocupavam as ruas.

Figura 13
Augusto Elias, *Préstito colegial*, 1888

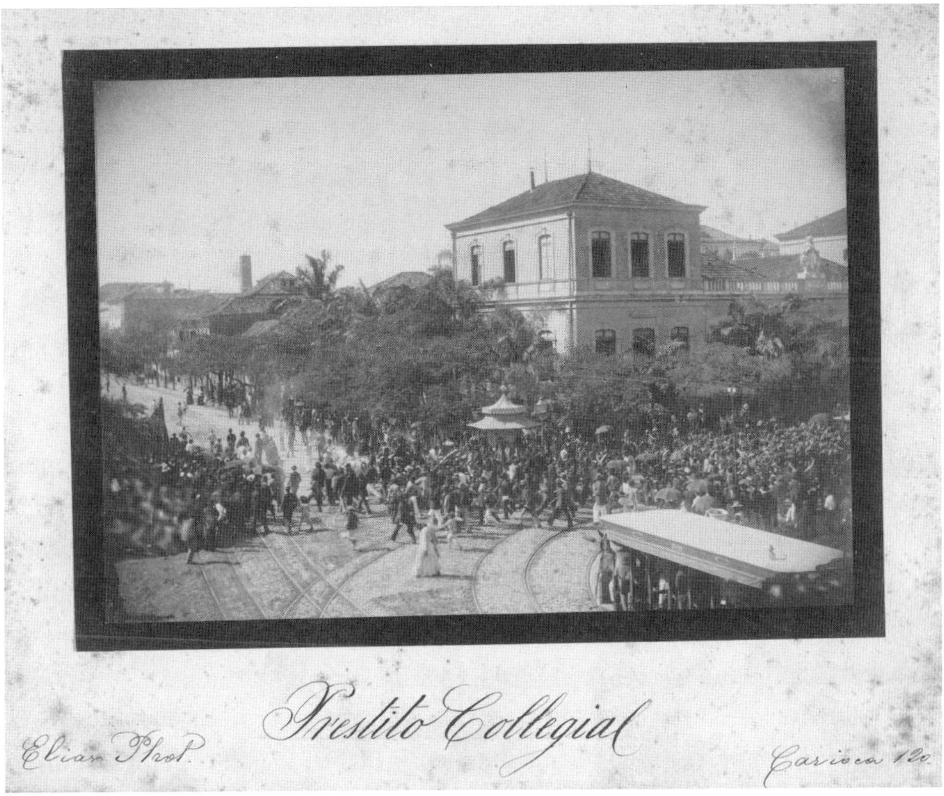

Fonte: Lago (2008:306-307).

O autor dessa imagem foi Augusto Elias da Silva, português estabelecido no Brasil em 1882.[97] Além de fotógrafo profissional, era líder espírita e divulgador da doutrina kardecista, tendo fundado o periódico espírita *O Reformador* logo

97 Augusto Elias chegou ao Brasil logo depois de ser premiado na Exposição Industrial em 1881, conforme consta no seu cartão de propaganda. Nesse cartão, seu nome aparece como A. Elias da Silva, com o endereço na rua da Carioca, 120. No acervo fotográfico do Instituto Moreira Salles, há a fotografia de uma mulher feita por Elias e o endereço sendo número 114 dessa rua. Segundo Ana Maria Mauad (1997:191), o retrato era o que mais atraía a clientela já consolidada na Corte a partir da década de 1860. Essa foto, apesar de estar sem data, configura a atividade comercial exercida por Elias.

após sua chegada ao Brasil (Lago, 2008:306). Nele, o fotógrafo abolicionista pedia para que seus leitores espíritas libertassem seus escravos (Machado, 1983:153).[98] Apesar da tendência abolicionista, esse jornal dedicou pouco espaço para o relato da festa da Abolição. Apenas na primeira edição de junho de 1888 destacou o fim da escravidão e fez homenagens ao visconde do Rio Branco (*O Reformador*, 1 jun. 1888). Nele não há notícias acerca das fotos feitas por Augusto Elias durante as festas.[99]

O fotógrafo registrou parte do cortejo e sua grandiosidade, ao mesmo tempo que focalizou a diversidade daquele público que ocupou as ruas nos dias de festa. Sem poder afirmar a que parte do préstito corresponde o ponto fotografado por Augusto Elias,[100] não se pode deixar de notar alguns detalhes da imagem: os bondes e sua lotação e os espectadores daquela festa.

Do alto do largo São Francisco de Paula, foram feitas três imagens do préstito escolar. Essas fotografias têm a assinatura de A. Breton e pertencem à Coleção Princesa Isabel, localizada e publicada por Lago em 2008. Na ocasião da publicação do livro, Pedro e Bia Lago não informam a nacionalidade de Breton, reforçando ainda mais o mistério de sua biografia, e acreditavam que uma pesquisa em arquivos poderia revelar mais sobre sua obra fotográfica (Lago, 2008:24). De fato, ao fazermos uma busca pelo seu nome na hemeroteca digital da Biblioteca Nacional, poucos registros foram encontrados, mas podem desvendar um pouco desse mistério sobre a vida e atuação de Breton na cidade desde o início da década de 1880.

O primeiro registro corresponde ao seu endereço em 1882 como sendo largo da Carioca, 20. Tal informação consta no *Guia das Cidades do Rio de Janeiro e Niterói*, na seção que indicava as moradas "dos principais habitantes" dessas duas cidades. Em 1884, Albert Breton se tornara o primeiro secretário da Sociedade

---

98 O jornal *O Reformador* tratava de temas ligados à doutrina espírita e abordava também a escravidão, criando um contato com sociedades emancipacionistas e abolicionistas (Valle, 2011:246).

99 Augusto Elias aparece como responsável pelas correspondências do jornal desde sua fundação até o primeiro número de fevereiro de 1888. A partir dessa data, a responsabilidade sobre o recebimento de cartas ficou com F. A. Xavier Pinheiro (*O Reformador*, 15 fev. 1888).

100 De acordo com o trajeto divulgado pelos organizadores, o préstito passaria pela Câmara Municipal e depois seguiria pela rua da Constituição. O local onde ficava a Câmara já não existe e, por isso, não é possível afirmar se a imagem foi feita desse ponto. No entanto, a imagem desse local não se parece com as demais ruas por onde o préstito passou e que ainda existem.

Francesa de Gymnastica[101] (*Almanak Administrativo, Mercantil e Industrial do Rio de Janeiro*, 1884:1203) e em 1888 tornou-se o segundo secretário da Sociedade Francesa de Beneficência, publicando nesse ano anúncios convocando para uma reunião dos sócios e assinando como A. Breton (*Jornal do Commercio*; *Gazeta de Notícias*, 14 ago. 1888).[102] Em 1887, encontramos o anúncio da Casa Saturno, localizada na rua Primeiro de Março, 23, estúdio fotográfico especializado em fazer retratos e imagens externas, tais como vistas de fazendas, chácaras, marinhas, cavalos, grupos de crianças e família. O anúncio chamava a atenção para Albert Breton pertencendo à casa e como antigo gerente da casa Marc Ferrez (*O Programa-Avisador*: publicação diária, 3 mar. 1887). Em 5 de junho de 1888, num pequeno anúncio na *Gazeta de Notícias*, sob o título de "Missa campal", divulgava-se a venda das fotos da missa e das festas da Abolição feitas por A. Luiz Ferreira em dois estabelecimentos: na casa Guimarães & Ferdinando e na rua Primeiro de Março, 23, sem mencionar ser a Casa Saturno.

Possivelmente todos esses registros se referem a uma mesma pessoa, uma vez que numa busca minuciosa por "Breton" não foram encontrados homônimos ou demais registros que indicassem o contrário. Além disso, a partir do anúncio da Casa Saturno, sua atuação como fotógrafo se confirma e a proximidade com Ferrez o insere num ambiente propício a realizar os registros da Abolição.[103] No entanto, não é possível saber a ocasião em que as imagens feitas por Augusto Elias e A. Breton foram entregues à princesa a ponto de pertencerem a sua coleção publicada por Lago em 2008. Porém, as fotografias evidenciam que a Abolição, principalmente nos seus festejos e na presença de algumas personalidades, tais como a princesa e seus filhos, tenha despertado o interesse de fotógrafos profissionais, e que esses registros poderiam render um valor interessante na ocasião de sua venda em estabelecimentos comerciais.

101 Antes da Abolição, o salão da Sociedade Francesa de Gymnastica recebeu as reuniões da Confederação Abolicionista.

102 Em maio de 1888, Breton já era o segundo secretário da sociedade, uma das inúmeras sociedades que participaram do préstito da Abolição organizado pela imprensa (*Jornal do Commercio*, 23 maio 1888).

103 Nas buscas por Breton na hemeroteca da Biblioteca Nacional, encontramos a notícia do falecimento de Alberto Breton, francês, solteiro, de 43 anos, vítima de febre amarela (*Jornal do Commercio*, 13 mar. 1889). Depois dessa data, não encontramos mais nenhuma informação sobre A. Breton, sendo possivelmente verdadeira a data da morte do fotógrafo.

Figura 14
A. Breton, *Desfile comemorativo do 13 de Maio, 1888*, Rio de Janeiro

Fonte: Lago (2008:311).

Figura 15
A. Breton, *Desfile comemorativo do 13 de Maio*, 1888, Rio de Janeiro

Fonte: Lago (2008:310).

Figura 16
A. Breton, *Desfile comemorativo do 13 de Maio*, 1888, Rio de Janeiro

Fonte: Lago (2008:310).

A sequência anterior, da figura 14-16, é a possível ordem das fotos. Na primeira delas, temos o motivo desse registro.

Figura 17
Recorte da figura 14

Esse recorte mostra os príncipes d. Luís e d. Antonio, cada um num carro, logo após a banda. Eles estão no centro da foto e a passagem do carro abriu o desfile, de acordo com a descrição publicada na *Gazeta de Notícias* (20 maio 1888):

> Na frente do grande préstito seguiam as bandas do 1º regimento de cavallaria, 2º de artilharia e 1º de infantaria. Outras bandas de música iam intercaladas e dispostas com muita ordem. Abria o préstito um carro ricamente adornado, em que vinham os príncipes do Grão-Pará, D. Luís e D. Antonio, acompanhados pelos Srs. Ramiz

Galvão, Souza Ferreira, Dermeval da Fonseca e Fernando Mendes, e os Srs. Gaspar de Souza e Ernesto Senna.

A foto confirma essa descrição publicada na *Gazeta de Notícias* e explica também o motivo da aglomeração de tanta gente nesse trecho, saída da rua do Teatro e entrada na rua do Ouvidor: testemunhar a passagem da realeza em meio a outros colegiais.

Os homens da imprensa, que acompanhavam o príncipe, também se serviram do carro "ricamente adornado" para o préstito. Nesse caso, se igualaram à importância da realeza nesse desfile. Aliás, se os príncipes atuaram no abolicionismo, de certa forma por meio da escrita de textos publicados em seu jornal de Petrópolis, na Corte os homens da imprensa também queriam se fazer presentes e compartilhar os vivas dados ao abolicionismo real.

As imagens de Breton ainda dão conta de nos informar o quanto aquela presença real era disputada.

Figura 18
Recorte da figura 14

Para ver os príncipes, os editores dos jornais e as crianças, valia de tudo: utilizar as grades da igreja de São Francisco, as sacadas dos prédios próximos ou se aglomerar o mais perto possível do carro da realeza. No entanto, havia pessoas que queriam manter a distância de toda aquela movimentação, atitude semelhante àquela registrada também por Augusto Elias.

No mesmo largo de São Francisco, Antônio Luiz Ferreira também estava presente registrando esse préstito. No entanto, sua visão, diferente da de Breton, é mais baixa, quase no mesmo nível dos participantes e espectadores.

Figura 19
Antônio Luiz Ferreira, *Préstito escolar*, 1888

Fonte: Lago (2008:294).

As duas fotos de Ferreira foram tiradas do mesmo local e o campo de visão é o mesmo. Ferreira pegou o cortejo na curva, ao sair da rua do Teatro, no largo de São Francisco, para entrar na rua do Ouvidor. Devido a essa curva e ao fato de o fotógrafo estar distante da aglomeração dos alunos e daqueles que os acompanhavam, é possível ver nessas imagens algumas características do público que assistia ao cortejo. Há homens, mulheres, negros, crianças e vendedores ambulantes que pararam para ver os alunos passarem.

Figura 20
Antônio Luiz Ferreira, *Préstito escolar*, 1888

Fonte: Lago (2008:295).

Ao procurar os detalhes da foto, é possível perceber a quebra de um roteiro, de uma passagem, de um caminho natural. O ambulante parado na esquina, perto da igreja, parece não compartilhar daquele festejo por ter sobre seus ombros um pesado material. A rua, para ele, era seu local de trabalho e não de festas. No sábado de manhã, nem todos estavam livres para festejar a Abolição com os estudantes da Corte.

Ainda sobre essas fotos, é possível ver que os moradores e comerciantes da rua do Teatro atenderam aos pedidos da imprensa para enfeitar o local de passagem do préstito.[104] Entre os enfeites, há várias bandeiras penduradas, e entre elas é possível

104 Essa era uma das responsabilidades do corpo comercial, segundo o *Diário de Notícias* do dia 16 de maio de 1888. O cenário da festa era fundamental para o objetivo que se colocava sobre ela. Um exemplo disso ocorreu nas festas cívicas de Minas Gerais estudadas por Carla Simone Chamon (2002), onde também havia um cuidado na arrumação do cenário.

Figura 21
Recorte da figura 20

identificar a do Império. O cenário da passagem daquele grande desfile devia ser feito utilizando elementos que identificassem aquela sociedade. Essa bandeira servindo de alegoria para aquela cena é uma marca que deveria ser assimilada pelos espectadores. A participação dos príncipes no cortejo confirma ainda mais a espécie de aliança que se formou entre Império e imprensa naqueles dias de festa.

Figura 22
Recorte da figura 19

Essas fotos mostram mais do que o desfile e o cortejo de alunos. Elas testemunham o fausto daquela celebração e a presença do público nos festejos pela Abolição – passando uma imagem grandiosa da festa, vista como expressão de um modelo de futuro capaz de deslumbrar os espectadores, apesar do seu pouco entusiasmo e de sua passividade. O público vê o cortejo passar e não se mistura totalmente a ele.

No entanto, não era a passividade que aparecia nos relatos dos jornais a respeito do préstito. Ao contrário, uma grande euforia em torno da presença do grande público e dos alunos da Corte, e principalmente pela participação dos príncipes, tomou conta dos noticiaristas:

> Sua Alteza Imperial dignou se confiar à comissão da imprensa, para fazer parte do préstito das escolas, do que faz parte a mocidade brasileira, que é a esperança da nossa pátria, os seus queridos filhinhos, que são também brasileiros e hão de guardar a lembrança do grande dia que a nação inteira festeja no meio do maior entusiasmo e delirante de alegria [*Diário de Notícias*, 20 maio 1888].

A presença dos príncipes, incorporados ao desfile, foi saudada de forma exaustiva pelos redatores das folhas da Corte. Todos pareciam unidos em torno da saudação à liberdade e ao que viria depois. O relato publicado no *Diário de Notícias* enfatizou o futuro da nação diante daqueles que pelas ruas da Corte desfilavam e que eram representados pelos filhos da princesa. Eram todos brasileiros que guardariam aquele dia na lembrança enquanto os pequenos príncipes testemunhavam a confraternização da "realeza com o povo". Além dos filhos da princesa, os alunos que desfilaram na manhã de sábado também eram responsáveis pelo futuro do trabalho após a Abolição. Entre eles estavam os da escola da Quinta da Boa Vista, escola gratuita sustentada pelo imperador, e os das escolas estrangeiras, entre elas a Escola Alemã e o Asilo Profissional da Sociedade Portuguesa da Beneficência, que veio num préstito separado, logo em seguida ao dos colégios. Segundo o redator do *Diário de Notícias*, a ordem no préstito refletia a disciplina do estabelecimento "d'onde deve sair cidadãos úteis, pois vestem a blusa honrada do operariado. Honra aos estrangeiros que assim contribuem para o engrandecimento da nossa pátria".

Antes disso, o autor da nota ainda tinha dado um roteiro para o futuro do trabalho no país e para os colegiais:

> Possam eles, aceitando os exemplos que a história da escravidão apresenta dos cidadãos que se elevaram por seu trabalho e merecimento próprio, contribuir para a grandeza e progresso da nossa pátria, onde de hoje em diante cada um tem o dever e o direito de um trabalho, cuja responsabilidade inteira lhe cabe [*Diário de Notícias*, 20 maio 1888].

A ordem presente no desfile – alunos alinhados e seguindo um comando que ia a sua frente num carro, realeza e imprensa – dá o tom do futuro que era pensado pelo editor desse jornal e pelos demais. A imprensa seria a guardiã mais segura do futuro e também a que daria caminhos para a manutenção da ordem no mundo do trabalho, ênfase dada não só nos comentários sobre os alunos de uma escola estrangeira quanto para os demais participantes do préstito. O trabalho, a partir do fim da escravidão, deveria ser o único caminho para o estabelecimento da ordem, do progresso e da grandeza da nação feita por esses futuros cidadãos, que utilizariam a história da escravidão como exemplo, sem deixar de ter a honra da mão de obra estrangeira. Nessa espécie de conselho sobre o futuro do trabalho não há lugar para homens e mulheres recém-libertados da escravidão. Eles desaparecem da expectativa desse futuro.

O uso de um momento festivo como forma de inserir sentimentos patrióticos e de união por uma causa, tendo as ruas como cenário de um ensinamento, não era novidade nos países da América aos quais o Brasil, com o fim da escravidão, se orgulhava de se igualar. O desfile de grupos escolares em festas pátrias foi adotado na Argentina na década de 1880 por terem neles os propagadores de um sentimento patriótico. Naquele país, a participação das crianças nesses eventos era a ligação entre o passado heroico e o futuro que se esperava promissor (Bertoni, 2001:80-81). No Brasil, mais precisamente na Corte, a criação de um préstito exclusivo para colegiais era também uma forma de unir gerações para comemorar o fim do passado escravo. O préstito escolar agregou, naquele momento, jovens, alunos, príncipes e a população para uma lição de patriotismo que era entendida, pelos organizadores, como participação na festa e disposição de todos a viver o futuro esboçado nessas comemorações.

O último préstito da programação seria a síntese do futuro da nação e de quem a compunha.

O préstito da imprensa teve a participação de vários grupos da sociedade imperial, que desfilaram no grande cenário do processo abolicionista e da Abolição: a cidade do Rio de Janeiro. A Abolição também foi registrada nas poesias distribuídas de alguns carros da imprensa e eternizada nas fotografias feitas de diversos pontos do cortejo. Desse modo, com desfiles, poesias e imagens, o fim da escravidão era explicado para os espectadores que puderam compartilhar aqueles sentidos ou apenas assistir ao cortejo tirando suas próprias conclusões.

Segundo os jornais, estavam envolvidas no desfile cerca de 5 mil pessoas, que desfilaram durante cinco horas a pé, a cavalo ou de carro (*O Paiz*, 21-22 maio 1888).[105] A concentração também foi no campo de Santana, na altura da Casa da Moeda (*Diário de Notícias*, 16 maio 1888),[106] próxima ao Senado, e o desfile seguiu pela rua Visconde do Rio Branco. Esse préstito ainda passou pelo largo da Constituição (largo do Rocio), rua do Teatro, largo de São Francisco, rua do Ouvidor, Primeiro de Março, largo do Paço e depois disso passaria mais duas vezes pelo largo do Rocio, duas pelo largo de São Francisco, até se desfazer em frente à Câmara Municipal no campo da Aclamação.

Esse roteiro foi montado pela comissão da imprensa a partir das adesões de moradores e comerciantes dessas ruas, que ao longo da semana anunciaram os preparativos e a vontade de ver o préstito passando por esses locais.[107] A forte adesão ao desfile agregava diferentes elementos da sociedade imperial e ilustrava um único argumento: a Abolição foi uma aspiração nacional e era festejada por todos. Além disso, de modo geral, esses desfiles serviam para uma teatralização da harmonia da sociedade que apareceu, ou se reforçou, após o fim da escravidão e na forma como a Abolição foi feita (Fraga Filho, 2010).[108] Nesse sentido, o fim do cativeiro teria ocorrido sem a necessidade de grandes batalhas de sangue, mas com discussões parlamentares que receberam o apoio da sociedade. Assim, essa mesma sociedade agora se faria presente nessa narrativa da harmonia por meio do préstito do domingo, com todos unidos celebrando uma ordem, um desfile visual da harmonia resultante da lei.

---

105 A *Revista Tipográfica* de 26 de maio de 1888 também informou esse número de participantes.

106 O prédio da Casa da Moeda atualmente abriga o Arquivo Nacional.

107 Essa ordem foi publicada nos jornais *Diário de Notícias* e *Gazeta de Notícias* na terça-feira 22 de maio de 1888.

108 O autor utiliza esse argumento para tratar dos festejos realizados na Bahia pelo fim da escravidão com a promoção de cortejos que envolveram vários setores da sociedade nas ruas da capital, como forma de demonstrar alegria e ordem.

A ordem do desfile foi uma forma também de marcar na memória dos leitores dos jornais e dos seus contemporâneos as hierarquias existentes em maio de 1888. A procissão cívica passando em grande número por diversas ruas da cidade tinha como função determinar um modelo de sociedade que deveria ser seguido, com marcas sobre quem eram seus protagonistas, baseando-se no *status* social e no seu prestígio (Albuquerque, 1999:59).

Nesse modelo, ou nesse préstito, já somada a lista de participantes publicadas no *Diário de Notícias, Gazeta de Notícias* e *Cidade do Rio,* houve aproximadamente 72 grupos desfilando pelas ruas da Corte no domingo, dia 20 de maio.[109] Entre eles estavam: o corpo da Marinha e do Exército, clubes carnavalescos e esportivos, representantes do comércio, sociedades estrangeiras, grupos de empregados de alguns setores da economia da Corte, alunos e professores de alguns colégios. Encerrando, os representantes da imprensa, precursores de todo esse festejo: Ferreira de Araújo e Machado de Assis representaram a *Gazeta de Notícias;* Fernandes Mendes e família, o *Diário de Notícias*, Arthur Azevedo, o jornal *Novidades*; e demais carros com membros da *Gazeta de Notícias* e do *Jornal do Commercio* (anexo 2).

Alguns grupos que desfilaram no domingo, dia 20 de maio, a fim de se fazerem notar pelos espectadores, utilizaram seus estandartes e inscrições variadas para serem identificados ao grupo a que pertenciam. Bandas de música também se fizeram presentes e entre as canções tocadas por elas estava, quase predominantemente, o Hino Nacional (*Gazeta de Notícias,* 21-22 maio 1888).

O cenário para a passagem do préstito era fundamental porque ele era sinal de um regozijo pela forma como foi encaminhada a Abolição. Não por acaso, a *Revista Tipográfica* (26 maio 1888), ao descrever o préstito e seu público, viu neles uma demonstração de uma alegria que seria comum aos mais diferentes grupos: "toda a cidade trajava galas e ostentava um aspecto deslumbrante pelas ricas decorações das ruas, praças e prédios". A cidade, com suas ruas e prédios, era sujeito daquele momento de festa e igualmente se enfeitava. Em algumas ruas, os enfeites eram a iluminação pública à luz elétrica. Um exemplo foi um trecho da rua da Alfândega, entre a Primeiro de Março e a Ourives. Segundo a nota do *Cidade do Rio,* os dois quarteirões seriam iluminados com o uso de mais

109 Os três jornais publicaram a ordem do desfile quase da mesma forma, dando um panorama amplo sobre o préstito e os grupos que desfilaram.

de 500 lâmpadas e 8 mil luzes. Os moradores e comerciantes desse trecho da rua haviam gasto mais de cinco contos de réis com a ornamentação. Por conta disso, o préstito passaria pela região a fim de prestigiar os esforços dos comerciantes e moradores que compunham a comissão dos festejos da rua (*Cidade do Rio*, 19 maio 1888). Essa ornamentação era uma forma de não só participar das festas, mas também ter sua região de moradia e de trabalho prestigiada como cenário da celebração.

Esse cuidado em iluminar as ruas para a passagem do préstito não era novidade nas festas públicas, apesar de a luz elétrica até então não ter sido utilizada para tal fim. Um exemplo está em Minas Gerais, ainda na primeira metade do século, quando os festejos cívicos tinham na presença da luz, em suas diversas formas, um sinal da união de uma região em torno do motivo do festejo, além de ser um sinal de diferenciação social, uma vez que as casas mais iluminadas serviam para destacar o prestígio dos seus donos (Chamon, 2002:51-52). A colocação de uma simples vela de cera ou lamparina de barro nas portas ou de sofisticadas lanternas de folha de flandres e vidro, transparências e painéis coloridos pintados com símbolos patrióticos não era feita ao acaso e tinha a intenção de servir de fator de diferenciação social que deveria ser visto principalmente por quem naquela região passava (Basile, 2006).[110] No entanto, o mais significativo é pensar a respeito da iluminação feita para o ambiente noturno e que, de algum modo, segundo Carla Chamon (2002:52), rompia com o cotidiano da cidade, quando a noite era para dormir e não para ocupar as ruas, uma vez que a escuridão as tornava mais perigosas. As luzes, que transformavam noite em dia e por isso exerciam um fascínio na população em meados do século, ampliavam a participação de senhoras e senhores nos festejos noturnos (Kraay, 2007). Em 1888, nos festejos pela Abolição, a presença da luz elétrica apareceu para abrilhantar ainda mais aquelas comemorações. Assim, novos significados, não apenas das luzes, mas também da festa, surgem, uma vez que ela é vivida com mais intensidade e vai além daquele momento promovido por seus organizadores.

A visão desse espetáculo foi dada por jornalistas e fotógrafos. Ambos relataram uma visão do alto, superior, mas cada um a seu modo. A rua do Ouvidor teve prioridade sobre esses relatos, uma vez que abrigava as sedes das redações

110 O uso da iluminação como distinção social durou até o final do século e esteve presente nos festejos da Independência, não apenas na Corte, como em outras províncias.

dos jornais, os promotores das festas. No entanto, a *Gazeta de Notícias* (21-22 de maio de 1888) destacou outro ponto da cidade: o do campo da Aclamação (campo de Santana). Apesar de um olhar distanciado e frio da festa ("de um ponto elevado, com vista para o campo era curiosíssimo observar a perspectiva indescritível que ele oferecia"), a admiração e curiosidade do redator se fizeram notar, mesmo não detalhando aquilo que via e que viveu para seus leitores. Apenas sua admiração se fez presente ao perceber tamanha adesão de público e de participantes no desfile que haviam projetado inicialmente para a passagem dos homens dos jornais da Corte.

A comissão da imprensa abriu o préstito e, em seguida, veio o grupo que precedeu os membros da Marinha: a banda de música do corpo da polícia de Niterói, general Deodoro da Fonseca e a banda do encouraçado Riachuelo (*Cidade do Rio*, 23 maio 1888). O corpo naval contou com algumas subdivisões que foram assim descritas pelo *Diário de Notícias*: o Batalhão Naval, os Imperiais Marinheiros, o Colégio Naval, operários do Arsenal da Marinha e Escola da Marinha (*Diário de Notícias*, 21-22 maio 1888).

Mais uma vez, o fotógrafo Antônio Luiz Ferreira fez registros da Abolição, dessa vez o do préstito da imprensa. De acordo com os relatos dos jornais, essa foto seria logo do início do cortejo, sendo o corpo da Marinha Imperial um dos primeiros a desfilar.[111] O fotógrafo parece utilizar a mesma ideia do redator da *Gazeta de Notícias*, que do alto de algum prédio do campo da Aclamação observou e registrou o máximo de determinado ponto do desfile, diferentemente do feito no préstito escolar.

A presença da Marinha, dividida em setores, nos festejos da Abolição representou a forma hierarquizada dessa força militar no Império. Até 1890, aproximadamente, a Marinha foi marcada por uma imobilidade entre os cargos e com pouca formação educacional, apenas o básico para a execução dos serviços navais. Apenas no final do século XIX houve a iniciativa de modificar as regras, apesar de ainda rígidas, para a ascensão hierárquica e social dos marinheiros (Nascimento, 2008:121-122).

---

111 As fotos de Antônio Luiz Ferreira foram feitas de um mesmo ponto. Ao observá-las, é possível dizer que o fotógrafo se localizou na esquina da atual rua Vinte de Abril (antiga travessa do Senado) com a Visconde do Rio Branco. Desse local, a visão que se tem atualmente é do prédio da Faculdade de Direito ao fundo, antigo Senado. A mesma visão aparece nas fotos. O que confirma essa hipótese é a direção do préstito, que está de acordo com as indicações dos jornais a respeito do local da concentração, a Casa da Moeda (atual Arquivo Nacional), prédio que ficava depois do Senado.

Figura 23
Antônio Luiz Ferreira, *Marinha Imperial*, 1888

Fonte: Lago (2008:296).

A imagem mostra uma Marinha negra e, possivelmente, a parte mais baixa da hierarquia dessa força.[112] Desfilar em blocos separados permitia que o público percebesse a diferença entre seus setores e também a ligava à causa abolicionista, apesar ainda da existência de tratamentos no seu interior similares aos do período da escravidão. Mesmo assim, em plena década de 1880, os operários do Arsenal de Marinha, mestres e operários das oficinas de fundição, organizaram uma subscrição a favor da Abolição do "elemento servil". O dinheiro arrecadado semanalmente era entregue à Sociedade Emancipadora.[113] Em maio de 1888, o fim da escravidão pôde ser comemorado por esse grupo de marinheiros que ainda sofreriam por muito tempo as péssimas condições da vida militar.[114]

Ficava evidente como a organização do desfile atribuía a instituições como a Marinha um papel muito mais ativo na celebração se comparado ao dos homens comuns, reduzidos a simples espectadores. Na foto da Marinha Imperial é possível ver um público disperso, homens caminhando, outros parados, uns atentos e outros conversando. Apesar de o alvo do fotógrafo ser o desfile, ele acabou focando o público que assistia à Marinha passar: negros, brancos, mulheres, homens de casaca, cartola, com chapéu-coco, sem chapéu, com roupas simples que lá estavam para assistir a um grande desfile.

O Clube dos Democráticos passou logo depois (*Diário de Notícias*, 21-22 maio 1888). Seu carro era semelhante aos conhecidos "carros de ideias" utilizados nos carnavais das grandes sociedades nos desfiles pela rua do Ouvidor.[115] A presença do clube no préstito da imprensa servia para inserir uma narrativa ao desfile e deixar marcado para os foliões de maio os sentidos da comemoração.

Esse clube surgiu em 1872, a partir de uma iniciativa de um grupo de empregados do comércio que pretendiam repetir no carnaval do Rio de Janeiro a elegância e distinção que caracterizavam os carnavais das principais capitais europeias. Juntamente com os Fenianos e os Tenentes do Diabo, os Democráticos se firmaram como principais atrações dos festejos carnavalescos das últimas

---

112 O embranquecimento da Marinha foi o plano de oficiais após a revolta de 1910 (Nascimento, 2008:125).

113 Essa notícia saiu no jornal *O Abolicionista* (28 set. 1881 apud Matos, 2009:19-20).

114 A existência dos castigos corporais na Marinha afastava a população livre do serviço militar, que deveria ser feito por aqueles que representavam ônus social, vagabundos e réus de polícia (Nascimento, 2008:88).

115 Segundo Mary Del Priore (2000:50-51), o emprego de tablados fixos ou com rodas nas festas profanas e religiosas foi introduzido no Brasil no período colonial como tradição herdada de Portugal e das festas medievais.

décadas do século XIX (Pereira, 2004:117).[116] Se essas grandes sociedades carnavalescas tinham como missão promover uma civilização do carnaval, no desfile da Abolição a presença delas tinha uma função de expor aos seus espectadores um desfile ordeiro e com sentidos muito específicos. A fórmula adotada em maio já vinha sendo usada com sucesso pelas sociedades carnavalescas ao longo da década. Tal fórmula, que contava com o controle dos seus organizadores sobre aquilo que seria celebrado no carnaval, tinha o apoio dos literatos e dos editores dos jornais (Pereira, 2004:123). Logo, usar esse mesmo esquema para celebrar a Abolição não seria muito inovador, mas eficaz.

A Abolição já tinha sido tema das grandes sociedades durante o período do carnaval. O próprio Democráticos havia citado em seus desfiles a atuação dos abolicionistas, como ocorreu em 1886 quando apresentou o carro "Glória aos abolicionistas". Nele, as atuações de Joaquim Nabuco e José do Patrocínio foram valorizadas por "pretinhos" que cantavam para homenageá-los (Pereira, 2004:124). Em maio de 1888, todo o préstito da imprensa parecia ser a representação desse ideal pregado durante os carnavais pelo Clube dos Democráticos.

A grande popularidade desse clube carnavalesco, assim como sua ligação com o corpo comercial, talvez ajude a explicar a existência de duas fotografias tiradas de seu carro – uma feita por Antônio Luiz Ferreira, que fotografou do mesmo local que as demais fotos, e outra de Augusto Elias, feita num outro ponto do percurso.

A imagem feita por Ferreira confirma a presença de um público quase apático com a passagem de um carro carnavalesco, permanecendo distante apesar de não haver, aparentemente, nada que impedisse uma aproximação maior. Na verdade, essa postura era um pouco distinta da reação do público que havia pulado o carnaval nos meses anteriores e que viu o clube apoiar a Abolição no seu desfile. Na ocasião, de acordo com o relato do editor da *Revista Illustrada*, não faltaram "bravos" e "palmas" para ovacionar o carro que fazia apologia à Abolição (Nepomuceno, 2011:162). Mesmo assim, ainda no carnaval, no concurso para a escolha do melhor carro, o público não favoreceu essa alegoria do clube (Pereira, 2004:135). O relato de euforia na festa da Abolição não dialoga com a imagem de uma possível apatia das pessoas que viam o carro passar. Talvez essa reação seja por não se verem representadas em tamanha alegoria.

116 Sobre o carnaval das grandes sociedades no Rio de Janeiro, ver Cunha (2001).

O abolicionismo pregado pelo clube carnavalesco não parecia corresponder aos princípios de quem assistia.

O mesmo se pode constatar em outra imagem feita por Augusto Elias também da passagem do carro do Clube dos Democráticos em um local distinto daquele fotografado por Ferreira. Nele, há uma aglomeração mais expressiva de pessoas, apesar de não haver maiores manifestações.

Na verdade, não é possível afirmar por que houve uma concentração maior de pessoas no ponto do trajeto fotografado por Augusto Elias. A região próxima ao largo de São Francisco (possivelmente a Sete de Setembro, entre o largo do Rocio e o largo de São Francisco) talvez atraísse um público maior por contar com quiosques como ponto de socialização e de apoio durante aquele préstito. De qualquer modo, essa foto feita por Elias mostra o público mais parecendo estar numa parada militar do que num desfile de carnaval. Além disso, nem todos estavam dispostos a ocupar as ruas e assistir àquela passagem de forma aglomerada. Ao contrário, as pessoas ocuparam as sacadas dos prédios, que, se comparadas aos tempos atuais, seriam uma espécie de camarote. Do alto, pretendiam ver além do desfile e compreender aquela passagem em meio a um roteiro que se formava. No entanto, a ocupação dessas sacadas era para poucos, uma vez que seu aluguel foi anunciado nas vésperas dos desfiles.[117]

Apesar de terem aberto o desfile, os membros da imprensa se misturavam ao préstito, numa espécie de intervalo entre uma ala e outra. Foi o que aconteceu com a passagem dos representantes do *Jornal do Commercio*, que vieram depois de um batalhão do Exército e antes da passagem da colônia orfanológica (*Diário de Notícias* e *Gazeta de Notícias*, 21-22 maio 1888).[118] Logo em seguida, veio o carro alegórico "A caridade não tem pátria". Esse carro precedeu a passagem da "terceira comissão da imprensa", que tinha como guia, ou melhor, como ponta da ala, o abolicionista José do Patrocínio, que desfilava a cavalo juntamente com seu filho. Além dele, também estavam os representantes do *Diário Mercantil*, de São Paulo, do *Cidade do Rio* e da Confederação Abolicionista. Essa espécie de bloco, ainda na metade do desfile, aparecia como espécie de interrupção de um roteiro. Se antes deles passaram sociedades carnavalescas, abolicionistas, estrangeiras e escolares, em determinado momento do préstito o público que a

117 Em 17 de maio, a *Gazeta de Notícias* publicou um anúncio de aluguel de sete janelas num sobrado na rua Uruguaiana, esquina com a Sete de Setembro. O valor não foi divulgado.

118 Essa colônia era uma fábrica de flores orfanológica, de acordo com a *Gazeta de Notícias*.

Figura 24
Antônio Luiz Ferreira, *Club dos Democráticos*, 1888

Fonte: Lago (2008:293).

Figura 25
Augusto Elias, *Festejos no Rio de Janeiro por ocasião da abolição da escravidão*, 1888

Fonte: Lago (2008:309).

ele assistia devia se lembrar dos responsáveis pelos festejos e do protagonismo da imprensa na promoção do fim da escravidão.

Após a ala da imprensa e dos abolicionistas, outro grande bloco de sociedades e grupos se seguiu. Entre eles estavam: alunos de outros colégios, clubes abolicionistas, clubes esportivos, como o Vila Isabel, o de Esgrima e o Jockey Club, e o corpo de polícia. Esse último desfilou levando a bandeira da República Argentina, de modo a lembrar a união dos dois países. Além disso, desfilariam também com o estandarte do 31º Batalhão dos Voluntários, nome dado ao corpo da polícia da Corte na campanha do Paraguai (*Diário de Notícias*, 20 maio 1888). O desfile da Abolição serviria para lembrar um passado de protagonismo de alguns homens numa das causas do Império. Era o passado pedindo passagem numa celebração do futuro.

Logo depois da terceira ala da imprensa, a cavalo, veio a participação da Escola Politécnica, que, após desfilar a pé no préstito escolar, utilizava carros e um grande número de alunos e professores. De acordo com a *Gazeta de Notícias* e o *Cidade do Rio,* o grupo da Politécnica veio composto pela guarda de honra a cavalo, o corpo docente no carro, alunos divididos em 14 carros e um carro com André Rebouças, professor da escola.[119] Esse grupo também mereceu o registro de Antônio Luiz Ferreira.[120]

O momento da passagem da Politécnica pela rua do campo da Aclamação mostra um aumento de público assistindo ao desfile, se comparado com as outras imagens feitas por Ferreira desse mesmo ponto. No entanto, independentemente do público que estava presente no préstito, o que vale ressaltar é a forma como esse desfile foi contado: com carros enfileirados, tendo à frente um símbolo caro à escola. Essa era uma maneira de deixar claro o envolvimento dessa instituição com o motivo daquela celebração. A grandiosidade da Politécnica e sua importância para o desenvolvimento das ciências da Corte deveriam ser ressaltadas para os espectadores do préstito.

Algumas alas depois da escola, entre a corporação tipográfica e os carros de família (que as notas dos jornais não indicam quais foram), apareceu o carro do Derby Club. Esse clube já havia contribuído para os festejos da Abolição ao promover uma corrida de cavalos com nomes e páreos especiais. Na comemoração da imprensa, o clube mais uma vez se fazia presente, merecendo também atenção especial do fotógrafo Antônio Luiz Ferreira.

Assim como a Escola Politécnica, o carro do Derby Club também contava com uma alegoria e mulheres. Ao aproximarmos a imagem, é possível ver que um dos símbolos levados pelo clube era uma espécie de flâmula com uma data.

119 O engenheiro André Rebouças viveu com intensidade o movimento abolicionista e esteve atuando em inúmeras atividades desde década de 1880. Uma delas foi a publicação de textos no jornal *Gazeta da Tarde,* quando era propriedade de José do Patrocínio. Outra, a redação do manifesto da Confederação Abolicionista e estímulo à criação da Sociedade Abolicionista na Escola Politécnica, onde lecionava (Carvalho, 1998:218). No entanto, de acordo com Angela Alonso (2015:43), nos diários de Rebouças o tema da escravidão já vinha aparecendo desde 1868.

120 Originalmente, a foto da Escola Politécnica está no mesmo cartão da foto da Marinha Imperial. Para a publicação da foto nesse livro, foi feita a opção de separá-las para dar maior nitidez às imagens e citá-las de acordo com a ordem do desfile publicada nos jornais.

Figura 26
Antônio Luiz Ferreira, *Escola Polythécnica*, 1888

Fonte: Lago (2008: 297).

Figura 27
Antônio Luiz Ferreira, *Derby Club*, 1888

Fonte: Lago (2008: 292).

Figura 28
Recorte da figura 27

A data de 7 de novembro de 1831 aparece em destaque e é possível ver também que nos outros cantos do carro estavam outras flâmulas, talvez seguindo a sequência de datas. O ano de 1831 correspondeu ao da assinatura da lei de proibição do tráfico. No entanto, ela não foi suficiente para dar cabo ao comércio de escravos, apesar de ser utilizada, anos mais tarde, para denunciar a escravização ilegal de milhares de africanos no Brasil.[121] A lembrança dela num evento que comemorava a lei mais suprema de todos, a de 1888, é uma forma de ensinar o caminho percorrido na via parlamentar para o fim da escravidão. A ordem de

121 Joaquim Nabuco utilizou tal lei para argumentar que grande parte dos escravos existentes no Brasil na década de 1880 eram ilegais por já terem entrado no país após o ano de 1831. Além dele, Rui Barbosa e Luiz Gama citaram a lei como argumento para a defesa da liberdade (Mendonça, 2001:80-82; Azevedo, 1999). Importante também destacar como a lei de 1831 mobilizou parlamentares que temiam que seu cumprimento pudesse ser um "abalo no país inteiro". Em 1837 há um grande debate parlamentar que tentou revogar a lei (Chalhoub, 2012).

um desfile é a das leis. Elas apareceram em destaque no carro do clube, cujos membros desfilaram ao som de bandas de música e com a guarda de honra a cavalo. O destaque dado à legislatura reforçava ainda mais a ação do Império em promover o fim da escravidão de forma pacífica e também o Parlamento como responsável principal pelo seu fim. A lei surge para ser festejada pelo público, que deveria recebê-la como uma dádiva.

Nada muito diferente apareceu na passagem de outro carro também fotografado por Ferreira, cujo título foi "Carro da imprensa". Por terem os editores dos jornais desfilado durante todo o préstito, em diferentes partes, não é possível saber se esse carro fechou o desfile. No entanto, na ordem do préstito, alguns carros com representantes da imprensa vieram logo em seguida ao carro do Derby Club. E, quase numa sequência de leis, esse carro também enfatizaria as datas caras àquele momento.

Um grande painel reproduziu o principal artigo da lei: o primeiro, que extingue a escravidão. A lei novamente apareceu em destaque num carro que envolveu elementos bastante peculiares. Em cima, uma espécie de sol reforça a data da sua assinatura, 13 de maio de 1888; embaixo, a coroa, junto com uma estrutura que lembra um brasão. Em volta, o que parece serem estandartes e bandeiras. A leitura desse carro e dos seus elementos é a síntese do desfile e do fim da escravidão. A lei, apenas ela, foi capaz de iluminar e acabar com a escravidão, associada a um momento de trevas e escuridão pelos jornais durante todos aqueles dias de festa.[122] A coroa indica o responsável por aquela conquista: o Império, a partir da ação da princesa regente. Essa mensagem, aparecendo no carro da imprensa, também dá sinais do apoio prestado pelos representantes dos jornais àquele movimento legal que gerou a Abolição. Jornalistas e literatos apareceram ao final do desfile como forma de encerrar a participação naquele último evento e um ciclo de comemoração.

Assim como os fotógrafos registraram além dos atores principais da festa, o redator do *Cidade do Rio* também reforçou a diversidade dos presentes nas ruas. A "marcha triunfal da liberdade", o préstito da imprensa, foi diversa:

---

122 Assim como as trevas, as chuvas que caíram na cidade atrapalhando um pouco as festas eram associadas aos sentimentos escravistas ainda existentes. Essa foi a associação feita pelo editor da *Gazeta de Notícias*. Seu relato das comemorações falava sobre o embate entre a divindade chuvosa e uma chamada de "patriotismo", responsável pela permanência do povo mesmo sob chuva ("Abolição", *Gazeta de Notícias*, 19 maio 1888).

Figura 29
Antônio Luiz Ferreira, *Carro da imprensa*, 1888

Fonte: Lago (2008:298).

Figura 30
Recorte da figura 29

> Tudo participava do regozijo pátrio, – o soldado, a defesa do corpo, o padre, a defesa da alma, – o homem que segue para o passado e a criança que olha para o futuro [...] *toda a gente se fez representar* – o velho que esqueceu o passo e a criança que ainda não o conheceu – o *negro e o branco, e o pobre e o rico.* E essa promiscuidade imponente desfilou pela cidade em festa maravilhosa e grande como uma procissão olímpica de vitoriosos [*Cidade do Rio,* 23 maio 1888, grifos meus].

Mesmo com os relatos e as imagens querendo passar a ideia de um conjunto do qual "tudo participava" e, assim, esconder os rostos dos indivíduos em uma multidão indiferenciada – o povo –, os testemunhos fotográficos e escritos sobre a festa nos permitem enxergá-la a partir da multiplicidade de sujeitos presentes àquele momento.

A presença de "toda a gente" dava o tom daquilo que era pensado como promiscuidade imponente. Não parecia haver diferenciação de origem e condição social nessa festa. O negro e o branco, no relato, pareciam estar lado a lado no ambiente festivo. O velho e a criança, apesar de opostos na idade, apareciam juntos na leitura do desfile e dos seus sentidos. O pobre e o rico, com suas diferentes riquezas, não pareciam tão opostos nas ruas ocupadas pelos préstitos. A ideia era de que todos eram iguais perante a festa. Não haveria, portanto, distinção social e de idade. O motivo do regozijo era comum a todas essas diferenças possíveis existentes na sociedade do Império.

Por mais que os relatos se limitassem a destacar poucos grupos letrados que teriam tomado parte na campanha abolicionista, a promoção de desfiles para a Abolição pretendia agregar toda a cidade, por meio de carros enfeitados que desfilavam em ordem e com harmonia, sendo capazes de agregar elementos diferenciados. Esses elementos aparecem como sujeitos no préstito, com uma participação quase unânime: no apoio à causa e ao seu efeito, sem demonstrar contestação ao que estava sendo exposto. O destaque dado ao passado e ao futuro, representados pelo velho e pela criança, respectivamente, tinha como objetivo deixar marcado que o mais importante naquele momento era focar na criança, no futuro. O velho é aquele que esqueceu sua trajetória, enquanto a criança ainda vai aprendê-la. E certamente faria isso baseada nas lições adquiridas nesses dias de festas e de préstitos. A ordem cívica da procissão de vitoriosos – porque não há espaço para os perdedores – deveria ser perpetuada no futuro por essas crianças.

A narrativa do préstito feita pelos jornais, promotores daquele espetáculo, não considerou aquilo que estava ao redor das alegorias do desfile. As imagens dão conta dessa diversidade que, apesar de ter sido citada numa nota de jornal, não foi considerada em sua plenitude.

Os senhores negros parados parecem não fazer parte daqueles festejos. Se por um lado eles mostravam, com sua presença, valorizar o ato celebrado, sua postura sugere que, naquele momento, estavam testemunhando passivamente um ritual de celebração que não era o deles. Reduzidos a simples público, eles ficavam de fora do desfile, cujos protagonistas estavam distantes de sua experiência. Do ponto de vista dos jornalistas que retrataram o evento, no entanto, essa não parecia uma questão relevante.

Ao ressaltar tanto a grandiosidade do espetáculo quanto seu caráter generalizante, capaz de representar o sentimento de toda uma nação, os jornais tratavam de marcar para seus leitores e espectadores daquele festejo quem seriam os principais personagens e os fatos dessa Abolição do 13 de Maio. O cuidado no relato e a insistência numa ligação entre povo agradecido e a princesa redentora

Figura 31
Recorte da figura 26

Figura 32
Recorte da figura 23

Figura 33
Recorte da figura 24

era uma forma também de inserir na memória histórica os protagonistas daquela ação. Nessa leitura, a imprensa é o sujeito principal do desencadeamento do processo abolicionista, uma vez que apoiou e chamou a população a ocupar as ruas durante as discussões parlamentares que deram fim à escravidão. Além dela, a princesa e todos os membros do governo também eram os protagonistas, uma vez que não recuaram da responsabilidade de acatar uma vontade que seria de todos. Por fim, as demais associações abolicionistas e outros grupos sociais também eram responsáveis pelo fim da escravidão, uma vez que apoiaram as ações parlamentares e, em maio de 1888, estavam presentes nos festejos promovidos pela imprensa. Os negros, pobres e ex-escravizados eram os espectadores, tanto da Abolição quanto das festas. A narrativa que o préstito propunha era a da sociedade resultante do fim da escravidão, onde os protagonistas da lei e os receptores estão bem marcados.

5. Liberdade em verso e prosa

Logo no início da organização dos festejos, os editores dos jornais pediram para que os literatos da Corte escrevessem poesias especialmente para a ocasião. Os folhetos com as poesias impressas seriam distribuídos em dois momentos: numa matinê literária, que ocorreria num teatro da cidade, e nas ruas da Corte durante os préstitos. Esses versos produzidos por letrados que pretendiam comemorar a Abolição para além de bailes e préstitos permitem entender os sentidos que estavam em construção para o fim da escravidão.[123] As poesias contribuíram com a cristalização de alguns sentidos, para a Abolição, que já vinham aparecendo nos textos publicados nos jornais durante o período das festas.

A matinê literária que ocorreria em prol da Abolição não era novidade para a população da Corte. Os teatros que aderiram ao projeto abolicionista da década de 1880 se tornaram uma das forças do movimento por serem, entre outras coisas, um dos pontos de encontro dos moradores da Corte com os literatos abolicionistas, que promoviam sessões para arrecadar fundos para a compra de alforrias (Magalhães, 1966:129).[124]

A distribuição de poesias também era comum em algumas festividades na Corte. Nas comemorações pela Independência, o público dos teatros recebia

---

123 Atualmente essas poesias fazem parte do acervo do Arquivo Público Mineiro. Um envelope com 29 poesias foi doado em 1896 ao diretor do arquivo, José Pedro Xavier da Veiga, por Joaquim Fróis Vieira Pisco. No envelope, estava escrito: "Coleção completa das poesias distribuídas durante o trajeto da memorável procissão cívica, em homenagem a Lei de 13 de maio, realizada no Rio de Janeiro no dia 20 de maio de 1888. A coleção completa é raríssima". De acordo com Eduardo Silva, elas possivelmente foram recolhidas por um cidadão mineiro anônimo e mais tarde doadas a essa instituição. Não foi possível saber o volume de poesias que foram distribuídas nesses festejos nem se esses folhetos representam a coleção completa a que o autor da nota no envelope se refere (Miranda, 1999:15; Silva, 2007:18).

124 Segundo Magalhães (1966), os teatros da Corte abriram seus espaços para a encenação de peças que tratavam da escravidão, entre elas uma de José Alencar, "A mãe"; de Nabuco de Araújo, "O escravo"; e de Arthur Azevedo, "O liberato". De acordo com Marzano (2008) o Teatro Politheama fez uma sessão de poesias para arrecadar fundos para libertar uma escrava.

folhetos com poesias que mais tarde eram declamadas por seus autores (Kraay, 2007).[125] Nos préstitos carnavalescos, o mesmo ocorria, mas dessa vez muitos dos versos eram abolicionistas e escritos pelos literatos participantes do carnaval das grandes sociedades. Um exemplo desses literatos foi Valentim Magalhães, que em maio de 1888 tomou a frente da comemoração poética da Abolição (Pereira, 2004:125).[126]

Antes mesmo da sessão literária em homenagem aos acontecimentos do 13 de Maio, os jornais da cidade já haviam publicado uma verdadeira avalanche de poesias de autores de diferentes regiões, tipos e origens que ofereciam uma gama de interpretações poéticas para aquele momento. Desde o anúncio da aprovação do projeto da Abolição até os dias seguintes ao final dos festejos, os jornais não passaram um dia sem reproduzir textos que tratavam do futuro sem escravidão ou dos heróis daquele momento. A fim de arrumar e sintetizar essas interpretações, o evento especial produzido e organizado por Valentim Magalhães marcaria, na escrita poética, os sentidos da Abolição.

Esse literato já vinha atuando nas esferas abolicionistas através da sua participação nas festas promovidas pela Confederação Abolicionista e pelas sociedades carnavalescas para libertar os escravos (Marzano, 2008:74-76). Valentim Magalhães, citado por Maria Tereza Chaves de Mello como "o grande animador intelectual da época", viveu as turbulências e os desafios de um grupo de letrados que pretendia viver da pena mas tinha em outras profissões seu sustento (Mello, 2007:120).[127] Os escritos de Magalhães foram publicados nos jornais do Rio de Janeiro e de São Paulo nas duas últimas décadas do século XIX, período em que se envolveu, segundo Brito Broca, com toda sorte de iniciativa de cunho literário (Mello, 2007:109). Em maio de 1888, diante da Abolição, uma comemoração letrada se fazia necessária.[128]

Anúncios foram feitos nos jornais na véspera do evento, realizado no dia 18, chamando o público e o informando sobre a distribuição gratuita dos ingressos

---

125 Nos festejos regenciais pela Independência também havia espetáculos teatrais com recitação e distribuição de poesias (Basile, 2006).

126 Pereira (2004) tratou da atuação dos literatos da Corte como cronistas e participantes da vida social da cidade, principalmente dos festejos carnavalescos, o mesmo ocorrendo para os festejos da Abolição em 1888.

127 Valentim Magalhães era advogado e colaborava com a *Gazeta de Notícias*.

128 O evento ocorreu no teatro Recreio Dramático, que já tinha aberto seu espaço para um festival em homenagem ao Ceará, enquanto os abolicionistas dessa província avançavam na campanha pelo boicote ao tráfico interprovincial (Magalhães Jr., 1966:134).

na portaria de alguns teatros da cidade. Temendo um grande interesse, praças da polícia estariam a postos a fim de evitar qualquer confusão (*Diário de Notícias*, 18 maio 1888). No entanto, não foi registrado nada além de pessoas aglomeradas na porta do teatro e seu interior lotado no dia do evento. Quem não pôde participar dessa matinê assistiu a alguns literatos recitando seus versos das sacadas das redações na rua do Ouvidor. Além disso, os papéis coloridos seriam distribuídos tanto na Ouvidor quanto nos préstitos entre os dias 17 e 20 de maio.[129]

Na matinê do dia 18, estariam presentes, segundo o *Diário de Notícias* (17 maio 1888), Joaquim Nabuco, Luiz Delfino, Afonso Celso Júnior, Aluísio Azevedo, Pereira Franco, Figueiredo Coimbra e Lopes Cardoso. Além das poesias recitadas, haveria também discursos de Joaquim Nabuco, Coelho Netto, Afonso Celso Júnior e Valentim Magalhães. Nos dias dos festejos, os papéis com poesias escritas por Machado de Assis e Arthur Azevedo, entre outros, foram distribuídos pelas ruas da Corte. As poesias foram cuidadosamente impressas em papéis coloridos de 25 cm de altura e 16,5 cm de largura, de modo a chamar a atenção do público e servir como uma espécie de *souvenir* da festa – algo a ser guardado para a posteridade.

As poesias, canais de comunicação entre os literatos e o público, tinham como função criar uma narrativa dos acontecimentos que precederam a assinatura da lei e fixar para seus ouvintes e leitores imagens e sentidos da Abolição e das festas. As temáticas escolhidas por seus autores para explicar o processo abolicionista e seus responsáveis definiram também o que deveria ser esquecido e lembrado daquele dia em diante.

Os teatros também promoveram eventos especiais em homenagem à Abolição. Muitos abriram para a exibição gratuita de espetáculos que já estavam em cartaz. Foi o que aconteceu com os teatros Lucinda, Santana e Recreio Dramático, que distribuíram bilhetes para a noite do dia 18 de maio. No entanto, muitos haviam antecipado as homenagens já no dia da última discussão da lei na Câmara, 10 de maio. Um exemplo disso foi o Teatro Santana, que promoveu uma exibição especial da peça "A cabana do Pai Thomaz",[130] que contou com a presença de literatos e abolicionistas, entre eles Coelho Netto, José do Patrocínio e Luiz

129 Houve distribuição de poesias em homenagem à Abolição em outras partes do país. Para o caso da província de Minas Gerais, ver Miranda (2007).

130 Antes mesmo da assinatura da lei, a encenação da peça e sua boa recepção eram vistas como sinais de adesão ao projeto abolicionista (*Gazeta da Tarde*, 4 maio 1888).

Murat,[131] e de João Alfredo, presidente do Conselho de Ministros (*Diário de Notícias*, 10 maio 1888; *Gazeta de Notícias*, 13 maio 1888).

Mas foi com a proximidade da assinatura da lei que esses espetáculos passaram a ser mais constantes, com forte adesão dos proprietários dos teatros ao programa de festejos promovidos pela comissão da imprensa. Nos dias 19 e 20 de maio, os espetáculos do teatro Recreio Dramático tiveram o valor da entrada reduzido pela metade. Tal atitude apareceu como forma de comemoração extra, não fazendo parte nem sendo subsidiada pela comissão da imprensa, apenas como participação especial desses estabelecimentos nos festejos.

A matinê da Abolição não fugiria às regras das realizadas anteriormente, quando o fim da escravidão era apenas uma causa de luta desses letrados. O diferencial, dessa vez, seria que agora não haveria arrecadação de fundos para comprar alforrias e as entradas seriam liberadas para que todos pudessem participar e comemorar poeticamente a liberdade recém-conquistada.

No dia anterior ao da matinê, os jornais divulgaram as principais atrações: poesias dos irmãos Valentim e Henrique Magalhães,[132] Rodrigo Otávio e Olavo Bilac (*O Paiz*, 17 maio 1888). No dia do evento, a chamada especial publicada no jornal divulgava as leituras das poesias de Lúcio de Mendonça, Aluísio Azevedo e Raimundo Corrêa, além da presença de Joaquim Nabuco, José do Patrocínio e Afonso Celso Júnior, chamados de "gloriosos abolicionistas" (*Diário de Notícias*, 18 maio 1888). As poesias lidas durante a matinê foram, entre outras: "A redentora", de Valentim Magalhães; "13 de Maio", de Henrique Magalhães; "Ao povo", de Rodrigo Otávio, e uma poesia de Luiz Delfino, lida por Henrique Magalhães (*Diário de Notícias*, 19 maio 1888),[133] além de discursos feitos por Joaquim Nabuco, Valentim Magalhães, Afonso Celso Junior, Coelho Netto e outros (*Diário de Notícias*, 17-18 maio 1888).[134]

131 O Teatro São Pedro de Alcântara também teria espetáculo especial para o domingo 13 de maio, em homenagem à Confederação Abolicionista. A *Gazeta da Tarde* (9 maio 1888) destacou o nome da companhia que faria o espetáculo, Guilherme da Silveira, e afirmou que o teatro seria o "ponto de reunião de todos os abolicionistas".

132 Valentim e Henrique Magalhães eram irmãos e possuíram trajetórias distintas. Enquanto Valentim conviveu com literatos que fundaram a Academia Brasileira de Letras, Henrique Magalhães tem uma biografia menos conhecida e de menor ressonância.

133 Apenas essa poesia de Luiz Delfino não consta na coleção de folhetos do Arquivo Público Mineiro.

134 Dessas divulgadas pelo jornal na programação do evento, consta na coleção a poesia de Lúcio de Mendonça, a de Valentim Magalhães e Henrique Magalhães.

Ao relatar o sucesso do evento, as notícias reproduziram a euforia tanto dos participantes da matinê quanto da multidão que "aglomerava-se", "acotovelava-se" na porta do teatro Recreio Dramático; registraram, ainda, a presença de senhoras que ocuparam os camarotes fazendo com que todas as classes sociais estivessem ali representadas. O discurso feito pelo organizador não foi reproduzido na íntegra pelo jornal, que preferiu fazer uma síntese de todo o evento. Segundo o redator do *Diário de Notícias*, Valentim Magalhães afirmou que a escravidão também foi prejudicial para as letras e por isso os letrados também tinham motivos para o regozijo pelo advento da liberdade. Por isso, era justo que dessem pública manifestação de alegria. O orador também lembrou que era necessário destacar outros que trabalharam pela Abolição, como Castro Alves, Fagundes Varela, Luiz Delfino, Gonçalves Dias, Luiz Guimarães, Ezequiel Freire, Narcisa Amadia, Silvestre de Lima, Lucio de Mendonça, Alencar, Macedo e Bernardo Guimarães. Segundo o autor da nota, ao falar cada um desses nomes, Magalhães foi interrompido com salvas de palmas (*Diário de Notícias*, 19 maio 1888).

Esse momento de comemoração é o de retomada e de rememoração de todo um passado literário do país e sua ligação com as críticas à escravidão. Muitos dos que foram lembrados pelo orador e ovacionados pelo público não tiveram em suas obras claras referências favoráveis à Abolição. No entanto, o momento de festa requisitava, como sinal de patriotismo, a presença daqueles que compunham a tradição literária do país que deveria ser oposta à escravidão. Desses literatos citados, apenas a poesia de Castro Alves, "Navio negreiro", foi lida ao final do espetáculo.

Além do momento vivido no teatro, os literatos teriam nas ruas a oportunidade de serem ovacionados pelo público que as ocupava. As poesias de Arthur Azevedo, Pedro Malasarte, Adelina Lopes, Oscar Pederneiras e Guilherme Briggs[135] foram distribuídas, no dia 17, das redações dos jornais na rua do Ouvidor, e, na noite seguinte, foi a vez dos versos de Machado de Assis, Rodrigo Otávio, Valentim Magalhães e Soares Sousa Júnior chegarem ao público (*Diário de Notícias*, 18 maio 1888). Apesar de o jornal não informar o título dessas poesias, é possível fazer um cruzamento entre as informações dos jornais e os folhetos. Na coleção, há duas poesias de Arthur Azevedo: "À princesa" e "Ao imperador"; uma de Pedro Malasarte, "Fanfreluches", que fazia parte de uma seção de poesias do

135 Apenas a poesia de Guilherme Briggs não consta na coleção do Arquivo Público Mineiro.

jornal *Gazeta de Notícias* assinada por ele;[136] duas de Adelina Lopes,[137] "O mar" e "Ao Sol",[138] e duas de Oscar Pederneiras, "À pátria livre" e "13 de Maio". Há ainda uma poesia de Machado de Assis, igualmente intitulada "13 de Maio", e duas de Soares Sousa Júnior, "Ao glorioso 13 de maio" e "Ontem, hoje e amanhã" (Venâncio, 2007). Diante disso, é possível crer que foram essas as poesias distribuídas pelas ruas, como citado na nota do jornal. No entanto, há ainda nessa coleção outras poesias. Uma delas, "Depois da noite", de Osório Duque-Estrada,[139] foi citada pela *Revista Tipográfica* como tendo sido lida durante o cortejo dos funcionários da tipografia do jornal *O Paiz*, que pararam em frente à sede dessa revista. Nesse momento, uma menina chamada Luiza Couto teria recitado essa poesia. Na nota da revista não há o autor da poesia nem seu título, mas são os mesmos versos que estão num papel amarelo na referida coleção e com a anotação "recitada pela menina Luiza Couto" (*Revista Tipográfica*, 26 maio 1888).[140]

Durante o préstito da imprensa, os três carros do *Diário de Notícias* distribuíram as poesias "A escrava", "Ao Sol", "*Ave libertas*" e "13 de Maio", havendo quatro poesias com esse título na coleção (*Diário de Notícias*, 22-23 maio 1888). Apenas as poesias "Até que enfim" e "José do Patrocínio", igualmente distribuídas pelos carros do jornal, não pertencem à coleção. As outras 14 poesias que constam no acervo do Arquivo Público Mineiro não receberam referências semelhantes em nenhum outro periódico. Elas foram escritas por Mario Pederneiras, irmão de Oscar Pederneiras;[141] baronesa de Mamanguape (Carmem Freire), que morreu

---

136 Essa mesma poesia foi publicada no jornal *Gazeta de Notícias* no dia 15 de maio de 1888. Esse era o título único dessa seção.

137 Adelina Almeida, irmã da escritora Júlia Lopes de Almeida, foi contista, teatróloga e professora da segunda cadeira de meninas na freguesia do Espírito Santo e publicou livros de poesias e poemas (Blake, 1970).

138 Essa poesia consta em nota do *Diário de Notícias* como tendo sido distribuída durante o cortejo da imprensa. As poesias de Adelina Lopes foram distribuídas durante um festival abolicionista promovido pelas escolas públicas da Corte em junho de 1888. O material produzido na ocasião foi publicado num livro, assim como as poesias distribuídas. *A festa das crianças*. Comemoração da lei de 13 de maio que aboliu a escravidão no Brasil (Imprensa Nacional, 1888).

139 Joaquim Osório Duque-Estrada foi autor da letra do Hino Nacional Brasileiro, escrita em 1909 e oficializada como hino em 1922 nas vésperas do centenário da Independência. Duque-Estrada também é autor do livro *Abolição: um esboço histórico*, de 1918.

140 A revista transcreveu a poesia e por isso é possível afirmar ser dele.

141 Oscar e Mário Pederneiras foram poetas com grande destaque no período, e para a posteridade deixaram poesias, peças de teatro e outras produções literárias. Mário Pederneiras foi representante do simbolismo no Rio de Janeiro e exerceu influência sobre o grupo de poetas pós-simbolistas dentro do movimento modernista (Carpeaux, s.d.).

aos 36 anos de idade e teve publicado um livro póstumo de versos; B. Lopes;[142] Gastão Briggs, que atuou no funcionalismo e publicou um livro sobre a prosódia francesa; A. Cardoso de Meneses, poeta, músico, teatrólogo e jornalista com atuação no jornal *Gazeta de Notícias*. Além daqueles com biografia desconhecida: B. de M. (nem ao menos o nome verdadeiro é conhecido), Guil Mar (Guilherme Martins), A. Peres Junior, Oliveira e Silva, Virgílio Gentil, Bernardino Queirós e Pedro Malasarte, pseudônimo de um poeta desconhecido.

As poesias aparecem nesse contexto festivo como fruto da relação desses poetas com a sociedade escravista, com a campanha abolicionista e com o resultado da Abolição no 13 de Maio. Alguns literatos que escreveram poesias, mais tarde ou durante aqueles dias de festa, produziram crônicas alimentando a memória da Abolição e marcando o sentido liberal que aquele ato político representava. Poesias e crônicas fizeram parte do mesmo processo de construção de uma memória unívoca da festa, empreendida pelos homens das letras desde a organização dos festejos até a reprodução desses sentidos em forma escrita.

As crônicas publicadas nos grandes jornais na semana da assinatura da lei privilegiaram a festa como assunto principal. Seus autores trataram de representar na escrita aquilo que viveram no cotidiano das comemorações. Já as poesias possuem uma dinâmica diferente. Menos ligadas ao vivido, à referencialidade, elas aparecem como um meio de expressar o que seria a essência da comemoração. Quem ouviu seus autores recitando das sacadas das redações ou compareceu à matinê literária pôde perceber que esses poetas pretendiam usar seus versos como meio de definir um sentido para a Abolição.

"Ao Imperador"
Toda a corte do céu está contente,
Batendo palmas, entoando bravos,
Quando, subindo ao trono refulgente,
Tu disseres ao Deus Onipotente:
"Na minha terra não há mais escravos"
Arthur Azevedo

142 Um dos pioneiros do simbolismo no Brasil, B. Lopes teve uma vida tumultuada que prejudicou sua produção poética. Segundo Carpeaux (s.d.), Bernardino Lopes foi um parnasiano de "múltiplos recursos poéticos". Os modernistas inspirados no simbolismo procuraram reabilitá-lo, como Andrade Murici, que organizou suas obras.

O autor dessa poesia foi um dos tesoureiros da comissão da imprensa para os festejos e, da mesma forma que muitos letrados, também em 1888 não conseguia viver apenas da pena.[143] Desde o início da campanha abolicionista nos teatros, Arthur Azevedo participou de festividades que tinham como intuito recolher fundos para a compra de alforrias (Magalhães Jr., 1966:135). Diante de tamanho engajamento, nada mais natural do que começar a ler suas poesias escritas ao fim de todo esse longo processo. Sua interpretação acerca dos agentes daquela Abolição que se comemorava de forma exaustiva apareceu em duas poesias. Em ambas, se arrisca a tratar dos papéis exercidos pelo imperador e pela princesa para o fim da escravidão.

Nessa curta poesia, a Corte do céu foi ligada à Corte do Brasil. Dado o frágil estado de saúde de d. Pedro II, o poeta aproveitou para sugerir um diálogo deste com Deus, com o primeiro dando ao segundo a notícia tão esperada. Com a leveza que era habitual em seus escritos, Arthur Azevedo fazia desses versos um meio de dissociar a monarquia da escravidão. Escritos como forma de saudação ao imperador, esses versos pareciam querer apagar sua responsabilidade pela longa presença da escravidão em terras brasileiras. Por mais que o Estado imperial, sob o domínio de Pedro II, tivesse sido construído sobre o trabalho escravo, seu fim aparecia para o autor como simples questão moral, dissociada de qualquer interesse. A metáfora religiosa mostrava, ainda, a importância de se combater esse mal, cuja sobrevivência atentaria contra a própria doutrina cristã. Escrita no momento do desmonte da hegemonia escravista e do questionamento sobre as contradições do Estado liberal escravista (Salles, 1996:140), a poesia apagava, assim, a história desses conflitos, fazendo crer ser a lei recém-promulgada uma simples questão de justiça. A escravidão acabava naturalmente, quase da mesma forma como existiu. Na poesia em homenagem à princesa regente, Arthur Azevedo seguiu a mesma linha.

143 Durante toda a vida, Arthur Azevedo conciliou jornalismo, literatura, teatro e funcionalismo público. Azevedo chegou do Maranhão em 1875 e, um mês antes de sua morte, foi promovido ao cargo de Machado de Assis, recém-falecido, no Departamento de Agricultura. A respeito da trajetória de vida desse literato, ver Siciliano (2014), especialmente o capítulo "Arthur Azevedo e o campo literário e intelectual". Na ocasião da Abolição, fez uma poesia a Rodrigo Silva, responsável pela apresentação do projeto da Abolição na Câmara e seu chefe no Departamento de Agricultura. Essa poesia será discutida na segunda parte deste livro (*Diário de Notícias*, 16 maio 1888).

"À Princesa"
[...] tens visto que a sociedade
até hoje distinguia
a cor do preto, sombria.
Da branca, de seu senhor...
Princesa toda bondade,
Exemplo dos soberanos,
Vê que os corações humanos
Têm todos a mesma cor.

As referências feitas à regente e à distinção da sociedade entre as cores negra e branca servem para o elogio maior à princesa, que não fazia essa distinção e percebia que os corações tinham a mesma cor. Ou seja, nas poesias de Arthur Azevedo, os responsáveis pela Abolição são o imperador e a princesa, representados como visionários que atentaram para a necessidade da igualdade entre todos. Ao reduzir o debate sobre o fim da escravidão a uma questão moral e natural, Azevedo faz dos membros da família real os representantes maiores da virtude que viria a suplantá-la – vendo assim a festa em questão como uma oportunidade de expressar gratidão àqueles que teriam de fato acabado com essa situação indigna.[144] A diferença que ainda existia antes da Abolição era feita pelos outros, e não pela princesa. Esses outros o poeta não cita, assim como não cita os responsáveis pela manutenção da escravidão.

A data e a lei da Abolição foram fartamente exploradas pelos poetas que, sob o título "13 de maio", escreveram poesias, distribuíram ao povo nas ruas e publicaram nos jornais da Corte. A saudação à nova lei feita nessas poesias explicitava, também, o sentido da mudança dela decorrente. É o que mostrava a poesia "13 de maio" de Cardoso de Menezes:

Conta a Lenda dos apóstolos
Que, expirando n'uma Cruz
Levantada sobre a golgotha[145]
O Nazareno Jesus,

---

144 Arthur Azevedo não estava, claro, sozinho nesse tipo de saudação. A princesa regente foi tema ainda de outras três poesias: Guimarães Passos a tratou como heroína; Oscar Pederneiras louvou a "rainha" e destacou a firmeza do trono entre bênçãos e flores diante da liberdade; Afonso Celso Júnior, em "A. S. A. I. Regente", homenageou a princesa e não a Abolição.

145 Golgotha: calvário.

O sepultaram discípulos
Das doutrinas que pregou.
E, depois, no dia crástino,[146]
O Morto ressuscitou.

Pois, também, na Lenda Brázila,
Morre o Cristo – Escravidão.
E do corpo seu exânime[147]
Surge – o novo cidadão.

A referência religiosa é utilizada pelo poeta para sacralizar o fim da escravidão e tê-la como um sacrifício. Da mesma forma que existiu um calvário e a morte na cruz para a existência da ressurreição, o que fez com que surgisse uma nova doutrina religiosa, o cristianismo, para o Brasil o sacrifício da morte, o da escravidão, fez surgir um novo elemento da sociedade, o novo cidadão. O poeta não pretendia explorar os responsáveis pelo regime escravista. Entretanto, mais uma vez, numa poesia, a escravidão é naturalizada, e a Abolição, tratada como sacrifício, morte de algo que por tanto tempo sobreviveu. Assim como os discípulos de Cristo o levaram para o calvário, com a escravidão algo semelhante aconteceu.

As analogias religiosas na festa da Abolição foram constantes, com referências aos elementos de ligação, união e sacrifício, típicos do cristianismo e do catolicismo. O motivo disso talvez tenha sido a necessidade de adotar uma linguagem compreensível para a sociedade do Império, mas também uma forma de satisfazer a princesa católica, responsável pela assinatura da lei.[148] No entanto, é necessário frisar que o poeta toca num ponto sensível do resultado do fim da escravidão: o surgimento de um novo cidadão. O 13 de Maio é o marco desse surgimento, e por isso não foi à toa que outro literato, também sob o mesmo título, destacou a união dos brasileiros e uma igualdade até então inexistente, tendo no trabalho sua base.

146 Crástino: no dia seguinte.
147 Exânime: desmaiado, parecendo estar morto.
148 A respeito do catolicismo quase fanático da princesa, ver Daibert (2004).

Figura 34
Machado de Assis, "13 de maio", 1888

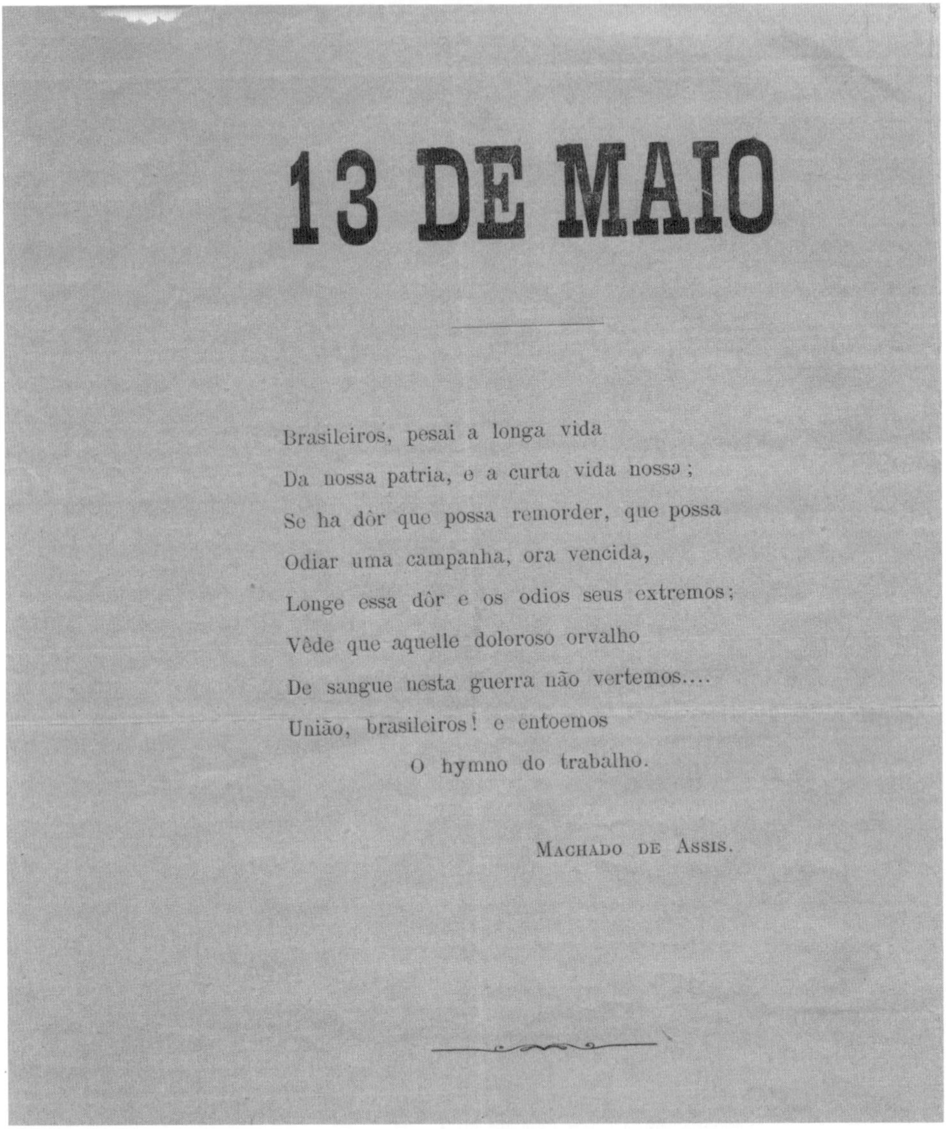

13 DE MAIO

Brasileiros, pesai a longa vida
Da nossa patria, e a curta vida nossa;
Se ha dôr que possa remorder, que possa
Odiar uma campanha, ora vencida,
Longe essa dôr e os odios seus extremos;
Vêde que aquelle doloroso orvalho
De sangue nesta guerra não vertemos....
União, brasileiros! e entoemos
O hymno do trabalho.

MACHADO DE ASSIS.

Fonte: Arquivo Público Mineiro.

Machado de Assis começou com uma referência a todos os brasileiros – incluindo diretamente na definição aqueles que, até a véspera, estariam longe de qualquer veleidade de cidadania. Como não havia mais a divisão entre escravos e senhores, todos agora deviam estar juntos na tarefa de construir o futuro da nação por meio do trabalho. O 13 de Maio é, assim, saudado por Machado de Assis como o marco do início dessa união, que configurava verdadeiramente a nação. Novamente aparecem as referências citadas durante os dias de festa nos jornais da Corte, e até de outras províncias, de que o trabalho deveria ser o destino dessa população libertada pela lei. O discurso da imprensa para narrar os préstitos das crianças, por exemplo, no qual a utilidade da lei é vinculada ao trabalho, é reforçado nessa poesia de Machado de Assis, que também frequentava o ambiente das redações de onde saíram os relatos das festas.

O futuro do trabalho, preocupação entre aqueles que apoiavam o fim da escravidão baseado na continuidade de uma ordem, apareceu como resultado final na poesia "Ontem, hoje e amanhã", de Soares Souza Júnior:

> O ergástulo, a miséria, a infâmia tenebrosa,
> O tronco imundo e vil, a noite pavorosa,
> A tétrica senzala, os gritos do senhor,
> E o látego vibrante e prompto do feitor!
> Torturas de hora a hora, a angústia flagelante,
> E nem uma esperança!... A treva! O horror cruciante!
> A carne retalhada às vibrações do açoite.
> Que conte a história negra, a história d'essa noite
> Erma, triste, sem fim, sem risos, sem aurora,
> Cárcere de uma dor que eternamente chora!
>
> Súbito irrompe a luz, e tanta, e tanta luz,
> Que em chamas vai cantar nos braços d'essa cruz
> Onde em anciãs [*sic*] gemia a raça escravizada,
> As divinas canções de intérmina alvorada!
> Sucede ao pranto o riso; à fúnebre agonia
> As doidas explosões de lúcida alegria!
> O Lázaro ressurge! É findo o sofrimento!
> Três séculos de dor resgatam-se em um momento!
>
> Amanhã! Amanhã! A paz e o santo amor,
> Que dão irradiações às festas do labor!
> Em vez do vil chicote, a febre do trabalho

Movimentando a enxada e impulsionando o malho!
Eis o milagre feito! A túnica de Nesso,
Rota, por terra jaz! Sant'elmo do progresso,
O sol da liberdade esplende em céu de anil,
À Glória conduzindo o pátrio meu Brazil!

Eis em synthese feita a esplendida Odysséa!
Eis toda história, enfim, que relampeja à ideia,
Na frase que traduz a aurora mais louçã:
Hontem, hoje, amanhã!

O poeta oferece aos seus leitores uma síntese do passado escravo e do seu horror e, subitamente, como a entrada de uma luz, o fim de todo esse sofrimento. A realidade a partir de então seria de trabalho, e por isso a "festa do labor!": "em vez do vil chicote, a febre do trabalho movimentando a enxada e impulsionando o malho". Os séculos de escravidão, sintetizados por Soares Souza Júnior em dois parágrafos, acabaram a partir de um momento único. Nessa poesia, a mensagem que se pretendia passar aos leitores era da crueldade da escravidão e o sofrimento do escravo, que aparece como um sujeito passivo e sem resistência. No entanto, de forma súbita, como um raio de luz, os sofrimentos acabaram. Sendo assim, o trabalho deveria ser o único alvo desses antigos sofredores. O pensamento unívoco dos festejos pela Abolição e o próprio significado da lei tiveram sua trajetória narrada pelo poeta.

O passado de horror descrito na poesia e que teria terminado no 13 de Maio, título da obra de Henrique Magalhães, tem, no seu oponente – o futuro –, o progresso.

Inda há pouco as canções doloridas e estranhas
Dos escravos, sangrando o coração da terra,
Iam morrer, além no cimo das montanhas,
Com a voz de um soldado a agonizar na guerra!

[...] Ainda ontem pela escravidão opresso,
Pode ir, – livre, afinal, d'esse imenso desdouro, –
Às conquistas do Bem, ao futuro, ao progresso,
Pela arcada triunfal do século vindouro!

Outra vez, uma menção ao passado de sofrimento e ao futuro sem ele, o que permitiria tirar o escravizado de uma situação atrasada, para que entrasse finalmente no mundo moderno e civilizado da sociedade liberal, do progresso. A liberdade mostra-se como uma concessão bondosa aos que, com esse ato de generosidade, veriam abertas à sua frente as portas do futuro.

As luzes, objeto de decoração da festa, apareceram nas poesias como agentes da liberdade. A associação entre luz e liberdade foi feita por Oscar Pederneiras, em "À pátria livre", e por A. Peres Junior, em "*Ave libertas* – 13 de maio de 1888". Esse último fez a relação *sol* e *noite, liberdade* e *escravidão*. Imagens como essas ajudavam, desse modo, a caracterizar uma compreensão da Abolição que fazia dela o triunfo da razão, esquecendo deliberadamente a lógica que por séculos havia marcado esse regime de trabalho em terras brasileiras. Essa lógica de horror apareceu nas poesias como algo vivido pelo escravo, e não pela sociedade.

> Sofria o vasto Império, descontente,
> O jugo inquisidor do cativeiro,
> E com pezar continuo e verdadeiro
> Chorava a triste sorte em tom plangente.
>
> [...] mas hoje a escravidão é um corpo exangue...
> E o que nações tem feito pelo sangue
> Faz o Brasil disseminando rosas.[149]

Nessa poesia de Gastão Briggs, "Salve", o horror do período da escravidão mais uma vez aparece, mas é redimido diante da forma como acabou, com rosas ao invés do derramamento de sangue ocorrido em outros países – em alusão velada ao caso americano. A mudança teria se dado, assim, de forma natural, como se fosse inevitável.

Quando olham para a festa na qual eram distribuídos seus versos, esses escritores tratam de atribuir a ela um sentido muito ligado à compreensão mais geral que formulavam sobre a Abolição. É o que se nota na poesia "Em razão da mesma", de B. Lopes:

---

149 Gastão Briggs, *Salve*, 1888.

[...] Há na cidade grande entusiasmo
Como ainda não houve;
Zé-povinho engomado fica pasmo
De ver luzes metidas em cartucho... [...]

Como em outros casos, aparece novamente nesses versos a imagem das luzes, como a singularizar o novo tempo que se iniciava. Nesse caso, no entanto, tais luzes são remetidas ao contexto da própria festa de celebração do fim da escravidão. Nas festas, elas serviam para deslumbrar o "Zé Povinho", passivo e assombrado ante sua força. Se o trecho remete ao uso da luz elétrica nos festejos, fica evidente a tentativa do poeta em relacionar tal assombro do público com as luzes à reação dos ex-escravizados diante da própria liberdade. O entusiasmo pela festa seria, para B. Lopes, daqueles que assistiam "pasmos" a dádiva da luz que lhes tinha sido entregue.

No entanto, a Abolição tinha seus agentes e heróis, que não eram os escravos. Se Arthur Azevedo destacou a família imperial, assim como fizeram outros literatos, houve também quem fizesse referência a heróis do passado e do presente. Foi em "Os dois heróis" que Oliveira e Silva fez uma relação direta entre a trajetória de José do Patrocínio e a de Tiradentes, na qual uma complementaria a outra.

Dos tempos através dois vultos altaneiros,
Imensos, colossais, nos fastos brasileiros.

Irmãos na mesma ideia, apóstolos iguais,
Pilotos do porvir, domando os temporais,

Completam-se hoje quando o povo é outro e a vida
De súbito surgiu na pátria entorpecida.
Lutaram muito e a luta a um deles esmagou
E o sangue do martírio a pátria maculou!
É desse sangue augusto, herança do passado
Com a lágrima do escravo aos poucos fecundado,
Que veio esse outro herói, ardente a pelejar
Batendo a escravidão dos pósteros de Agar.

De um lado a infâmia, o horror, as sombras da epopeia!
E do outro a pátria e o bem, o poema de uma ideia!

Sem tréguas o combate! O herói venceu então!
Usando uma arma só, o imenso coração!

E assim da liberdade o santo tirocínio
A Tiradentes fez igual a Patrocínio!

As batalhas de ambos são comparadas e parecem iguais. No entanto, o poeta reconhece que há uma diferença entre o povo que presenciou a luta do primeiro, Tiradentes, e aquele que presenciou a Abolição. Tiradentes sucumbiu à luta, e seu sangue, misturado às lágrimas do escravo, fez surgir Patrocínio, um herói mais contemporâneo que combateu a escravidão e venceu a luta. O sacrifício de Tiradentes é comparado ao de Patrocínio, que se sacrificara pelos escravos que só possuíam lágrimas, sem ação. Mas, com a atitude do abolicionista, a "pátria entorpecida" teria se movido, fazendo surgir verdadeiramente seu povo, distinto daquele dos tempos coloniais de Tiradentes. Oliveira e Silva se remete aos tempos da colônia e a Tiradentes, que participou de uma luta muito particular e distante daquela de 1888. No entanto, nos tempos da Abolição, ele apareceu como um dos batalhadores de uma época da história do Brasil que teria inspirado a luta de José do Patrocínio.[150]

Mais do que glorificar uma época ou destacar heróis responsáveis pela Abolição, essas poesias, em seu conjunto, ofereceram uma interpretação sobre o sentido das festas que estavam em curso. Se esses literatos, de acordo com suas simpatias políticas, podiam se dividir na caracterização de seus heróis – que iam da família real aos heróis do movimento republicano –, todos eram unânimes em ver na festa um espaço para celebrar uma liberdade vista como dádiva. As poesias dão sentido ao momento da festa, e seus autores investiram num projeto para dar unicidade aos significados da Abolição.

---

150 Alguns anos depois, o inconfidente Tiradentes teria sua memória reconstruída a fim de se tornar o herói nacional republicano (Carvalho, 1990).

6. Uma imprensa fluminense unificada

Os festejos pela Abolição se encerraram no dia 20 de maio com o préstito da imprensa, restando para o dia seguinte a publicação de um importante jornal: o *Imprensa Fluminense*, produzido pelos membros da comissão organizadora e que era uma espécie de *souvenir* da festa, tendo a finalidade de reunir textos comemorativos de todos os jornais que compunham a comissão.[151] Esse jornal comemorativo seria vendido na Corte e em outras regiões.

Como acontece com todo *souvenir*, era necessário deixar registradas as lembranças daquele momento único e festivo. Produzir um jornal em que, mais uma vez, a Abolição seria o tema principal (até aquele dia não se tratava de outra coisa nas folhas da Corte) mostrava a unidade da imprensa para a construção de uma memória da Abolição. O *Imprensa Fluminense*, juntamente com as poesias nos papéis coloridos, serviu como ingrediente para a elaboração de uma memória da festa, dos seus personagens e fatos. Essa folha foi o último suspiro dado pelos exaustivos organizadores dos festejos da Abolição.

Na definição das tarefas entre os responsáveis pela comissão dos festejos, a organização do jornal ficou sob a responsabilidade de Henrique Chaves, dr. Pederneiras, dr. Rego Macedo, dr. Ribeiro de Freitas, Coelho Netto e Arthur Azevedo, e teria como auxiliares Ernesto Senna, Alfredo Gonçalves e Theotônio Regadas (*Diário de Notícias*, 16 maio 1888). Essa comissão decidiu pelo valor de 100 Rs para o jornal vendido na Corte e, para outras regiões, 200 Rs, venda que deveria ser feita a partir de 10 exemplares. O valor dessa edição especial excedia o dos jornais comuns, e o mesmo ocorria com a tiragem, que foi de 300 mil exemplares.[152] Ou seja, a ideia principal dos organizadores desse jornal especial

151 Por ser o único jornal a ser publicado na Corte, facilitou a presença dos trabalhadores de outros periódicos nos festejos do dia anterior.

152 *Gazeta de Notícias*, *Diário de Notícias*, *Cidade do Rio* e *Gazeta Nacional* eram vendidos por 40Rs em maio de 1888. A tiragem variava: foi, por exemplo, de 24 mil para *Gazeta de Notícias*, 22 mil para *Diário de Notícias* e 25 mil para *O Paiz*, naquele mês.

era suprir a necessidade dos leitores por notícias sobre as festas da Abolição em um único periódico, mesmo que eles tivessem que desembolsar um valor acima do normal.

No dia 21, o jornal que os leitores da Corte compraram tinha textos nas duas primeiras páginas assinados pelos redatores da *Gazeta de Notícias*, do *Diário de Notícias*, do *Jornal do Commercio*, da *Cidade do Rio* e da *Gazeta da Tarde* feitos especialmente para essa edição. As duas páginas seguintes foram ocupadas por anúncios de diferentes tipos: leilões, médicos, remédios, bancos, instrumentos musicais, loterias, lojas comerciais, entre outros.

O conteúdo dos textos publicados no *Imprensa Fluminense* é semelhante àquele dos dias seguintes à aprovação da lei, quando os redatores dos periódicos da Corte indicaram, antes das festas, o que deveria ser comemorado. Agora, após as comemorações, eles sintetizavam o que deveria ficar marcado na memória dos seus leitores e daqueles que viveram as festas da Abolição, tendo nesse jornal seu arcabouço escrito.

O jornal foi elaborado de forma cuidadosa tanto na escolha dos textos quanto no uso das ilustrações. O topo da primeira página marcava o local e o motivo daquela publicação.

Figura 35
***Imprensa Fluminense*, 21 maio 1888**

A primeira página iniciava com um texto a respeito do motivo daquela publicação e seus responsáveis: "No 67º ano da independência do Brasil e do Império, comandado pelo Imperador D. Pedro II e que na representação da S. A. I. a Srª D. Isabel Condessa D'Eu à nação brasileira [...] extinta a escravidão no Brazil". Em seguida, aparecem os artigos da lei e a exigência de seu cumprimento em todas as províncias. Os dois artigos são expostos logo de início e marcam a forma da Abolição: através da lei. Entretanto, apesar de a escravidão ter sido, nas suas últimas décadas, mediada por leis que garantiram sua redução – seja pela abrangência dos espaços de negociação ou pela libertação de alguns grupos de escravos, como os sexagenários –, o que era reforçado nesse exemplar festivo era a ação da última lei, que não indicava outro caminho a não ser o do fim da escravidão.

Por outro lado, a figura feminina que apareceu como ilustração ao lado da lei marca também a ação da princesa nesse processo. Por mais que a imagem destaque uma ideia de ação e batalha para a conquista do 13 de Maio de 1888, através da mensagem escrita no papel segurado pela mulher juntamente com a bandeira, a figura de uma mulher fica reforçada. Além disso, o feminino lembra a própria imprensa que, nessa interpretação, teria tido um papel fundamental na execução da lei, verdadeira batalha vivida nas folhas dos jornais que compunham agora a comissão que organizara aquela folha especial. Logo, a primeira metade do jornal marca a ação do Império para o fim da escravidão e a figura feminina da princesa e da imprensa. Essas marcas apareceriam novamente nos demais textos da publicação.

A abertura da edição foi assinada pelo responsável pelo *Jornal do Commercio*, sem a identificação nominal, datada do dia 20 de maio de 1888.[153] O 13 de Maio de 1888 era, para o autor, "uma das datas mais gloriosas da história da humanidade". O segundo parágrafo demonstra a síntese do processo da Abolição e dos dias de festa:

> Um só pensamento congrega nesse ponto todos quantos na capital do Império traduzem, ordinariamente por vários modos, a opinião nacional: uma só vontade os guia nesse movimento sintético; uma voz, composta de cem vozes, um brado, que nasce espontâneo em todos os corações, que irrompe ao mesmo tempo de todos os lábios,

153 Segundo Cícero Sandroni (2007:242), esse artigo foi escrito por Souza Ferreira, na ocasião chefe da redação do *Jornal do Commercio*, cargo assumido após a morte de Luiz de Castro, dias antes da Abolição. O *Imprensa Fluminense* foi impresso nas oficinas do *Jornal do Commercio*.

> saúda, harmônico, o bom, o generoso, o nobre povo brasileiro, que, extinguindo a escravidão no meio de sorrisos, de flores e de bênçãos, paga em um dia a dívida de três séculos [*Jornal do Commercio*, 20 maio 1888].

Essa é a síntese dos sentidos da Abolição para aquela comemoração orquestrada pela imprensa fluminense. A harmonia, a pacificidade do processo, o consenso, todos os sentimentos que dão sentido a uma ideia de negociação, sem conflito ou disputa. Além disso, todos estavam irmanados com o final da escravidão, que foi redimida, apesar dos três séculos de existência, conforme bem ressaltou o autor, em apenas um dia. Por isso, o 13 de Maio é o dia da glória; é o responsável pela redenção. Se antes das comemorações os jornais já reafirmavam essa atmosfera quase natural a respeito da permanência do sistema escravista durante tanto tempo, agora, ao final delas, e num texto assinado logo após todas as manifestações do público a favor da Abolição, esse mesmo ar se repetia. O motivo da permanência da escravidão não foi tocado nesse texto nem nos demais anteriores à festa. Se a escravidão existiu durante tanto tempo de forma silenciosa, seu fim, de acordo com o autor do texto, veio em forma de brado, grito que saiu do coração de todos. O grito é único, igual e unânime. E a imprensa fazia parte dessa unanimidade, uma vez que se uniu num jornal chamado pelo autor de "neutro", exemplificando a união que acontecia entre "todos os partidos políticos", "todas as crenças" e "todos os homens" a fim de glorificar o país livre. Por fim, a Abolição, lembrada pelo autor, se ligara à imprensa, uma vez que foi assinada no aniversário de 80 anos da sua criação por d. João VI.

O texto de abertura do jornal mostrava aos seus leitores, no campo da escrita, o que eles haviam vivido nas festas, entre poesias, préstitos e eventos esportivos. Logo em seguida, outro texto tratou dos heróis e personagens do processo abolicionista. O mais ovacionado durante os dias dos festejos foi o primeiro a ser mencionado nessa publicação especial: José do Patrocínio.

Na seção "Crônica da semana", oferecida pela *Gazeta de Notícias*, o destaque é para a glória em vida recebida por José do Patrocínio.

> A semana foi apenas isto: José do Patrocínio.
>
> Por todas as ruas da capital, desde as 8 horas da manhã até as mais adiantadas horas da noite, milhares de bocas pronunciavam entusiasticamente este nome, elevando-o muito alto, à justa altura a que o conduziu o seu próprio esforço.

Seu nome, ovacionado por todos, parecia fazer crer aos leitores que apenas a ação de Patrocínio foi suficiente para o desfecho harmônico que se comemorava. No entanto, tal participação não veio sozinha e coexistiu com a contrariedade daqueles que não viam tanta vantagem com o fim da escravidão. Segundo o cronista, a batalha de Patrocínio havia gerado ameaças e desejos de vingança por parte dos senhores de escravos. Sua vida correu perigo, já que sua pele era o desejo de fazendeiros de Campinas, por exemplo, segundo o autor. Após o fim da escravidão e, consequentemente, com a vitória da luta empreendida por Patrocínio, o autor questiona: "Como premiar o primeiro operário do século, pelas extraordinárias proporções do edifício que acaba de levantar?".

A proposta era abrir uma subscrição para a construção ou aquisição de um patrimônio para Patrocínio, e toda a imprensa abolicionista deveria contribuir. O quase mártir da Abolição merecia algo além dos clamores populares. E, como todo operário, deveria ser remunerado por seu glorioso trabalho.

A rua do Ouvidor, ambiente dos festejos pela Abolição, foi o destaque do texto de mesmo nome que veio logo em seguida ao da crônica. Se antes esse ambiente havia sido alvo dos cronistas dos jornais, que enfatizaram a participação de todos na festa, dessa vez a ação das mulheres para o desfecho abolicionista era o alvo das abordagens sobre essa rua. O autor do texto publicado no *Diário de Notícias* destacou que poucas mulheres haviam maltratado os "pobres humildes" e a maioria fez muito pela "raça que padeceu três séculos". No lar da "mulher brasileira" brincavam o filho da senhora e o da escrava. Por todas essas qualidades existentes na figura feminina, só poderia ser a partir de uma mulher, a princesa, o "grito de perdão de uma raça inteira". Até então pouco se tinha tratado a respeito do papel delas no processo abolicionista.[154] Nos textos que trataram dos festejos, as senhoras presentes nesses eventos apareceram mais como espectadoras e festeiras do que como participantes ativas do movimento que teria ido à rua para comemorar uma causa própria. No entanto, a participação das mulheres para a própria constituição dos significados da Abolição apareceu durante os dias de festa, uma vez que pelo menos duas delas escreveram poesias que compartilhavam os sentidos da liberdade tão divulgados naqueles dias pela ala masculina de poetas da Corte.[155] Além disso, nas fotos de Antônio Luiz Ferreira,

154 A respeito de uma discussão mais profunda sobre feminismo e abolicionismo, ver Cowling (2010).

155 Chiquinha Gonzaga também foi uma dessas mulheres que lutaram pela Abolição ao lado dos grandes nomes masculinos do abolicionismo da década de 1880 (Diniz, 2009).

as mulheres aparecem em destaque na rua do Ouvidor. O texto do *Imprensa Fluminense* pretende inserir entre os abolicionistas festeiros as mulheres, associando a imagem feminina a momentos antiescravistas e de bondade. Um pouco dessa ideia serviu para alimentar ainda mais o culto sobre aquela que assinou a lei, a princesa regente, além de inserir as mulheres no âmbito dos responsáveis pela Abolição. Essa versão reforçava a imagem passiva dos escravos na sua própria libertação, que seria fruto da dádiva de políticos, jornalistas ou de outras almas femininas caridosas.

Na crônica "Macaquinhos no sótão", o diretor da *Gazeta de Notícias*, Ferreira de Araújo, usava seu conhecido pseudônimo "José Telha" para tratar com ironia do suposto exagero que enxergara na festa. Em oito dias, ele não fizera mais nada, pois acordava já pensando nos vivas a Patrocínio. No banho, dava vivas a Nabuco. Ao tomar o café, ao almoçar, enfim, ao longo de todo o dia, ficaria assim sempre em meio a um berreiro e uma barulheira de vivas e mais vivas, a maior parte deles dirigidos à princesa regente. Contradizendo aqueles que afirmavam que a Abolição causaria desordens, dizia que ela gerara apenas festas, festas e mais festas, tanto na cidade quanto na roça. Segundo o autor, os ex-escravos deram vivas no domingo, dia 13, e na segunda já voltaram a trabalhar. O autor mostra nessa crônica que as celebrações não eram para todos, mas apenas para alguns que poderiam dar todos os dias vivas à Abolição, já que os demais, ex-escravos e até outros trabalhadores livres da Corte, tiveram de trabalhar durante os dias de festa. Esses dias parecem ter sido exaustivos para aqueles que viveram a escravidão dos vivas.

Na folha, era possível notar a variedade de perspectivas políticas existente no seio da imprensa carioca e nas festas. No texto "Movimento político", o aparecimento de gritos de "Viva a República!" em meio aos festejos era interpretado como um aviso de que os cidadãos brasileiros, aumentados em número, tinham aspirações democráticas. Por isso, caberia à princesa, que patrocinara o fim da escravidão, ouvir esses gritos para que pudesse dar continuidade a esse processo de conquistas democráticas – inspirando-se, para isso, na rainha inglesa. Além da disputa entre monarquistas e republicanos, há a defesa de um avanço com um claro sentido liberal, como mostra a analogia final com o regime inglês. Essa diferença de perspectivas já havia aparecido na imprensa antes mesmo da festa, mas não foi suficiente para gerar um debate mais acalorado, nos jornais, sobre o futuro do regime político associado à Abolição. Esse tema parecia poder esperar o fim dos festejos e a volta do imperador.

A crônica, mais uma vez, ganhou espaço no jornal e fazia parte da série assinada por Machado de Assis e publicada na *Gazeta de Notícias,* "Bons dias!", que havia sido iniciada em 1888, assinando seus textos com o pseudônimo "Boas noites" (Magalhães Jr., 2008:147). O foco do cronista foi o primeiro evento dos festejos da imprensa: a missa campal realizada no dia 17. O narrador estaria atendendo a pedidos para traduzir o Evangelho lido na ocasião. Assim o faz numa paródia entre o Evangelho e os caminhos da Abolição, desde a saída de Cotegipe até a chegada de João Alfredo e a escolha dos demais membros do ministério formado em março de 1888. O texto é feito a partir de uma estrutura de escrita presente nos textos bíblicos. Um exemplo está no primeiro: "1. No princípio era Cotegipe, e Cotegipe estava com a Regente, e Cotegipe era a Regente".[156]

Os demais versículos seguem essa estrutura até chegar ao momento da assinatura da lei: "25. A Regente, que esperava a lei nova, assinou com sua mão delicada e superna". O cronista ainda faria mais três versículos para encerrar sua pregação. No seguinte, destaca a euforia e os "brados de contentamento" recebidos por João Alfredo e seus discípulos e a obediência dos senhores de escravos. Porém, no versículo 27, penúltimo, Machado de Assis destaca a recepção da lei numa província muito distante da Corte:

> 27. Menos no Bacabal, província do Maranhão, onde alguns homens declararam que a lei não valia nada e, pegando no azorrague, castigaram os seus escravos cujo crime nessa ocasião era unicamente haver sido votada uma lei, de que eles sabiam nada; e a própria autoridade se ligou com esses homens rebeldes.

A denúncia vinda de um lugar tão distante talvez tivesse como intenção não misturar com a euforia existente na Corte a notícia sobre a permanência de alguns espectros da escravidão. Ora, no Maranhão a lei não chegaria de forma tão rápida, talvez, devido à distância ou por conta das dificuldades das autoridades locais em aplicá-la. Na Corte, entre vivas e brados, teria sido diferente. No entanto, em

---

156 Essa crônica foi publicada no *Imprensa Fluminense.* No entanto, devido à mutilação do exemplar pertencente à Biblioteca Nacional, utilizei a versão publicada no livro *Bons Dias!,* organizado por Jonh Gledson (1990).

seu último versículo, assim como o Evangelho tenta dar um conselho, o cronista também quis dar uma lição e desejar um futuro:

> 28. Vendo isto, disse um sisudo de Babilônia, por outro nome Carioca: Ah! Se estivessem no Maranhão alguns ex-escravos daqui, que depois de livres compraram também escravos, quão menor seria a melancolia desses que são agora duas coisas ao mesmo tempo, ex-escravos e ex-senhores. Bem diz o Eclesiastes: algumas vezes tem o homem domínio sobre o outro para desgraça sua. O melhor de tudo, acrescento eu, é possuir-se a gente a si mesmo.

A existência de libertos comprando escravos não causava admiração no sisudo carioca, que não parece ver mudanças nisso com a lei. O encerramento dado a essa espécie de evangelho abolicionista é mais uma forma de conselho e de vivência de quem nunca havia sido escravizado. O autor não sabia o que era o pior de tudo: ser propriedade de outro.

Na verdade, as resistências à aplicação da lei não ocorreram apenas nas províncias distantes, como a do Maranhão, por exemplo. Na Corte, as notícias a esse respeito foram relativizadas nos jornais, que se preocuparam com a euforia da liberdade e de suas festas. O cronista parecia estar atento à superficialidade da ideia de harmonia e consenso presente na lei e na sua aceitação. Porém, os leitores do seu evangelho receberam o "Boas noites", forma como se despedia, sabendo o que era o melhor, mas sem saber, de fato, se isso chegara a todos.

O *Imprensa Fluminense* ainda publicou uma breve síntese dos festejos promovidos pela imprensa, mas sem grandes novidades a respeito dos eventos. Houve também desafios de lógica para a distração do leitor e publicação de "a pedidos". Uma parte da segunda página do jornal foi ocupada por anúncios, que se estenderam nas demais. Foram anunciados lojas e produtos dos mais variados tipos: móveis, banco, vinho, sabão, aulas de inglês, médicos, loterias, lojas de roupas, de importação, de piano e músicas, drogaria, remédios, companhia de seguros, fábrica de flores e de cerveja. Todos esses anunciantes pretendiam ter sua marca associada à publicação especial da imprensa, apesar de não terem nenhuma relação mais direta com o evento que motivou a publicação. Apenas uma loja, no último anúncio da última página do jornal, fez referências e promoções associadas à lei da Abolição.

Figura 36
Imprensa Fluminense, 21 maio 1888

A loja americana The Singer Manufacturing Company aproveitaria a ocasião para atrair clientes e, assim, aumentar seu faturamento, associando o número 13 aos descontos que daria em seus produtos. Esse foi o único anúncio que deu destaque à Abolição. Certamente, os proprietários dessa loja acreditavam que não apenas o tamanho do anúncio era importante para atrair clientes, mas também associar toda aquela movimentação da imprensa a um objetivo comercial. De qualquer modo, os anunciantes do jornal especial foram atraídos pela exclusividade da publicação, única a circular nesse dia, e pela grande tiragem anunciada, e, possivelmente por isso, algumas páginas foram dedicadas aos anúncios e não aos relatos das festas ou a textos ligados à Abolição. Essa foi a grande crítica de alguns periódicos a essa publicação. O *Cidade do Rio* (23 maio 1888), jornal dirigido por Patrocínio, ao acabar o relato dos últimos dias de festa, não esqueceu de comentar o jornal comemorativo:

> A última parte do programa – o número especial do jornal *Imprensa Fluminense* – para que sejamos francos, não esteve à altura do mais – entretanto, como a intenção é tudo, vá lá, passe o jornal comemorativo [...]

Apesar de toda homenagem prestada a Patrocínio no jornal *Imprensa Fluminense*, isso não foi suficiente para que não houvesse uma crítica à forma como foi feita a publicação. O excesso de anúncios também foi o destaque dado pelos editores da *Revista Illustrada*. Mas, dessa vez, a crítica veio em forma de ilustração.

Figura 37
***Revista Illustrada*, 19 maio 1888**

De fato, o jornal não serviu de resumo da festa nem de seus preparativos. Se por um lado eram importantes os anúncios para custear a publicação do jornal, por outro era necessário divulgar ao público leitor informações sobre a comissão e sobre como foi realizado todo aquele festejo, segundo seus críticos.

Um dos pontos de crítica à Comissão da Imprensa Fluminense era a respeito da sua falta de comprometimento com os ex-escravizados. Segundo o pequeno jornal *Carbonário* (16 maio 1888), havia sobras de dinheiro de iniciativas privadas para a liberdade, dinheiro recolhido para a compra de alforrias e do livro de ouro criado em abril de 1888 pela Câmara Municipal do Rio de Janeiro, que serviu para libertar os escravos do município neutro.[157] A princípio, o jornal não faz referência direta sobre qual poderia ser o destino desse dinheiro, mas citou, dias depois, a leva de ex-escravos saída das fazendas e de outras casas que, por estarem velhos e inválidos, iriam mendigar nas ruas da Corte em busca de comida e auxílio. Segundo os redatores do *Carbonário* (16 maio 1888), o dinheiro da Câmara, somado às sobras do dinheiro da comissão da imprensa, deveria servir de ajuda aos ex-escravizados, como a criação de um asilo para abrigar essa população.

Um dos questionamentos feitos pelos redatores desse jornal foi a ajuda financeira dada pela Câmara Municipal para a realização dos festejos da imprensa (*Carbonário*, 23 maio 1888). Essa ajuda foi dada por meio de duas doações de 5:000$ (cinco mil réis), nos dias 16 e 21 de maio, a Henrique Villeneuve, responsável pela tesouraria da comissão. Tal doação consta no ofício pertencente à Câmara Municipal da Corte e assinado por seu contador.[158] Ficava claro, assim, que, para os articulistas da pequena folha, esses fatos mostravam que os organizadores da celebração achavam mais importante realizar uma festa faustosa e moderna, na qual afirmassem uma imagem igualmente brilhante para a data celebrada, do que ajudar efetivamente os libertos, entregues à própria sorte. Seria esse mesmo tipo de preocupação que moveria as várias instituições que patrocinaram as festas da imprensa.

A comissão da imprensa divulgou em diversos jornais no dia 5 de junho um balancete assinado pelos seus tesoureiros com prestação de conta das doações recebidas e as despesas das festas (anexo 3). Tal divulgação serviu como resposta às críticas feitas à comissão sobre a forma como o dinheiro foi recebido e gasto. A comissão recebeu doações em dinheiro de alguns locais que promoveram os festejos, como o Derby Club e Sport Club, de algumas companhias de carris urbanos

---

157 A respeito da existência do livro de ouro da Câmara e de seu uso, ver *Diário de Notícias* (13 abr. 1888).

158 AGCRJ, Códice 6,1,4. *Ofício do Contador da Câmara sobre a quantia doada ao representante da Imprensa para os festejos da lei de 13 de maio, 1888*. Alguns dias depois da festa, a prestação de contas foi publicada no *Diário de Notícias* (25 maio 1888).

e do dono de um bar no Passeio Público. Além disso, obteve receita através da venda do jornal *Imprensa Fluminense*. No entanto, a maior parte da doação veio mesmo da Câmara Municipal. Entre receita e despesa, a comissão obteve um saldo positivo de 6:317$300 (seis contos, 317 mil e 300 réis), que foi devolvido a esse órgão público. Apesar dessa devolução, a Câmara continuou sendo a maior contribuinte dos festejos (*Diário de Notícias*, 5 jun. 1888),[159] o que foi destacado pelos tesoureiros em forma de agradecimento num texto publicado em vários jornais ainda em maio: "O auxílio pecuniário prestado pela ILMA. Câmara Municipal para a realização dos festejos, na importância de 10:000$; assim como a boa vontade com que auxiliou a comissão" (*A Época*, 24 maio 1888).[160]

Diante da prestação de contas da Comissão da Imprensa Fluminense, percebe-se que houve apoio público e privado aos festejos, mas que não envolveu diretamente a família imperial. Apesar de comparecerem em algumas festividades, ou enviado alguns ministros, não houve qualquer doação financeira em nome da princesa regente, do seu esposo, dos ministros ou do imperador. No entanto, o comparecimento deles às solenidades legitimou os festejos organizados pela imprensa.

O jornal *Imprensa Fluminense*, apesar de ser uma publicação especial que circulou ao final dos festejos, não tinha como intenção prestar contas aos seus leitores daqueles momentos de euforia vividos por todos na Corte e comandados pela imprensa. Na verdade, só veio reforçar os significados da Abolição, tendo como responsáveis por aquele momento de liberdade os parlamentares e os abolicionistas, cujas ações foram legitimadas pela princesa, que assinou a lei num domingo de sol.

Além da ausência de um balanço da festa, não houve nessa publicação nenhum questionamento sobre o dia seguinte após a liberdade nem, muito menos, sobre as reminiscências da escravidão, fato lembrado pelo cronista Machado de Assis. Ao contrário, o jornal representou a afirmação da unicidade da imprensa e da sociedade por ela representada em meio às festas da Abolição. Ao se colocar como voz única da Corte, capaz de se sobrepor às diferenças cotidianas entre as várias folhas da cidade, tal iniciativa simbolizava a ideia de unidade, além de o jornal representar um valor simbólico diante daquele quadro comemorativo. O nome

159 Em 25 de maio, já havia saído uma nota sobre algumas receitas obtidas pela comissão, mas foi somente em junho que ocorreu a publicação do detalhamento entre receitas e despesas.
160 Esse texto foi publicado também na *Gazeta de Notícias* no dia seguinte.

dado ao jornal, o da própria comissão, e não um relativo à Abolição e sua lei, é o símbolo do sujeito político que após o 13 de Maio pretendia sair fortalecido, dando indícios de que as diferenças e particularidades surgidas com a Abolição deveriam ser suprimidas não apenas nos festejos, mas também nessa publicação especial, reafirmando a importância de seus responsáveis para o enfrentamento dos desafios do pós-Abolição.

Claro que, ao formular essa voz única, os redatores da folha propositalmente calaram outras vozes que não pareciam compartilhar da alegria do momento – em especial daqueles que não ficaram satisfeitos com a forma como a Abolição foi feita, sem indenização. Do mesmo modo, esqueceram de dar voz àqueles submetidos à violência que tanto associavam à escravidão: os próprios escravizados, cujas experiências de luta desapareceram sob a insistente afirmação de que a liberdade teria sido alcançada sem sangue, sem luta, na paz. Homens e mulheres escravizados, que lutaram por sua liberdade através de inúmeros meios, inclusive pela violência, tiveram sua experiência escondida pela reafirmação da ideia de que seriam receptores passivos de uma liberdade que lhes era concedida. A publicação dessa folha cristaliza, assim, o processo de construção de uma imagem coesa e articulada para a festa da Abolição. Seria a partir de testemunhos como esses que a imagem de uma festa celebrada por toda a nação seria construída, mostrando que o Brasil seguiu rumo à modernidade a partir da ação obstinada de suas lideranças. Além disso, o Rio de Janeiro se firmava como ambiente de produção de ideias a respeito da Abolição que deveriam ressoar por outras províncias. As festas promovidas pela imprensa foram feitas no palco principal do Império, sua capital, que há muito sofrera com os efeitos do tráfico de escravizados e suas consequências. Antes de ser palco da Abolição, a cidade já havia sido o principal local de recebimento de africanos traficados para trabalharem nas fazendas de café ou no cotidiano da Corte. No entanto, todo esse passado nada glorioso da cidade não foi mencionado pelos festeiros da Abolição. A imprensa marcava para seus leitores qual cidade ficaria para a posteridade: a que terminou com a nefasta instituição. A Abolição da escravidão estava feita e se abolia também a oportunidade de rever um passado. Apesar disso, o Rio de Janeiro ainda seria palco de outras festas, as marcadas pela diversidade.

PARTE II

A Abolição no plural

7. "Todos querem contribuir": uma subscrição popular[161]

Ao mesmo tempo que os jornais que compunham a comissão dos festejos para a Abolição buscaram, em suas notícias, construir uma imagem unívoca da festa, não deixaram, porém, de transmitir algumas informações acerca das comemorações pela Abolição promovidas por outros sujeitos, independentes da imprensa. Através dessas notícias e por meio de outras fontes, será possível compor um cenário festivo muito mais múltiplo e diversificado que aquele promovido pela comissão. O primeiro sinal dessa diversidade festiva apareceu dias antes da assinatura da lei e se concretizou no dia 13 de maio.

O professor Luiz Pedro Drago fez um discurso na ocasião da oferta, à princesa, da pena de ouro usada na assinatura da lei:

> À V. A. Imperial manda-me o povo agradecido impetrar a graça de aceitar esta pena, como glorioso instrumento histórico, e troféu inteiramente popular, a qual deve assinar a lei nº 3353 de 13 de maio de 1888, que elimina o nome escravo da nação brasileira![162]

A pena ofertada na ocasião foi adquirida por meio de uma subscrição popular iniciada por ele e com apoio de alguns jornais da Corte, entre eles *O Paiz*, *Cidade do Rio* e *Revista Illustrada*. A respeito da iniciativa da criação dessa subscrição, o jornal *O Paiz* publicou, ainda nos dias que antecederam a lei, a seguinte convocatória aos seus leitores:

> O Sr. Dr. Luiz Pedro Drago nos procurou ontem para solicitar o nosso auxílio na subscrição popular que vai iniciar a fim de se adquirir e oferecer a Sua Alteza a Prin-

161 Uma versão deste capítulo foi publicada em 2013 na *Revista Brasileira de História*.

162 BN, II – 32,10,1. *Rascunho do discurso de Luiz Pedro Drago na ocasião da entrega da pena de ouro para a princesa*. Este mesmo discurso foi publicado no jornal *O Paiz* (14 maio 1888), sob o título *"Ave libertas"*.

> cesa Imperial a pena com que a augusta regente assine a lei que extingue a escravidão no Brasil. Para que essa subscrição tenha todo o cunho de um dom popular, o seu iniciador deseja que cada quota não exceda de 500 rs. Estamos prontos a receber a entregar ao Sr. Dr. Drago as quotas que nos queiram remeter os que adotarem a sua patriótica ideia [*O Paiz*, 9 maio 1888].

Na visão do proponente da ideia, o tom popular seria marcado pelo valor da cota solicitado de cada participante. Esse valor correspondia à metade do preço de uma *Revista Illustrada*, periódico vendido todos os sábados na Corte. Assim, o professor Luiz Pedro Drago acreditava estar inserindo, através de um símbolo – a pena de ouro –, novos personagens no ritual da Abolição. Além disso, o apoio dado pelo jornal *O Paiz*, seguido por *Cidade do Rio* e a *Revista Illustrada*, ampliava essa iniciativa para além da Corte e das redações dos jornais ao permitir que a notícia da subscrição chegasse a outras regiões, criando a oportunidade de doações de diferentes origens.

Pouco se sabe a respeito desse professor. Além de atuar no Colégio Pedro II, era autor de compêndios escolares de matemática e atuava também como professor particular de alunos que desejassem ingressar na Escola Politécnica (Freyre, 1974:167).[163] No entanto, na ocasião da proposta da subscrição, o apoio dado pelo jornal *O Paiz* foi fundamental, uma vez que foi comum nos dias que antecederam a Abolição propostas de subscrições para diferentes fins. A de Drago teve o respaldo do jornal e pôde, assim, ganhar uma ressonância um pouco maior do que as outras.

O Paiz, fundado em 1884, se destacou dos demais órgãos da imprensa na cobertura da Abolição e suas festas. Tinha no seu quadro de editores o republicano Quintino Bocaiúva e o abolicionista Joaquim Serra. Na ocasião da sua fundação, a ideia dos redatores era fazer dele um órgão independente, mas ao longo dos anos sua tendência republicana foi se reafirmando, apesar de não haver uma confirmação por parte dos seus editores, como houve com a *Gazeta Nacional* (Pessanha, 2006).

A vertente abolicionista do jornal apareceu na coluna "Tópicos do Dia", assinada por Joaquim Serra, escrita entre novembro de 1884 e 14 de maio de

---

163 Antes da proposta da subscrição, o nome de Luiz Drago apareceu no jornal *O Paiz* (6 ago. 1885) ligado aos processos seletivos ocorridos no Colégio Pedro II.

1888 (Pessanha, 2006:98).[164] Ainda assim, esse jornal não tomou a direção dos festejos da comissão da imprensa. Apesar de apoiar a iniciativa e publicar notícias a respeito dos festejos,[165] *O Paiz* manteve uma linha independente – provavelmente ligada à sua aberta adesão à causa republicana, expressa na direção dada à folha por Quintino Bocaiúva, que defendia a República como medida fundamental para o desenvolvimento social – e não a Abolição, pensada pelos liberais republicanos como parte de reformas graduais rumo à República (Alonso, 2009:99-100). Antes mesmo de editar esse jornal, Bocaiúva já havia dirigido *A República*, na década de 1870, no qual defendeu um projeto de emancipação gradual com prazos e indenização (Machado, 2014:137). No entanto, décadas mais tarde e com o encaminhamento do projeto que acabaria imediatamente com a escravidão sem direito a indenização, Bocaiúva não se mostrou contrário a tal medida. Além disso, deu à cobertura feita da Abolição n'*O Paiz* um diferencial ao mostrar outros elementos que compunham as comemorações e os rituais simbólicos daquela medida. Assim, o jornal tentava agregar outros sentidos às festas ao divulgar os detalhes sobre a subscrição para a compra da pena de ouro e os nomes dos doadores.

De fato, o apoio dado pelo *O Paiz* à subscrição indicava, por si só, os limites da restrição de sentido que as comemorações promovidas pela comissão da imprensa tentavam imprimir aos festejos da Abolição. Além desse jornal, havia também o *Cidade do Rio* e a *Revista Illustrada*, que, apesar de participarem dos festejos pela Abolição promovidos pela imprensa, não chegaram a ocupar uma posição mais significativa na direção dos mesmos. Enquanto havia certa euforia em torno da festa por parte da imprensa, esses três periódicos mantiveram uma postura crítica não apenas em relação às comemorações, mas também aos dias seguintes à Abolição e suas consequências. Um exemplo foi o *Cidade do Rio*, de José do Patrocínio, que, mesmo estando próximo ao Império, ainda assim mantinha uma postura de denúncia contra a permanência de resquícios da escravidão em

164 Serra encerrou sua coluna no dia seguinte à Abolição porque considerou já ter cumprido seu papel. Sua vida após a Abolição também foi breve. O abolicionista faleceu em outubro daquele ano. Mas sua atuação no jornalismo e em defesa da Abolição não se iniciara no jornal *O Paiz*. Em 1869, começou a dirigir o jornal *A Reforma*, que em 1873 era um dos mais lidos na Corte. Nesse jornal, a causa abolicionista fazia parte da sua defesa, e a seu lado atuava também o literato, e seu conterrâneo, Arthur Azevedo (Sodré, 1999:202, 214; Chagas, 2005:141).

165 Os eventos eram publicados e comentados pelos jornais. No entanto, diferentemente daqueles que encabeçavam a comissão, *O Paiz* não deu ênfase aos eventos na primeira página das suas edições. Mesmo assim, em 5 de junho, publicou o relatório dos tesoureiros da comissão que saiu em outros jornais.

pleno período dos festejos. O mesmo fez a *Revista Illustrada*. Embora tenha dado destaque nas ilustrações de Angelo Agostini aos responsáveis pela lei – como na imagem em que a princesa aparece junto aos atores parlamentares da Abolição –, nos textos e em algumas ilustrações, não deixou de expressar posições de crítica àquela festa e à configuração feita para comemorar o fim da escravidão. Maio e junho, para esses jornais, além da cobertura da festa, foram meses de discussão sobre o fim do regime servil. Ainda no momento que antecedeu a Abolição e a construção do seu aparato simbólico, foram esses jornais que construíram um discurso dissonante daquele existente nos jornais da Corte que se organizavam em uma comissão para celebrar a lei. Havia, portanto, muitos outros sentidos para a Abolição além daqueles pensados pelos jornais diretores da comissão dos festejos. A pena de ouro e o apoio dado a essa forma de aquisição, através de uma subscrição aberta a todos que quisessem participar, era mais um sinal da existência de uma amplitude de sentidos antes e depois da assinatura da lei.

Ao apoiar a mobilização popular em favor da subscrição, a direção de *O Paiz* nos permite perceber que o ato festejado ganhou, entre os contemporâneos, sentidos que iam além dos debates jornalísticos e das diferenças entre as folhas. Mais do que gerar listas com assinaturas de nomes e doações de dinheiro em uma manifestação que ia além dos limites da Corte, tal iniciativa permitiu que fossem recolhidos, além de dinheiro, os sentidos da Abolição escritos nas justificativas para a doação das quantias. Distantes do processo parlamentar, os doadores mostram-se empenhados não apenas em se fazer presentes por meio dessas doações, como também em justificá-las e em explicitar a importância daquele ato para as próprias vidas e para a pátria, o país, o Império.

A importância atribuída pelos contemporâneos à iniciativa pode ser atestada pela ideia do então diretor da Biblioteca Nacional, Saldanha da Gama, que reuniu toda espécie de materiais produzidos naqueles dias de festa, "desde os mais valiosos até ainda os mais insignificantes", que pudessem servir para o "estudo dos futuros escritores da história do elemento servil neste Império" (*O Paiz*, 4 jun. 1888).[166] Essa iniciativa tinha como objetivo arquivar elementos da Abolição e seus precedentes a fim de que não se perdessem na própria euforia da festa. Entre os itens, constavam as listas de doação entregues ao jornal *O Paiz*.

166 Essa iniciativa do diretor da Biblioteca Nacional explica a existência, na instituição, dos originais das listas enviadas ao jornal *O Paiz* com a subscrição para a compra da pena.

Embora o jornal publicasse em suas páginas apenas os nomes dos doadores, as listas guardadas pela Biblioteca Nacional nos dão acesso às justificativas e percepções de muitos daqueles que aderiram à campanha. Por meio dessas listas com assinaturas, é possível traçar, de início, um panorama do alcance da causa abolicionista, capaz de mobilizar habitantes de localidades muito distantes da Corte imperial. Ao mesmo tempo, percebe-se, em tais registros, que os sentidos da Abolição eram mais amplos do que aquilo que se publicava nos jornais da Corte ou em poesias que foram distribuídas nas festas. Desse modo, essas listas nos permitem entender outros sentidos atribuídos ao ato celebrado em 13 de maio, de modo a pensar na Abolição para além da imprensa e do Parlamento.

Apesar da marca popular que os organizadores da subscrição pretendiam atribuir a esse ato, os primeiros doadores foram os mesmos abolicionistas já atuantes na Corte nos anos anteriores e que fizeram doações por meio da lista criada na redação do *Cidade do Rio*. Entre os primeiros nomes publicados, ainda no dia 10 de maio, estavam José do Patrocínio (editor do jornal), o jornalista Ernesto Senna, o literato Coelho Netto e o jovem poeta Osório Duque-Estrada – todos já envolvidos com a dinâmica dos preparativos para a Abolição, fosse por sua presença nas galerias da Câmara durante os debates parlamentares, fosse escrevendo para os jornais da Corte, de modo a divulgar a euforia das ruas a cada votação do projeto.[167]

Essa também foi a lista assinada pelos membros da Confederação Abolicionista e pelos representantes do quilombo do Leblon (*Cidade do Rio*, 11 maio 1888). Trata-se de parcelas mais radicais do movimento abolicionista da Corte, que muitas vezes se associaram aos abolicionistas de outras províncias de modo a tramar ações que visavam diminuir a influência da escravidão no ambiente urbano da Corte. Um desses casos foi justamente a constituição do quilombo do Leblon. Nessa região distante do grande centro, escravos fugidos tinham acolhimento por parte de abolicionistas, que também promoviam ações ligadas aos quilombos urbanos de outras províncias (Silva, 2003:15).[168] Nas vésperas da Abolição e diante do momento que encerraria a luta empreendida por eles durante todos aqueles anos, assinar uma lista pública em nome do quilombo do

---

167 Constam também nessa lista assinaturas que vinculavam famílias inteiras à doação, entre as quais estavam: Braga, Dória, Cavalcante de Albuquerque, Nabuco de Gouvêa, Bousquet, Guanabarino, Salvador de Mattosinhos, Reis, Vinhaes, Bocaiúva, Campos da Paz, Assis e Fábregas.

168 O chefe do quilombo Quintino de Lacerda, no Jabaquara, em São Paulo, tinha relação com o do Leblon, comandado pelo imigrante português e comerciante José de Seixas Magalhães, mais conhecido como Seixas.

Leblon e da Confederação Abolicionista não apenas marcava a presença de outros sujeitos e lógicas em meio ao processo abolicionista, mas também legitimava as ações empreendidas por eles como parte importante do processo que, naquele momento, conseguia dar um fim à escravidão.

Nem só de abolicionistas já destacados, no entanto, se fez a subscrição. As listas enviadas à redação do jornal *O Paiz* chegavam em uma espécie de formulário--padrão, com um cabeçalho informando o tema da subscrição e, logo em seguida, um espaço para as assinaturas. Porém, em diferentes locais foram formadas listas com cabeçalhos e justificativas diversas, o que nos permite identificar a pluralidade dos grupos que participaram da iniciativa, assim como os sentidos que eles atribuíam à Abolição e à festa que devia celebrá-la.[169]

A notícia da subscrição não tardou a chegar a lugares mais afastados da Corte. Um exemplo foi a lista recebida pela redação d'*O Paiz* vinda de Juiz de Fora, com 96 assinaturas. Outras chegaram com justificativas para a doação que ampliavam o modo pelo qual os doadores entendiam a festa que se anunciava. É o caso dos abolicionistas de Porto Novo do Cunha,[170] que enviaram suas doações no dia 11 de maio. Vale a pena reproduzir o bilhete enviado por eles:

> Ilmo Sr. Redator do O *País*
> Porto Novo do Cunha 11 de maio de 1888
> Neste lugar onde é quase um crime ser-se abolicionista e onde o delegado de polícia esquecendo a sua origem *pretende meter na cadeia todo aquele que se manifestar comovido a favor da extinção do cativeiro da raça escura*, somos obrigados a guardar o incógnito, com a mais severa cautela, para não dar-mos ao homengenho [*sic*] o gosto de cair sobre nós com o peso de toda a sua autoridade.
>
> Mas como não podemos sufocar o entusiasmo que sentimos pela Excelsa Princesa, máxima neste assunto que ela vai referendar e pelo qual se elevará o Brasil a grandeza que lhe foi destinada, concorremos também com a espórtula para a pena que nova era vai indicar nos faustos da História pátria, [...]
>
> Somos Sr. redator, vossos constantes leitores.
>
> Três abolicionistas [grifos no original].

169 Todo o material utilizado neste capítulo a respeito dos bilhetes e listas de doações pertence à Seção de Manuscritos da Biblioteca Nacional. A exceção será sinalizada.

170 A região do Porto Novo do Cunha fica no atual município de Além Paraíba, Minas Gerais, e teve sua história marcada pela produção do café. Era também a estação terminal da Estrada de Ferro D. Pedro II, cujos trens vinham do Rio de Janeiro. Em 1873, teve inaugurado o primeiro trecho da Companhia Estrada de Ferro Leopoldina, primeira ferrovia de Minas Gerais (Gerodetti, 2005:55).

Esse bilhete exemplifica a tensão existente às vésperas da assinatura da lei e a importância atribuída ao ato e à sua celebração por aqueles que ainda sentiam na pele que a escravidão estava longe de ser um simples espectro do passado, como tentavam fazer crer os ideólogos da imprensa. Um sinal disso era a denúncia clara do crime que era ser abolicionista, e do modo pelo qual autoridades locais estavam empenhadas em sua punição. Apesar de toda a movimentação e do debate na Corte, no dia 11 de maio ainda não era seguro declarar-se abertamente a favor da Abolição nas proximidades das fazendas dependentes do trabalho escravo. A escravidão, longe do Parlamento, ainda parecia forte e defensável – o que explica os motivos pelos quais esses homens não assinaram a carta, preferindo contribuir anonimamente para a compra da pena. Reproduzem em seus escritos o mesmo ato de doação que acreditavam ser a liberdade dos escravos feito pela "Excelsa Princesa", protagonista do que ocorreria na Corte. Os doadores da quantia vinda de Porto Novo do Cunha tinham no jornal, conforme eles mesmos tratam, a principal fonte de notícias da movimentação que ocorria na Corte para a votação do projeto. Portanto, reproduzem o sentido de doação da liberdade presente nos discursos da imprensa.

O anonimato desses abolicionistas, em uma região dependente do café e, sem dúvida, do trabalho escravo, não foi novidade nas listas de doadores para a pena. Muitos deles fizeram questão de se identificar a partir de referências políticas e do seu passado. Mesmo nas listas geradas na Corte há duas doações tendo como assinatura a referência a "um republicano".[171]

Já outro doador mostra o conhecimento da importância daquele ato, assinando como "um liberto" e demonstrando que havia um ex-escravo acompanhando toda aquela movimentação pelo fim da escravidão.[172] Por isso, assinar marcando uma origem era mais significativo do que colocar um nome que não causaria maiores associações. O mesmo podem ter pensado "um libertador do Ceará", "um abolicionista de todos os tempos" ou "um abolicionista não da última hora" quando assinaram a subscrição aberta na redação do *Cidade do Rio* (11 maio 1888).[173] Esses que omitiram seus nomes marcaram seus posicionamentos e, até mesmo, fizeram uma crítica aos momentos finais da Abolição, deixando

171 Essa lista recebeu 253 assinaturas, mas não é possível identificar onde foi feita a subscrição.
172 Essa lista recebeu 132 assinaturas e não há referência sobre sua origem.
173 O recorte dessa parte do jornal também faz parte do material da subscrição existente na Biblioteca Nacional.

claro que aquela luta não se iniciara com o envio do projeto à Câmara, mas sim, durante a década de 1880. Nesse período, a libertação do Ceará e a participação de abolicionistas pareciam fundamentais para aquilo que viviam no mês de maio. Logo, as listas, com suas assinaturas, cabeçalhos e justificativas de doação, eram também uma forma de afirmar a especificidade de cada sujeito ou grupo que dela tomavam parte e seu posicionamento diante do movimento pelo fim da escravidão. Através dessa ação coletiva, foi possível perceber a dinamicidade de sentidos e valores que a Abolição recebeu antes mesmo de acontecer. No entanto, isso não foi valorizado nem mesmo pelo principal jornal que apoiou a subscrição popular, uma vez que os bilhetes e cartas que expressavam a vontade dos seus doadores não foram publicados. Ainda assim, doações coletivas ou individuais escritas em páginas ou num simples cartão de visita traçaram um panorama sobre a Abolição e seus efeitos entre aqueles que eram livres ou que haviam conquistado a liberdade recentemente.

Vários grupos de trabalhadores livres da Corte também organizaram listas para promover arrecadação de dinheiro. Entre eles estavam os docentes do Ginásio Fluminense, os empregados do Asilo dos Meninos Desvalidos[174] e os foguistas do Encouraçado Javary, que enviaram suas doações em subscrições organizadas em seus próprios locais de trabalho. Esses últimos encaminharam, junto com sua contribuição, um pequeno texto, repleto de erros ortográficos e com os 26 nomes transcritos em uma mesma caligrafia, na indicação de que os signatários talvez não soubessem assinar seu próprio nome. Seu título, tal como transcrito pelos doadores, já deixava claro seu perfil: "fuguistas contratado do Encouraçado Javary para oferecer uma pena de ouro, Princesa Imperial, para acignar a lei da buliçao". Nota-se, no documento, o esforço de deixar marcado para os receptores da doação a identidade específica dos trabalhadores, forjada no trabalho em comum. Os desejos daqueles homens não foram, porém, respeitados pelo jornal, que publicava apenas os nomes dos doadores sem fazer nenhuma distinção quanto à sua origem. O mesmo ocorreu com os moradores de alguns subúrbios: apesar de formarem subscrições a partir dos bairros de origem, os nomes dos doadores foram misturados aos das demais listas publicadas no jornal, na diluição de todas as identidades específicas que se apresentavam no

174 Na lista dos docentes do Ginásio Fluminense constam 28 assinaturas e 23 na lista dos empregados do Asilo dos Meninos Desvalidos.

momento da celebração.[175] Da perspectiva desses trabalhadores e moradores do subúrbio, no entanto, era de forma coletiva e articulada que tentavam se inserir na comemoração pela Abolição.

A exceção a essa regra ocorreu com a lista proveniente da Escola Militar, única a ser publicada no jornal *O Paiz*. No cabeçalho dessa listagem há a justificativa e o que entendiam ser a Abolição alunos e professores:

> Subscripção promovida no seio da Escola Militar para a compra da pena com que deve ser assinado o decreto da abolição declarando iguais todos os brasileiros
>
> Ao redator principal d'O *Paiz*, [*ilegível*] proveniente de 95 assinaturas, a quantia de 47$500 com que concorrem o general comandante, professores, alunos e empregados da administração da escola militar, para auxiliar a compra da pena de ouro com que deve ser assinado o decreto da abolição da escravidão. É um justo culto de veneração e de amor; é uma eloquente e singela prova de fraternização que dá a escola militar à raça oprimida, cuja redenção vai decretar a augusta princesa imperial, como uma reparação a três séculos de exploração, de ignomínia e de amarguras profundas e dolorosas – sou com admiração, etc., etc. – Serzedelo Correia – Escola Militar, em 12 de maio de 1888 [*O Paiz*, 13 maio 1888].

Serzedelo Correia, em maio de 1888, era professor da Escola Militar e um dos militantes da causa republicana ao lado de republicanos históricos, como Aristides Lobo, Quintino Bocaiúva e Campos Salles (Tavares, 1987:35). A proximidade que tinha com um dos editores do jornal possivelmente influenciou a publicação do seu texto, o único a sair no formato enviado pelos assinantes da subscrição. No texto, a doação da quantia era uma concessão dada pelos oficiais a quem eles chamaram de "raça oprimida", sendo a pena um instrumento de redenção de três séculos de escravidão. Por meio de sua assinatura, a princesa finalizaria um período de "amarguras profundas e dolorosas". O ato da doação da quantia é uma amostra da importância que esses militares davam àquela assinatura para o futuro e o passado do país, uma vez que a lei o redimiria. Participar do ato com a compra da pena era também colocá-los em meio àquela ação.

---

175 Na documentação, constam as doações dos moradores de Cascadura, Freguesia do Irajá e Penha, que também fazia parte dessa freguesia.

Outros militares também fizeram suas doações por meio de listas criadas em setores específicos, por exemplo, os do 1º Regimento de Cavalaria; os funcionários da Oficina de Ferreiro do Arsenal de Guerra da Corte e os operários do Arsenal da Marinha. No texto abaixo, apenas dois militares assinaram a doação dando sentidos próprios àquele ato.

> Ilmo Exmo. Sr. Redator
>
> Saúde paz e felicidade é o que mais desejamos em companhia de sua prezada família.
>
> Senhor, nós abaixo mencionados não podíamos e nem podemos deixar de contribuirmos nesta gloriosa pena de ouro! E graças ao ilustre redator, de ter esta grandiosa ideia!?
>
> E a se assim procedemos, passaríamos por homens, que não tem amor a sua pátria.
>
> Senhor, não repare na diminuta quantia, que junto lhe remeto.
>
> Destes seus criados,
>
> Operário militar Álvaro da Câmara Pinheiro
>
> 2º Sargento, Manoel Gomes Ferreira
>
> Rio de Janeiro, 13 de maio de 1888.

Assim como os demais militares, o envio da quantia era um ato patriótico a ser vivido por todos, até como uma obrigação de quem tivesse amor à pátria. No entanto, esses dois militares, ao fazerem suas doações, pretendiam se destacar quase individualmente de qualquer outra lista coletiva criada no seio militar, a fim de deixar registradas suas ideias acerca daquele ato. Ou seja, era necessário mais do que doar, era preciso marcar entre os receptores das listas quem e como ocorriam as doações.

Apesar de suas diferenças de perspectiva, essas listas não apresentaram sentidos para a Abolição que fossem divergentes daqueles que estavam sendo reproduzidos nos jornais nas vésperas da assinatura da lei. O diferencial era o compartilhamento desses sentidos entre os participantes da subscrição, que iam além dos grupos já fechados e presentes nos discursos reproduzidos nos jornais daquele período. Ou seja, os abolicionistas de maio, ou aqueles que participaram do processo abolicionista dos últimos dias, constituíam-se numa amplitude muito maior, não se restringindo a literatos, jornalistas, políticos e governantes. Todos, a partir da constituição de identidades, faziam parte daquele momento de celebração e produção de sentidos.

Contudo, as doações para a pena receberam sentidos diversos daqueles que estavam sendo reproduzidos nos jornais e em outras listas. Isso fica evidente numa doação individual vinda da província de Minas Gerais. A doação de Simplício Luiz da Cunha, de Sant'Ana de Pirapetinga, província de Minas Gerais, foi feita com uma justificativa bem marcada:

> Sant'Ana de Pirapetinga (Minas), 11 de maio de 1888
> Ilmo Sr.
> Incluso remeto a V. S. uma nota de 500 Rs para fazer o favor entregar ao Sr. Dr. Luiz Pedro Drago, como donativo para compra da pena que tem de ser oferecida a excelsa Princesa Imperial que tem de assinar o decreto de lei extinguindo a escravidão da nossa pátria.
> Seu criado e Venerador
> Simplício Luiz da Cunha.

A doação individual era uma forma de contribuir para um momento que se acreditava ser um dever. O apoio ao ato e à dinâmica simbólica proposta por Drago é feito através da doação, mas, ao mesmo tempo, a princesa usaria a pena para uma função muito específica: extinguir a escravidão da pátria. Ou seja, o ato da princesa não seria uma doação, mas sim uma obrigação bem marcada.

As doações para a compra da pena de ouro aumentaram à medida que o projeto passava pelas votações na Câmara e no Senado. Muitos ainda queriam participar, mesmo que não desse tempo para que a quantia fosse utilizada no seu objetivo principal. Diante disso, aparecia um problema: o que fazer com a quantia que chegasse tarde demais para comprar a pena? A doação abaixo contou com 131 assinaturas e tem a data de 12 de maio, ou seja, véspera da assinatura:

> Ilmo Sr. Redator d'O *Paiz*
> Aderindo à patriótica ideia do Sr. Luiz Pedro Drago, de adquirir com donativos populares e oferecer a S. A. P. Regente, [...] a subscrição abaixo, que produziu 65$500, cuja importância inclusa lhe remetemos.
> Rogamos a VªSª, a fineza de, na hipótese de se achar encerrada a subscrição, que VªSª, com tanta gentileza e cavalheirismo, se dignarão abrir n'essa redação, em auxilio da ideia do Dr. Drago, aplicar a quantia que enviamos a qualquer fim humanitário.

> Aproveitamos a ocasião para apresentar a VªSª nossos sinceros parabéns, pela nobre e desinteressada atitude tomada por VªSª na causa da redenção dos cativos, fazendo dessa ideia a principal arma que se tem batido, desde a fundação dessa conceituada *folha*.
>
> Assinaremos com todo o respeito e alta consideração [grifo no original].[176]

A possibilidade de o dinheiro chegar com certo atraso às mãos de quem seria o responsável pela compra da pena não desanimou esses doadores, que acreditavam que outro destino pudesse ser dado ao dinheiro. Mais do que conseguir a quantia necessária para a finalidade primeira da subscrição, o que valia para os abolicionistas que arrecadaram essa alta quantia era entrar para a galeria daqueles que contribuíram diretamente para o fim da escravidão. A alternativa que davam para a utilização do dinheiro indicava que não se tratava de uma simples homenagem à princesa. Ao falar dos fins humanitários da iniciativa, esses sujeitos mostravam associar seu ato à efetiva melhoria de vida dos libertos pela lei.

Foi, assim, grande o sucesso da subscrição, que contou com um número surpreendente de adesões. Até o dia 12 de maio, a redação do jornal já havia arrecadado 831$400 (831 mil e 400 réis), e os nomes da maior parte dos doadores já haviam sido publicados no periódico. O espaço, no entanto, não era suficiente para a publicação dos nomes de uma só vez, e os redatores prometiam publicar os demais nos dias seguintes.[177] Para os que contribuíam, era necessária a divulgação dos nomes como forma de deixar marcada para a posteridade, em um veículo de grande circulação, a participação no ritual da assinatura. A quantidade de doadores foi tanta que o jornal teve de retificar mais de uma vez alguns nomes que saíram errados em edições anteriores (*O Paiz*, 11 maio 1888).[178] Ou seja, a publicação era vigiada por quem doava. Um exemplo foi uma lista enviada ainda no dia 11 de maio, vinda de Mendes, interior da província. O autor da subscrição pediu: "os 26 nomes devem ser publicados, pois que eu preciso dar satisfação de cada um".

Até a véspera do último dia de discussão da lei, 12 de maio, houve um grande volume de arrecadações. O total daquele dia foi de 859$400 (859 mil e 400

176 O valor citado corresponde à doação de 500 réis feita individualmente por 131 pessoas.

177 Em um único dia, o jornal chegou a receber 400 doações de 500 réis cada uma, sendo difícil dar conta da publicação de todos esses nomes.

178 O jornal destacava quem tinha seu nome corrigido logo depois de publicar a listagem do dia.

réis), entre subscrições feitas dentro das redações da *Revista Illustrada* e *Cidade do Rio*, contribuições individuais enviadas ao jornal ou por meio de listas que tinham os nomes dos doadores publicados. A fim de dar um prazo final para a arrecadação, o jornal anunciava que a subscrição se encerraria no dia 13 de maio, ao meio-dia.

Na tarde desse dia foi finalmente assinada a lei e efetivada a homenagem proposta pela subscrição. Antes da assinatura final, a pena de ouro foi doada à princesa por Luiz Pedro Drago, que pronunciou um discurso ao fim do ato. Nele, Drago ressaltou a pena como um troféu entregue pelo povo sem demarcar as diferenças existentes entre os doadores. Assim como não destacou a diversidade daqueles que, a partir daquele momento, viveriam sob a lei da Abolição.

> Hoje, porém, que o Brasil considera o homem unicamente como irmão do homem, hoje que o Brasil conhece a sua pujança, pela homogeneidade de sua massa, hoje que a nação reconheceu o homem vinculado ao homem pelos mais estreitos laços da liberdade, hoje, finalmente que a nação contempla em jubiloso êxtase a justa igualdade dos direitos e deveres de seus filhos, pela grandiosa e imortal obra da redenção, é hoje também que terá o Brasil completado a sua independência.
>
> Portanto, senhora, devemos considerar a lei 13 de maio como de verdadeiro dia de festa nacional [*O Paiz*, 14 maio 1888].

O momento celebrado por Drago era de união e irmandade. As diferenças existentes antes da Abolição se encerrariam naquela data e a união se faria presente entre todos, ressaltando a defesa de uma homogeneidade entre os filhos do Brasil. Ou seja, a diversidade dos doadores da subscrição não interessava, uma vez que a lei redimia qualquer diferença até então existente. A celebração é pela união, pela homogeneidade, e não pelas diferenças que são compreendidas, por esse ponto de vista, como algo negativo naquele momento que se iniciava com a lei. Portanto, a pena era o símbolo do direito e do dever do "povo agradecido", que se unia em busca de um propósito comum: o fim da escravidão. Apesar de a pena ter sido comprada por meio de uma subscrição que foi descrita por seu criador como popular, no seu discurso na ocasião da entrega desse objeto, a diversidade que lembra esse conceito não foi valorizada; ao contrário, todas as vozes foram caladas sob uma fala que pregava a união como elemento de liberdade e fim das diferenças até então vividas durante a escravidão.

De fato, o povo agradecido é homogêneo às vistas do jornal e daqueles que pretendiam controlar o ritual da assinatura. No entanto, tal momento de doação não deixou de ser considerado apropriado por aqueles que tiveram nele a única chance de expressar ideias a respeito daquela movimentação na Corte e da qual, de algum modo, estavam distantes. As vozes que foram caladas por Drago corresponderam a aproximadamente 3 mil assinaturas, que arrecadaram um total de 2:174$300 (dois contos, 174 mil e 300 réis), de acordo com o valor publicado no jornal *O Paiz* (15 maio 1888).

Enquanto as festas pela Abolição tomavam conta da cidade, a pena de ouro foi exposta na redação do jornal para que pudesse ser vista e admirada não só por seus doadores, mas por todos que tinham na rua do Ouvidor um caminho a seguir. De 20 de maio até o final do mês, a pena foi apresentada ao público no salão da redação, sendo assim descrita pelo redator do jornal:

> Pena toda de ouro, tendo no dorso 48 brilhantes, cuja grandeza vai aumentando desde a extremidade superior até a base da nervura principal, onde se engasta uma linda esmeralda circundada de brilhantes, formando o nó central de um laço artisticamente feito e abaixo de qual se destacam duas ovaes, contendo uma coroa imperial, e a outra o brazão d'armas da casa de Orleans. No corpo da pena, e quase na extremidade inferior, vê-se ainda um dragão todo cravejado de brilhantes, emblema da casa de Bragança; sendo o espaço compreendido entre os dois citados emblemas ocupado pela seguinte inscrição. "A D. Isabel, a redentora, o povo agradecido" – lendo-se do lado oposto o número e data da lei [*O Paiz*, 20 maio 1888].

A pena reunia elementos que associavam a família imperial àquele ato, e não apenas a princesa Isabel e o Parlamento. Os símbolos dos Orleans e dos Bragança estavam presentes e marcam a ascendência não só da princesa, como também do Império. Por outro lado, a inscrição "povo agradecido" no início do discurso de Drago e na pena reafirma o sentido de dádiva que pretendiam associar alguns doadores àquele ato. Nesse caso, para o autor da subscrição, o povo, numa referência a uma homogeneidade e descartando qualquer diferença política e social existente entre os doadores, apresentava-se apenas agradecido e, por isso, presenteava a doadora da liberdade.

A redação do jornal serviu de local de exposição da pena, que foi visitada por um grande público, ao mesmo tempo que também testemunhava um "trabalho de arte", segundo o relato entusiasmado dos editores d'*O Paiz*.[179] De acordo com o prometido pelo jornal, a publicação dos nomes daqueles que doaram fundos para a compra da pena seguiu até o dia 1 de junho.[180]

Após o principal uso da pena e sua exposição para os que a compraram, o objeto usado para dar fim à escravidão se tornava uma relíquia e como tal deveria ser guardado. Um cofre de ferro foi comprado pelos editores d'*O Paiz*, através de outra arrecadação, e nele a pena ficaria guardada como monumento material e "precioso instrumento histórico", nas palavras dos editores do jornal (*O Paiz*, 10 e 22 maio 1888). O valor de 121$300 Rs (121 mil e 300 réis) foi dado pelo tesoureiro do jornal, em julho de 1888, a João Saldanha da Gama, responsável pela compra do cofre e então diretor da Biblioteca Nacional.[181]

A relíquia a ser guardada em um cofre foi fruto da mobilização de milhares de pessoas que acreditavam dar sua contribuição, de certo modo, para o fim da escravidão, apesar das inúmeras interpretações existentes e presentes nas listas. Enquanto as discussões em torno do projeto seguiram pelo *locus* parlamentar, o "povo agradecido", em sua diversidade, mobilizava-se a partir de critérios próprios e sentidos compartilhados para a Abolição. Assim, ultrapassando os desejos de Drago, a compra da pena de ouro significou efetivamente mais do que uma simples homenagem à família imperial. Ela representava a participação de categorias sociais distantes da ambiência do Parlamento ou do paço Imperial, mas que tentavam, do seu modo, explicitar os sentidos que atribuíam ao ato a ser celebrado. Desse modo, a pena simbolizava os sonhos e aspirações de sujeitos diversos, assumindo para os participantes da subscrição inúmeros significados: a igualdade, a glória, a liberdade da pátria, a redenção e o fim do cativeiro.

Depois da assinatura da lei e com o início dos festejos, a diversidade do público que contribuiu para a compra da pena de ouro continuou aparecendo, de algum modo, nas páginas dos jornais, por meio da mobilização de determinados grupos para a realização de festas pela Abolição ou, até, na reivindicação de espaço nos

179 Por meio da publicação do jornal sobre as exposições que ocorriam no salão da redação, é possível concluir que a pena ficou exposta até o dia 30 de maio, quando houve o anúncio de uma nova exposição.
180 Os nomes foram publicados na primeira página do jornal, mas com uma fonte reduzida em comparação à utilizada nos outros textos.
181 AGCRJ. Códice 6, 1, 7. *Códice escravidão*. Atualmente a pena está exposta no Museu Imperial de Petrópolis, juntamente com outras relíquias do tempo do Império. A lei, na sua materialidade, é acervo do Arquivo Nacional. No início da rua 13 de Maio, na região central do Rio de Janeiro, há uma espécie de monumento no qual se encontra, atrás de um vidro, uma réplica da lei.

eventos organizados pela imprensa. A vontade de participar da festa promoveu a constituição de grupos que, a partir de elementos da formação de identidades coletivas (Kraay, 2007), local de trabalho ou de moradia, contribuíram para a compra da pena e mais tarde se fariam presentes na organização das suas celebrações individuais ou coletivas. A subscrição foi o primeiro passo para a participação de diferentes sujeitos sociais nos festejos da Abolição, além da imprensa.

8. Os festejos longe da Corte

A subscrição para a compra da pena foi o primeiro momento de integração de abolicionistas de outras regiões às movimentações em prol da Abolição. Com a assinatura da lei, esses grupos que haviam contribuído a distância com o envio de quantias para a aquisição de um símbolo pretendiam se inserir na dinâmica das comemorações, ou participando dos festejos promovidos pela imprensa ou fazendo suas próprias festividades. Ao traçarmos um panorama das festas ocorridas fora da Corte será possível perceber a existência de uma dinamicidade festiva que ia além daquela realizada pela imprensa. Da mesma forma que ocorreu com a subscrição, quando alguns sentidos para a Abolição pareciam convergentes com aquilo que estava sendo tratado pela imprensa, nessas festas fora da Corte alguns sentidos foram compartilhados por sujeitos que pretendiam ficar marcados como protagonistas do evento, independentemente dos mandos da imprensa.

Sem dúvida, nesse período, a ligação entre a Corte e as regiões periféricas, tanto do interior quanto entre províncias vizinhas, teve como facilitadoras as ferrovias, que já haviam contribuído para a circulação de notícias acerca das discussões sobre o fim da escravidão. Em maio, as ferrovias serviram para o trânsito entre os moradores de diferentes regiões naqueles tempos de festa. Estudos a respeito da expansão dos subúrbios[182] não deixam de considerar as estradas de ferro,

182 O uso do termo "subúrbio" já recebeu inúmeras definições de especialistas tanto da área de arquitetura e geografia quanto de historiadores. Para o primeiro caso, temos sua definição a partir da etimologia das palavras "urbano" e "suburbano", como algo ligado à proximidade da cidade, no sentido de segregação espacial (Lins, 2010:139). Já a historiadora Laura Maciel (2010:196) pensa o termo a partir do seu uso no início do século XX, quando jornalistas e cronistas se referiam a "subúrbios" para qualquer área em expansão na cidade (Botafogo, Leme, Copacabana). Mais tarde, os subúrbios ao sul foram incorporados à cidade e transformados em bairros, enquanto as regiões mais pobres, ao norte, continuaram a ser vistas como subúrbios. O termo também é utilizado para os bairros situados à beira das ferrovias, nas zonas norte e oeste da cidade. Diante de todas essas tendências e variáveis, continuo a utilizar a palavra por tê-la encontrado nos jornais de maio de 1888. Neles, o termo é usado para caracterizar áreas mais afastadas da região central e próximas à linha do trem.

principalmente a primeira delas, a Estrada de Ferro D. Pedro II, inaugurada em 1858, como fundamentais para a ocupação e o desenvolvimento de uma região periférica.[183] A ocupação das proximidades das estações foi feita a partir do retalhamento de antigas chácaras e fazendas de onde surgiram bairros ocupados por uma população com emprego mais estável e remuneração média: funcionários públicos, militares, profissionais liberais e comerciantes (Mendonça, 2014:40) que preferiram ter uma casa possivelmente mais confortável do que as moradias disponíveis na região central da cidade, valendo-se do trem para o deslocamento entre a residência e o trabalho (Miyasaka, 2011:58).[184] Além disso, as estações de embarque e desembarque de passageiros só foram construídas em locais de interesse das indústrias, o que demonstra haver também um polo de emprego nessas regiões (Fraccaro, 2008:15).[185] Ou seja, a cidade interligada entre o Centro e Cascadura através das estações de trem se viu ocupada, no contexto da Abolição, não apenas por moradores da região central, mas também por aqueles que viviam mais distante. Todos participariam, fosse saindo dos seus bairros e utilizando o trem para o deslocamento, fosse ficando na sua região e festejando de forma própria a Abolição, junto com seus pares. Se os moradores desses subúrbios já haviam contribuído para a comemoração da Abolição ao participarem da subscrição para a compra da pena de ouro,[186] as ferrovias garantiram também sua participação física, aproximando do ambiente parlamentar do Império quem nem estava tão distante assim.

Em maio de 1888, os ramais da Estrada de Ferro D. Pedro II foram enfeitados a fim de fazerem parte da dinâmica festiva que tomava conta de toda a província. A ornamentação foi semelhante à feita nas fachadas das residências e casas comerciais da Corte. Nos ramais foram utilizados bandeiras, galhardetes e outros objetos que faziam menção àquele momento de festa. Enfeites em prédios, bandas de música, luzes, tudo o que poderia demonstrar apreço por aquilo que estava

183 Segundo Miyasaka (2011:37), a Estrada de Ferro D. Pedro II foi inaugurada com duas estações abertas ao tráfego e uma parada: a do campo (Central), a de Cascadura e a de Venda Grande. A importância das estradas de ferro se dá pela facilidade com que ligavam distantes regiões à área central da Corte e, mais tarde, capital federal.

184 De acordo com a autora, o gasto com a passagem não afetava tanto o orçamento dos trabalhadores que moravam nos subúrbios e que utilizavam o trem para chegar ao trabalho.

185 O bairro de Inhaúma é exemplo de região que se desenvolveu a partir de condições existentes de trabalho; lá, a população pôde se fixar sem a necessidade de fazer grandes deslocamentos até o emprego (Miyasaka, 2011).

186 Na subscrição consta a contribuição dos moradores de Cascadura, Penha e Irajá.

sendo comemorado foi utilizado para compor o cenário de festa nas estações e na vizinhança e para aqueles que passavam para tomar o trem rumo ao Centro (*Diário de Notícias*, 19 maio 1888).[187]

Em meio à movimentação nos dias seguintes ao 13 de maio, os editores dos principais jornais da Corte encontraram pouco espaço para divulgar as notícias dos subúrbios, sendo publicadas poucas notas de forma breve e sem aprofundar os detalhes. Um exemplo dessa superficialidade foi a notícia publicada no *Diário de Notícias* (23 maio 1888), quando tratava da movimentação que ocorria na rua do Ouvidor, e quando o redator admitia: "D'esta vez a alegria do povo estendeu-se por toda a cidade, invadiu os subúrbios". A *Gazeta da Tarde* (19 maio 1888) conseguiu descrever com riqueza de detalhes a mobilização dos moradores das regiões próximas às estações:

> Desde Cascadura todas as estações e paradas da estrada de Ferro D. Pedro II acham-se festiva e galhardamente embandeiradas e iluminadas.
>
> Na estação de Cascadura, os arcos de folhagens, junto a uma engenhosa disposição de copinhos de cor amarela, desde longe encantam a vista e ensinam que o triunfo pertence todo, pacífico, ao auriverde pavilhão. Um túnel luminoso percorrido pela locomotiva. A beleza e disposição deliciosa do trabalho decorativo e de iluminação fazem honra ao delicado gosto do digno agente, o Sr. Miguel Figueiredo e do telegrafista o Sr. Durães.
>
> Piedade está toda cingida de galhardetes e tem todas as suas arestas pontilhadas de balões venezianos multicores.
>
> Oficinas apresentam no ápice de sua frontaria uma linha recurva de grandes pupilas frisadas, brilhantes.
>
> Todos os Santos iluminada a lanternas chinesas. Uma multidão adorável de senhoras troca vivas à liberdade com os passageiros.
>
> Engenho Novo tem a acrescentar a graça e bom gosto de seu arranjo, a iluminação vistosa de todas as casas circunvizinhas.
>
> Sampaio e Riachuelo com seus edifícios e jardins rendilhados de amarelo, verde, branco e encarnado, conforme a cor das lanternas que as iluminam.
>
> Rocha, um mimo de bom gosto.

---

187 Segundo a nota, as pessoas ocupavam as plataformas saudando os trens que passavam em direção à festa na Corte.

> Durante o dia, uma banda de música, com as notas afinadas de seus metais, junta-se à elegância de sua decoração.
>
> À noite, os arbustos que a circundam, os crótons, os flamboyants parecem carregados de grandes frutos luminosos.
>
> S. Francisco igualmente bonito e alegre.
>
> S. Cristóvão, ostentando arcos de folhagens, troféus, bandeiras [...].[188]

O editor cita as estações entre Cascadura e o Centro e por isso é possível identificá-las como principais pontos dos festejos dos subúrbios ao serem, ao mesmo tempo, o local de embarque para os eventos da Corte e ambiente de sociabilidade da região, com a saudação aos festeiros e compartilhamento de alguns sentidos daquela comemoração. Nessa descrição, o redator tratou as estações como sujeitos da festa. As expressões "Todos os Santos iluminada a lanternas chinesas", "Rocha, um mimo de bom gosto" e "São Francisco igualmente bonito e alegre", por exemplo, levam o leitor a visualizar mais um personagem da festa, e não apenas um local de passagem. Esses sujeitos enfeitados receberam suas ornamentações a partir de símbolos ligados ao Império, como as cores verde e amarelo das bandeiras nas lanternas utilizadas na estação de Sampaio e Riachuelo. Essas cores predominavam entre os enfeites e marcavam o compartilhamento de sentidos entre a Corte e os bairros periféricos da região central.

Ao reproduzirem em seus espaços símbolos semelhantes ao dos festejos da Corte, os moradores dos subúrbios mostravam que queriam estar presentes num ritual festivo através de uma dinâmica própria. As estações de trem e a ligação existente entre os moradores de diferentes bairros permitiam que as festas no subúrbio fossem quase tão grandiosas quanto as da imprensa na Corte.[189] A diferença, no entanto, dava-se a partir de seus organizadores, por não estarem presos ao sentido unívoco estabelecido por um grupo de jornais.

Um exemplo dessa independência dos organizadores dos festejos dos subúrbios está no ocorrido na rua 24 de Maio, no bairro de São Francisco Xavier. Nesse evento, um "grupo da caridade" desfilou com seu estandarte e parou em frente à casa de um morador da região, Manuel Carlos de Azevedo, fazendo discursos e dando vivas a ele. Além do préstito, houve a armação de um coreto, e outro

---

188 Sobre as estações entre o Centro e Cascadura, ver Mendonça (2014) e Miyasaka (2011).

189 Moradores de regiões que não tinham a linha do trem como ligação também festejaram, como os da região da Boca do Mato, em Jacarepaguá (*O Paiz*, 16 maio 1888).

morador, Francisco Luiz Gonzaga, recitou uma poesia em homenagem ao conselheiro Dantas (*Gazeta de Notícias*, 23 maio 1888). Esse evento mostra que os moradores dessa região também atribuíam significados próprios à Abolição, com a escolha dos personagens que mereciam uma grande saudação. A homenagem feita a um morador do bairro e ao conselheiro Dantas é o indício de que havia muito mais sujeitos envolvidos na Abolição, além dos já conhecidos e festejados pela imprensa.[190]

Com a chegada do mês de junho, as festividades pela Abolição permaneceram nos subúrbios. Ainda havia muito o que comemorar. As "Notas suburbanas" do *Diário de Notícias* (12 jun. 1888) relataram com detalhes o grande "Festival Abolicionista" ocorrido no bairro do Engenho Novo no dia 10 de junho:

> Em um coreto, levantado ao lado da estação do Engenho Novo, via-se grande número de escudos, em cada um dos quais se liam os nomes de S. A. Regente, do gabinete 10 de março, de todos os jornais diários da corte, ministros que fazem parte do ministério 10 de março, abolicionistas, senadores e o do falecido Visconde do Rio Branco.

Os organizadores desses festejos marcavam seu protagonismo na promoção dos eventos por meio, por exemplo, da escolha do mês da comemoração. Após a euforia das festas de maio, o mês de junho ainda tinha espaço para a continuidade das comemorações pela Abolição além dos domínios da imprensa. Os organizadores, moradores dessas áreas, associaram essas festas às suas práticas cotidianas de diversão – como a reunião em torno de clubes recreativos ou de outro tipo de associativismo.[191]

As comemorações no Engenho Novo aconteceram nas ruas e no interior do Clube Congresso do Engenho Novo. O local abriu suas portas à tarde para bailes que precederam a passeata que ocorreu à noite nas ruas, ao final do festival. Entre os que acompanharam esse préstito estavam os membros do Clube dos Faustinos e do Clube Musical Prazer do Engenho Novo. Os detalhes desse dia foram registrados pelo representante do jornal que acompanhou o préstito (*Diário de*

---

190 O conselheiro Dantas foi o responsável pela primeira versão da lei conhecida, mais tarde, como Lei dos Sexagenários. Ver Mendonça (2008).

191 Apesar de o associativismo dos clubes recreativos nos subúrbios ser mais frequente no início do século XX, não há como negar sua força já no final do século XIX, principalmente no momento de comemoração da Abolição. Ver Pereira (2010, 2020).

Notícias, 12 jun. 1888). Após os festejos na Corte, os que ocorreram longe dessa região e que não concorriam com a festa da imprensa foram registrados de forma mais detalhada pelos editores dos jornais, ainda que não ganhassem destaque nas primeiras páginas desses periódicos.

No mês de junho, foram realizados festejos pela Abolição na região entre Campinho, Cascadura e Madureira. Os moradores desses bairros vizinhos deixaram para organizar suas festas apenas após a notícia da melhora da saúde do imperador (*Diário de Notícias*, 13 jun. 1888). De fato, no início do mês de maio as notícias acerca do estado de saúde do monarca não eram nada animadoras. Mesmo assim, pelo menos na Corte, festas não deixaram de ser realizadas. Porém, nos subúrbios, a melhora da saúde do imperador, logo nos dias seguintes à Abolição, era causa de regozijo.

O evento seguiu alguns rituais comuns às festas de maio. Um préstito composto por cavalheiros da comissão organizadora e alunas de um colégio da região percorreu as ruas do bairro do Campinho em direção a Madureira. O cortejo teve também a alegoria utilizada na passagem da Sociedade Dramática 10 de Agosto, adornada com flores, escudos e estandartes abolicionistas. Os espectadores saudavam quem desfilava dando vivas à liberdade. Poesias também foram recitadas por moradores da região. No relato não há a hora do início do evento, apenas o final: 2 da manhã. O festejo se encerrou com um sarau dançante realizado na casa de um dos moradores do bairro, que, por sinal, segundo o relato, era a mais enfeitada (*Diário de Notícias*, 15 jun. 1888). Mais uma vez, há alguns rituais utilizados nos festejos da imprensa, apesar de uma distinção ao final: a realização de um sarau dançante dentro de um ambiente fechado. Esse local, que recebia os festeiros de Madureira, é um sinal de que havia muito mais elementos para celebração do que aqueles exibidos durante o préstito pelos bairros. Os festejos pela Abolição nos subúrbios seguiam uma lógica que mesclava o ritual daqueles promovidos pela imprensa (préstitos, poesias, heróis da Abolição, por exemplo) com a cultura dos grupos sociais que promoviam as festas nessas regiões, que acabariam após horas de bailes em locais específicos para tal prática. A festa da Abolição, mais do que civismo, representou nessa ocasião uma forma de divertimento compartilhada entre os moradores do bairro.

Nas proximidades dos seus locais de moradia, homens e mulheres se apropriaram de um ritual testemunhado na Corte em maio e adaptaram tal dinâmica às suas experiências de diversão. Sem dúvida, as festas da imprensa serviram de parâmetro, mas não representaram amarras para a promoção e valorização de outros aspectos. A comemoração pela Abolição por parte de outros sujeitos, os moradores dos subúrbios, se iniciou com a doação de uma quantia para a pena e teve seu auge na realização de festas com uma dinâmica própria.

Desse modo, à pluralidade das festas pela cidade correspondeu também a variedade de sujeitos que delas participaram. Seja nos subúrbios ou na região central, pessoas das mais diversas origens e perfis tomaram parte, ao seu modo, da celebração. Essa diversidade de sentidos também foi marca dos festejos que ocorreram no interior da província, mais precisamente nas regiões escravistas. Com a chegada da notícia da assinatura da lei no interior, os festejos ocorridos nas fazendas promovidos pelos então ex-escravizados tiveram uma dinâmica própria, apesar de ainda estarem, em muitos casos, comprometidos com a lógica senhorial da celebração.

Na Fazenda Pocinhos, na estação do Ypiranga da Estrada de Ferro D. Pedro II, todos os escravos da localidade, homens, mulheres e crianças, foram reunidos para receber o anúncio da libertação. Ao saberem das boas novas, todos "romperam entusiásticas saudações":

> Tornaram-se verdadeiros loucos: uns ajoelhavam-se levantando mãos súplices aos céus; outros riam, muitos choravam, beijavam a terra que regaram por tanto tempo com o suor do trabalho forçado, todos erguendo vivas a S. Benedito, a Princesa Imperial e ao ministério João Alfredo [*O Paiz*, 15 maio 1888].

Ao mesmo tempo que a euforia tomava conta daqueles que recebiam a notícia da sua liberdade, as saudações feitas por eles possuíam um sentido muito específico. Apesar de levantarem graças à princesa e ao ministério, não esqueciam também do "glorioso santo cujo nome não lhes saía dos lábios" (*O Paiz*, 15 maio 1888). São Benedito. A atitude desses ex-escravos nos ajuda ainda a entender, no entanto, alguns dos sentidos que esses devotos de São Benedito podiam, então, atribuir à Abolição. São Benedito foi um dos santos negros mais cultuados pelos escravizados. Essa devoção possivelmente está relacionada à biografia do santo, filho de pais escravos. Seu culto no Brasil ocorreu desde o início do século XVII, após ser atribuído a ele o milagre da cura do filho de uma escrava do convento de Santo Antônio, no Rio de Janeiro (Borges, 2005:155). O santo de devoção já havia beneficiado os antepassados desses escravos, e a graça da Abolição recebida era associada a ele. No entanto, tamanha devoção e alegria não foram suficientes para tirar esses novos trabalhadores livres das suas obrigações cotidianas. Ainda de acordo com a nota, às 4 horas da tarde, enquanto comemoravam, houve uma previsão de "borrasca" (ventania) e havia naquele local grande quantidade de café, calculada em 6:000$000 (6 mil réis). Então, na mesma hora, esses trabalhadores recolheram todo o café e o guardaram no depósito. Logo depois, voltaram aos "folguedos da libertação" (*O Paiz*, 15 maio 1888). Ao fazerem isso, mostravam compreender de forma bastante específica a liberdade que lhes havia sido anunciada: ela não parecia ser a simples negação ao trabalho, mas sim a possibilidade de afirmação autônoma de sua cultura e, nesse caso, do seu santo de devoção. Um caso semelhante ocorreu em Maricá, onde a comemoração dos ex-escravos se deu à noite e durante o dia eles permaneceram trabalhando na lavoura (*Gazeta de Notícias,* 21-22 maio 1888).

Essas notícias reforçam também a ideia da permanência da ordem nesses locais de escravização sem alteração significativa no mundo do trabalho após a Abolição. Foi o caso, por exemplo, de uma notícia vinculada na *Gazeta de Notícias* (18 maio 1888), narrando que um fazendeiro foi recebido pelos ex-escravos com festas e ao final todos voltaram ao trabalho. Essa permanência teria sido o resultado da disciplina estabelecida na fazenda. A nota tende a reafirmar uma estabilidade nas fazendas e a existência de uma negociação tanto para a realização das festas quanto para a continuidade dos trabalhos. No editorial da *Revista Illustrada* (2 jun. 1888), "o ar livre e oxigenado da liberdade" aparecia também nos relatos conciliatórios entre ex-escravos e seus ex-senhores. O caso de duas mulheres que pretendiam continuar com seus antigos senhores ajudando-os nas despesas, e a permanência dos ex-cativos de Paulino de Souza e de Lacerda Werneck – ambos votos contrários ao projeto da Abolição – em suas fazendas eram interpretados por Júlio Verim, autor do texto, como exemplos de que a tensão projetada para os dias seguintes aos da Abolição era infundada, e, em menos de um mês passada a lei, era possível ver a permanência da calmaria. Essas notícias negam o conflito e qualquer suspeita de mudança radical, com uma autonomia na escolha dos libertos nos dias seguintes à assinatura da lei. A lógica dos redatores era a do fazendeiro que permanecia com seus domínios a partir da crença de que isso era uma opção do liberto. No entanto, os diferentes sentidos da liberdade, tanto os vividos pelos fazendeiros quanto os pelos libertos, apareceriam no relato das festas e de seus conflitos.

Esses mesmos jornais publicaram notícias a respeito da interrupção de uma festa promovida pelos libertos sob alegação de que não teria chegado até a região a notícia oficial da assinatura da lei.

> No dia 14 do corrente ao constar em Mangaratiba a notícia da sanção e promulgação da áurea lei, muitos escravizados, em número superior a 100, reuniram-se e, precedidos de uma banda organizada com os seus toscos e primitivos instrumentos de música, tambores, chocalhos [...] percorreram as ruas daquela vila, levantando vivas a S. M. o Imperador, a S. A. a Regente, aos senadores Dantas e João Alfredo, a Patrocínio e outros. [...] [*Gazeta de Notícias*, 19 maio 1888].

Os festejos continuaram com saudação ao abolicionista da região, cujo nome é ignorado pelo autor da nota. Ao voltarem para a fazenda, esses ex-escravizados se reuniram e continuaram os festejos até serem interrompidos pelas autoridades locais, continuando a celebrar até o amanhecer após negociação.[192] Na verdade, a notícia acerca da Abolição certamente já havia percorrido toda a região de abrangência da fazenda, sendo levada adiante numa espécie de préstito realizado pelos ex-escravos pelas ruas da vila. De fato, a ordem dada logo após a assinatura era para que todas as províncias soubessem da lei e a aplicassem.[193] O telégrafo, nesse ano, era a forma mais rápida de comunicação e fez chegar a notícia da Abolição a todo o país e mesmo fora dele.[194] Logo, possivelmente, o motivo da interrupção das celebrações foi uma desculpa das autoridades a fim de parar com uma prática festiva que para elas era desconhecida ou condenada. Porém, ao realizarem suas comemorações, esses ex-escravos utilizaram alguns símbolos da festa letrada, ao dar vivas à princesa, ao Parlamento e a Patrocínio, fazendo isso no uso de suas próprias práticas culturais de diversão. No entanto, tal cultura é ignorada pelo editor da nota em que a classificação dada aos instrumentos que eles utilizaram, chamados de toscos e primitivos, é um dos sinais da hierarquia que se pretendia construir nos relatos das celebrações.

---

192 Segundo Stanley Stein (1961:310), correu um boato na região do vale do Paraíba do Sul segundo o qual, de acordo com o novo decreto governamental, os ex-escravos tinham de servir mais sete anos na escravidão. Tal atitude certamente tinha como fim evitar a saída deles das fazendas.

193 Essa determinação apareceu logo em seguida aos artigos da lei.

194 Era forte a expectativa pela Abolição e possivelmente a notícia se espalhou de forma muito mais rápida, tornando quase impossível seu desconhecimento. De acordo com Eduardo Silva (2001), o telégrafo e as modernidades do ano de 1888 fizeram parte dos festejos pela Abolição.

De todo modo, a preocupação em torno da forma de celebrar a liberdade tomava conta das mentes das autoridades locais e policiais, que temiam aglomerações, festejos prolongados e a perda da ordem. Essas foram as notícias enviadas ao Ministério da Justiça vindas de chefes de polícia e presidentes de província em maio de 1888. Segundo Wlamyra Albuquerque (2009:95), os pedidos de ajuda tinham por objetivo conter um "perigoso estado eufórico" que certamente poderia ocorrer nas festas nas ruas e nas fazendas. Para o chefe de polícia da província do Rio de Janeiro, a promessa de que a ordem e a paz permaneceriam inalteradas com a Abolição era baseada tanto no controle das autoridades como também na experiência do passado.

> A ordem e a paz públicas permaneceram inalteradas, o que atesta a índole pacífica dos habitantes da importante província do Rio de Janeiro, seus hábitos de trabalho, o amor que consagram às instituições juradas, a civilização que se vai espalhando nos seus municípios mais remotos, o respeito e a confiança às autoridades constituídas e às leis em vigor [Relatório do chefe de polícia do Rio de Janeiro, 1888].

Tudo o que se pretendia conseguir naqueles dias seguintes à Abolição era a ordem. Essas considerações do chefe de polícia precederam os relatos acerca dos conflitos existentes em algumas regiões após a assinatura da lei e ainda durante as festas. Ou seja, existiam outras lógicas e sentidos ligados à liberdade, vividos pelos libertos e seus ex-senhores e que estavam fora do controle das autoridades.

O primeiro caso é do ex-escravo Martinho, que, no dia 14 de maio, foi repreendido por um feitor por estar fazendo baderna no divertimento dos companheiros que "festejavam o decreto que aboliu a escravidão". Martinho, indignado com a repressão, tirou a faca que estava na cintura do feitor e o matou. Ele foi preso em flagrante.

Na região chamada de Distrito da Barra, no dia 26 de maio, "o preto Valério, ex-escravo", feriu com um canivete o administrador da fazenda do seu ex-senhor, que já era morto, e depois fugiu. Não há nenhuma outra informação sobre a causa do crime nem se Valério havia permanecido na fazenda após a Abolição (Relatório do chefe de polícia do Rio de Janeiro, 1888).

Nesses dois casos relatados pelo chefe de polícia, temos exemplos de como existia uma lógica de liberdade que não era compartilhada igualmente pelos ex-escravos e pelos antigos feitores. A respeito do caso de Martinho, não se tem clareza sobre quem ele incomodava, se aqueles que faziam suas festas ou o próprio feitor, ainda figura presente e de autoridade naquele local. A ação de Martinho revela mais do que vontade de ser livre e festejar: quer ao mesmo tempo eliminar a figura do feitor e da sua repressão, marcas da escravização, mesmo que essa eliminação tenha sido de forma extrema. O outro caso de agressão contra um administrador, cometido pelo ex-escravo Valério, apesar de desconhecermos sua causa, mostra a intolerância a certos limites possivelmente colocados por antigos senhores e administradores a fim de manter sua mão de obra nas fazendas. Em ambos os casos, esses ex-escravizados pretendiam viver uma liberdade que, às vistas dos seus antigos opressores, deveria ser vigiada e limitada. Porém, para eles, ser livre era poder participar de uma diversão sem a figura repressora do feitor que os remetia aos tempos de escravização.

Por outro lado, essa liberdade conquistada por meio da lei não eliminou certas atitudes de ex-senhores que ainda se achavam no direito de marcar de forma violenta o lugar social do ex-escravo. Essas agressões foram registradas no relatório do chefe de polícia no dia 16 de maio: em Sapucaia, onde dois libertos foram postos no tronco pelo seu ex-senhor; e em Valença, onde uma ingênua foi apresentada ao delegado com ferimentos dizendo ser de responsabilidade da ex-senhora (Relatório do chefe de polícia do Rio de Janeiro, 1888).

A ordem apregoada pelo chefe de polícia não foi assimilada por todos, e a violência continuou sendo uma marca das relações hierárquicas existentes no interior da província, mesmo com o fim da escravidão. Em todos esses casos, a liberdade vinda com a lei não foi duradoura, uma vez que os libertos tiveram de arcar com os custos dos seus atos violentos ou das vontades dos seus ex-superiores, que ainda viviam sob a lógica escravista, dominando seus atos. Portanto, através desses casos percebe-se como a festa que celebrava a liberdade era vivida de forma diversa e com significados distintos para ex-escravizados e seus antigos opressores. O festejo da liberdade deveria compartilhar símbolos e significados presentes tanto na mentalidade do senhor quanto na do liberto.

Um exemplo disso ocorreu no curato de Santa Cruz, interior da província, quando a notícia da Abolição chegou junto com a da melhora da saúde do imperador. A casa da superintendência foi iluminada e fogos de artifício foram lançados. Os sinos da matriz tocaram e iluminou-se todo o curato. Nesse momento, os ex-escravos foram para a igreja entoando hinos, que de início saudavam as figuras de d. João VI, d. Pedro I, d. Pedro II e da princesa regente: "Depois de executado o hino, cantaram uma linda música original, continuando suas festas em roda do novo cruzeiro, permanecendo até alta noite sempre em folguedos e boa ordem" (*O Paiz*, 15 maio 1888).[195]

Mais uma vez, a liberdade recém-conquistada era experimentada por esse grupo de ex-escravos como o direito de expressar seus próprios costumes e tradições. Se a tradição senhorial e a gratidão do momento os levavam a executar cantos em louvor à família real, compartilhando os significados que os letrados construíram para a Abolição, no momento de celebrar ao seu modo a liberdade, os ex-escravizados trataram de se organizar em roda, com cantos e danças que eram provavelmente uma maneira de celebrar suas origens centro-africanas, formas possivelmente incompreensíveis aos ouvidos dos senhores e letrados da Corte (Slenes, 2008).

Não por acaso, essas formas de comemoração nas fazendas apareceram nas ilustrações de Angelo Agostini para a *Revista Illustrada*.[196]

Figura 38
***Revista Illustrada*, 2 jun. 1888**

195 Todos esses casos foram publicados nesse jornal.

196 Na análise feita por Marcelo Balaban (2009) sobre a visão da *Revista Illustrada*, o autor afirma que Agostini não havia retratado a festa dos negros nem suas possíveis comemorações. Essa ilustração contraria tal informação.

Por mais que se tratasse de um trabalho do desenhista, que não necessariamente significava uma cena antes vista ou vivida por ele, o modo de representá-la parte do conhecimento de Agostini sobre como se organizavam as festas negras no interior das fazendas ainda durante a escravidão. A dança em roda, com homens e mulheres de pés descalços, as mãos dadas, como em uma ciranda em volta da fogueira, sempre presente em festejos realizados por escravos após o trabalho, caracteriza a forma negra de celebrar, lembrando as rodas de jongo, tão marcantes na experiência dos africanos escravizados da região e seus descendentes (Stein, 1961:246).

O jongo realizado para comemorar a Abolição era a síntese de um período em que esses ex-escravizados tiveram de, em meio ao trabalho na lavoura, rearticular suas redes de identidade a partir dos costumes compartilhados no continente africano. Essa dança ocupava uma posição intermediária entre uma cerimônia religiosa e diversão secular (Slenes, 2008:57, 115) e foi o exemplo, no Brasil, da adaptação de uma identidade original diante de um contexto de escravidão e resistência (Slenes, 1992). Ao realizarem um jongo para celebrar a Abolição, os ex-escravizados marcam uma autonomia em relação à forma de viver a liberdade recém-conquistada e sua festa.

Além de Agostini não fugir da realidade do interior das fazendas para retratar o festejo negro, a legenda inserida por ele na ilustração exemplificou, de certo modo, uma situação ocorrida numa festa em um local distante da Corte. O *The Rio News* relatou as comemorações dos ex-escravos em Campinas quando houve o que o editor chamou em inglês de "*shin-digs*" (batuque). Assim como a legenda da ilustração de Agostini informa que os libertos utilizaram os instrumentos de tortura para aumentar a fogueira, em Campinas também foi realizado um "auto de fé" com todos os instrumentos de tortura encontrados na região (*The Rio News*, 24 maio 1888).[197] Com a lei, esses objetos tornavam-se inúteis e por isso foram utilizados numa comemoração escolhida pelos libertos: o batuque. O som dos instrumentos "toscos e primitivos" dos ex-escravos e a fogueira alimentada pelas antigas peças de escravização animaram as noites dos festejos dos libertos, que, a partir da sua cultura negra, comemoravam a liberdade (Stein, 1961:309).[198]

197 Segundo Stanley Stein (1961:246), a associação entre fogueira e tambor estava presente nos locais de escravização e servia como momento de sociabilidade entre os escravos, novos e velhos.

198 Segundo Stein (1961), durante três dias e três noites podiam-se ouvir as batidas dos tambores enquanto os libertos festejavam o acontecimento dançando ao toque do caxambu.

Todas essas festas no vale do Paraíba, lavoura do café dependente da escravização, foram precedidas pelas notícias sobre a Abolição transmitidas por fazendeiros que tentaram agregar seus ex-escravos ao quadro de funcionários das fazendas, ou pelos próprios libertos que percorreram as fazendas da região dando a notícia aos seus pares (Stein, 1961:308).

A ilustração de Agostini dando exemplos de um festejo negro e a confirmação da sua existência por parte de um jornal que circulava na Corte pertencem a uma dinâmica festiva realizada e promovida pelos ex-escravos que celebraram a liberdade a partir das suas experiências do tempo da escravidão. Tais manifestações ocorridas numa região distante da Corte, mas noticiadas nos periódicos que circulavam na cidade, mostram o quanto a Abolição foi festejada para além dos sentidos pregados pela comissão organizadora. Os batuques, os jongos e as fogueiras dão significados de ruptura e liberdade à lei de certo modo distintos dos vividos na festa da cidade. Essa liberdade já aparecia num tipo de negociação existente antes mesmo de 1888 entre escravizados e senhores, quando o ambiente legal era o campo de resistência principal da escravidão. Nesse espaço de negociação, a realização de uma festa negra já era uma forma de conquista antes mesmo da Abolição. Com o fim da escravidão, essa festa celebra a vitória de sujeitos que no âmbito legal da negociação conquistaram espaços de preservação da sua cultura e das suas crenças. A lei da Abolição consolidava esse caminho, também trilhado por aqueles que na cidade do Rio de Janeiro negociavam sua liberdade a todo momento. Em seu conjunto, essas celebrações sugeriam que, para ex-escravos distantes da Corte ou mesmo para os da cidade do Rio de Janeiro, a Abolição era mais do que liberdade. Era tudo o que seu festeiro da noite, do dia, do batuque e do jongo a ela quisesse associar.

9. Trabalhadores em festa

A Abolição foi festejada não apenas pelos ex-escravizados nos seus antigos locais de escravização, mas por todos que viam na lei o surgimento de um novo tempo. Participar da festa, seja testemunhando um evento promovido pela imprensa ou doando uma quantia para a compra da pena, foi uma das formas vividas por diferentes grupos de trabalhadores para celebrar a Abolição. Além disso, esses grupos também queriam se inserir na dinâmica festiva daquele mês por meio da realização de eventos comemorativos e simultâneos aos da imprensa fluminense, a partir de critérios e objetivos próprios, estabelecendo diferentes sentidos para aquele marco.

A participação dos trabalhadores pode ser vista a partir da reivindicação deles por espaços na festa e horas livres de lazer. Naqueles dias, a Corte e seu funcionamento tenderam a permanecer inalterados, apesar dos eventos que pretendiam incorporar todo o cotidiano dos seus moradores e do comércio. A reivindicação por tempo livre para viver a festa foi feita por alguns grupos de trabalhadores e seu sucesso dependeu do seu campo de atuação.

Entre os que tiveram sucesso no seu pedido estavam os funcionários do Ministério da Agricultura. Nesse período, o campo do funcionalismo público, apesar de não ser regulamentado, era local de aquisição de renda fixa, além de prestígio social, já que seus ocupantes estavam acima dos demais trabalhadores livres do período, como caixeiros, artesãos e agregados (Candido, 2002:11). Esse trabalho servia, para muitos literatos no século XIX, como complemento da renda que também era alimentada pelos proventos da atuação no jornalismo e publicação de livros. Esse foi o caso de Arthur Azevedo e de Machado de Assis,[199] ambos funcionários do Ministério da Agricultura, em 1888 (Magalhães, 1966:56).

199 Machado de Assis ingressou em 1873 no Ministério da Agricultura, Comércio e Obras Públicas aos 33 anos de idade. Nesse tempo, já era escritor de certo renome, tendo publicado alguns livros. No mesmo ano, foi nomeado para o cargo de "primeiro oficial" (Magalhães Jr., 1958:16).

Esse foi o ministério responsável pela realização das matrículas dos escravos, prevista na lei de Setembro de 1871 (Chalhoub, 2003:207). Em 1888, o ministro era Rodrigo Silva, também responsável pela apresentação do projeto da lei da Abolição à Câmara; por isso, ele recebeu homenagens dos seus funcionários nas vésperas do início dos festejos.[200] O chefe de seção da Secretaria de Agricultura, Machado de Assis, comandou a homenagem em 16 de maio por meio de um discurso que deu destaque às ações de Rodrigo Silva e ressaltou a admiração que todos ali presentes sentiam, principalmente devido à última ação empreendida por Silva: o referendo dado à "lei que declarou para sempre extinta a escravidão no Brasil" (*Gazeta de Notícias*, 17 maio 1888).[201]

Ao final da cerimônia, que contou com a presença da banda do Arsenal de Guerra, o ministro discursou agradecendo a homenagem, mas lembrou que o mérito cabia igualmente aos funcionários daquele setor. O fato é que, desde muito antes de Rodrigo Silva assumir o cargo, foi nesse ministério, mais especialmente na segunda seção, chefiada por Machado de Assis desde 1876, que o trabalho de cumprimento da lei de 1871 foi feito de forma mais rígida, apesar dos protestos de donos de escravos que procuravam brechas na lei a fim de permanecer com a escravização de homens e mulheres.[202]

A manhã especial da quarta-feira no Ministério da Agricultura terminou com a leitura de uma poesia feita por Arthur Azevedo no verso de um cartão de visita:

> Conselheiro, perdoai tanta ousadia,
> Minha falta esqueçai, se há n'isso falta;
> Mas vós, firmando a lei que a pátria exalta
> Fizestes igualmente uma poesia,
>
> É muito natural que n'este dia,
> Que de prazer as almas sobressalta,
> Os prosaicos ofícios tenham alta;
> E entrem as musas na secretaria.

---

200 O deputado Rodrigo Silva assumiu o Ministério em maio de 1887, após a saída de Antônio Prado (Moraes, 1986:144).

201 O *Diário de Notícias* e o *Cidade do Rio* também publicaram a notícia da homenagem a Rodrigo Silva.

202 Além de determinar a matrícula de todos os escravos, a lei de 1871 também regulava a possibilidade da aquisição da liberdade por meio da formação de pecúlio (Mendonça, 2001:55).

> Os mesmos sentimentos delicados
> Que hoje dão direito a honrada lenda,
> Oh! Providência dos escravizados!
> Apelo e o vosso coração nos atenda!
> Estendei para os vossos empregados
> A mão que a liberdade referenda! [*Gazeta de Notícias*, 17 maio 1888].[203]

Os versos de Arthur Azevedo ironizam a liberdade referendada por Rodrigo Silva, mas exaltam a importância do seu ato. Por isso, Arthur Azevedo e os demais funcionários se apresentam como dignos de receber uma "liberdade" – nesse caso, a folga nos dias seguintes, na ocasião dos festejos pela Corte que, em parte, eram organizados por Azevedo. O pedido se justificava por ser aquele momento algo único na história do país e ainda ter sido prenunciado por um dos membros desse setor. Para eles, participar das festas era uma manifestação de civismo e por isso não pretendiam se ausentar. A resposta de Rodrigo Silva ao pedido foi positiva, por meio de um "até segunda", liberando seus funcionários para que participassem das festas (*Gazeta de Notícias*, 17 maio 1888).

No relato feito pelo editor do *Cidade do Rio* acerca da homenagem recebida por Rodrigo Silva, os demais funcionários dessa repartição foram destacados, uma vez que, ao lado do ministro, outros trabalharam deveriam ser lembrados.

> No silêncio do gabinete, José Júlio, Amarillo de Vasconcelos, Machado de Assis, Pinto Serqueira, Paula Barros, e ainda outros, dedicaram-se durante anos a velar com solicitude na defesa dos direitos dos escravos, a tirar das leis de liberdade todos os seus naturais corolários, a organizar e a tornar efetiva a emancipação gradual pela ação do Estado [...] [*Cidade do Rio*, 18 maio 1888].

Ao citar o nome de funcionários que, no cumprimento de suas funções, haviam se dedicado à defesa dos "direitos dos escravos" – expressão reveladora do sentido político de suas ações –, o jornal mostrava como muitos daqueles funcionários da secretaria haviam efetivamente trabalhado para o fim da escravidão ao regularem as relações entre senhor e escravo a partir dos princípios previstos na lei de 1871 (Chalhoub, 1990). É o que mostra, em especial, o caso de Machado de Assis.

203 Essa poesia também foi publicada por Magalhães Júnior em sua biografia de Arthur Azevedo (Magalhães Jr., 1966:147).

Os pareceres escritos por ele favoráveis à aplicação da lei na sua forma total mostram a crença desse funcionário na validade da lei como um passo importante para a emancipação dos escravos. Além da produção de pareceres duros e contrários à manutenção da escravização de homens e mulheres não matriculados, o literato também utilizava, nesse período, o campo da crônica para elogiar os efeitos da lei (Chalhoub, 2003). O engajamento de funcionários públicos como Machado de Assis na causa dos escravos explica, portanto, o sentido tanto da homenagem oferecida ao ministro quanto da folga que lhes foi permitida por ele, uma vez que esses trabalhadores são vistos como agentes daquilo que se festejava em maio de 1888. A liberdade conquistada no 13 de Maio, fruto de uma lei, deveria ser festejada na sua plenitude por aqueles que, décadas atrás, já vinham lutando pela aplicação de uma legislação e pela preservação dos direitos dos escravos. Em maio de 1888, esse direito tinha sido alcançado por completo não como uma dádiva, como faziam crer alguns editores dos jornais da Corte, mas como uma conquista iniciada havia tempos no Parlamento e na Justiça.

A atuação de outros grupos pelo fim da escravidão, processo iniciado antes de 1888, justificava o pedido de folgas para a comemoração de uma vitória que parecia ser de todos. Sendo assim, não apenas os funcionários do Ministério da Agricultura se sentiam responsáveis por essa conquista; existiam outros que, a seu modo, acreditavam ser participantes do ato.

Os tipógrafos são exemplos de trabalhadores que fizeram parte de uma dinâmica da Abolição própria ao seu ofício. Em maio de 1888, além de serem os responsáveis pela produção material dos jornais da Corte, alguns membros dessa categoria atuaram na impressão da lei assinada pela princesa regente. Tal fato não foi esquecido naqueles dias de celebração, nos quais tudo que era ligado à Abolição e sua materialidade transformava-se em motivo de festa. Por essa razão, os nomes de Manoel Germano Brandão[204] e Américo José Leite Pereira[205]

204 Manoel Germano Brandão, em 1880, fazia parte da redação do jornal *O Heroe – consagrado exclusivamente à classe operária*, folha escrita por tipógrafos e destinada aos assuntos dessa categoria profissional. Brandão é um dos que discursaram na homenagem a Carlos Gomes organizada pelos tipógrafos em 1880 (*O Heroe*, 13 ago. 1880). O tipógrafo participou como sócio do Centro Typographico Treze de Maio, órgão criado logo após a Abolição e que homenagearia a data da lei e cuidaria dos interesses da classe tipográfica (*Revista Typographica*, 25 ago. 1888).

205 Na pesquisa pelo seu nome na hemeroteca da Biblioteca Nacional não foram encontradas mais informações sobre sua vida, além de ser um dos tipógrafos responsáveis pela impressão da lei. Um dado encontrado foi a respeito da destruição de sua casa, no Catumbi, após um violento incêndio, que assolou outras residências. (*Gazeta de Notícias*, 16 dez. 1888). Segundo a nota, todos os moradores eram pessoas pobres que perderam quase todos os pertences.

foram saudados por terem sido os que compuseram a letra da lei, e o de Manoel Joaquim da Cunha Telles,[206] por ter sido seu impressor.

O relato da impressão da lei e de seus sujeitos foi reproduzido em vários jornais, entre eles o *Diário Oficial*, que serviu de parâmetro para que outros jornais fizessem o mesmo. Na edição do dia 15 de maio, a *Gazeta da Tarde* descreveu com detalhes a emoção da produção da lei e os trabalhadores daquele momento. A *Revista Typographica* registrou de forma sucinta, mas não menos interessante, uma parte do ritual e seus responsáveis. O relato de ambos indica, no entanto, outros sentidos para aquele ato, além dos já pregados pelos jornais. A revista fez questão de destacar o valor da participação desses profissionais para o futuro da pátria:

> Os dois distintos artistas devem sentir verdadeiro orgulho por terem sido os destinados a gravarem em tipos o decreto sublime, que veio riscar da nossa pátria a abominável instituição da escravidão [*Revista Typographica*, 19 maio 1888].

Essa ênfase pretendia marcar que havia muito mais agentes trabalhando pela Abolição além daqueles que atuaram no Senado e na própria imprensa. As saudações recebidas pelos tipógrafos por seus pares honravam, de certo modo, a participação de todos os trabalhadores.

> Ao cair a forma no prelo para tirar a primeira prova para a revisão foi o antigo tirador de provas Manoel Joaquim da Cunha Teles felicitado por seus companheiros de trabalho [...] a suprema ventura de ser o primeiro a imprimir em letra de forma, a diamantina lei que apagava para sempre da bandeira nacional a negra mancha da escravidão; oferecendo-lhe nessa ocasião o administrador, o Sr. Antonio Nunes Galvão uma saudação, assinada pela maioria dos empregados presentes, como uma indelével recordação de tão fausto acontecimento debaixo de uma estrondosa salva de palmas [*Gazeta da Tarde*, 15 maio 1888].

206 Manoel Joaquim da Cunha Telles, junto com Manoel Germano Brandão, participava da redação do jornal *O Heroe*. Em 1889 fez parte das comissões organizadas pela União Operária para as comemorações pelo 7 de Setembro, sendo Telles um dos que receberiam a princesa Isabel (*Gazeta de Notícias*, 30 ago. 1889). No ano anterior, escrevera uma poesia em homenagem ao 7 de Setembro (*Gazeta de Notícias*, 8 set. 1888).

Ainda que fossem modestas as louvações aos tipógrafos, se comparadas àquelas recebidas pela princesa ou pelos parlamentares, esse relato da *Gazeta da Tarde* mostra o quanto o ritual da confecção da lei era importante para aquele grupo de trabalhadores que se viam como parte ativa da vitória alcançada, demonstrando que havia outros agentes no processo que deu fim à escravidão. Para eles, a participação dos tipógrafos deveria ser ressaltada como sendo a de trabalhadores que contribuíram efetivamente para o fim da escravidão, num caminho semelhante ao dos trabalhadores do serviço público. Além disso, os instrumentos que serviram para a confecção da lei seriam relíquias que deveriam ser guardadas, como linhas, os lápis, os tipos, tinteiro, penas e os originais e provas enviados para o Museu Nacional, a fim de que esses "objetos perpetuamente memorem a data em que no Brasil terminou a escravidão" (*A Época*, 15 maio 1888). Nos dias seguintes à confecção da lei, todos pretendiam se inserir na dinâmica festiva e, assim, garantir um lugar na memória histórica da Abolição.[207]

O registro da participação dos tipógrafos no processo de confecção da lei foi facilitado porque esses trabalhadores tinham a seu favor o acesso aos meios de impressão. Além desse registro, puderam, em jornais próprios, tratar do processo abolicionista, seus pontos de vista sobre a Abolição e outras temáticas que envolviam a categoria. Na verdade, tiveram uma importância fundamental num período de difusão de textos e aumento da popularidade de jornais na Corte e nos seus arredores.[208] Para o exercício dessa função, não era necessária apenas a força física, mas também a intelectual, uma vez que era preciso o domínio da escrita.[209] Assim, os compositores tipográficos, cuja função também requeria inteligência e disciplina, se assemelhavam a outros profissionais liberais do período, estando numa posição intermediária em meio às diversas categorias profissionais existentes na Corte (Vitorino, 2004:175).

---

207 A produção do decreto que extinguiu a escravidão foi atribuída a Henrique Eugenio dos Santos. Considerada um "excelente trabalho caligráfico", pôde ser conferida numa exposição no final de maio, divulgada pela *Gazeta Nacional* (28 maio 1888).

208 O setor tipográfico se dividia entre o compositor tipográfico, o impressor ou maquinista de impressão, o fundidor tipográfico (dos tipos de composição) e o responsável pela encadernação. Existiam ainda os gravadores. Apesar de todas essas divisões no trabalho daqueles que se denominavam tipógrafos, a função de compositores representava o maior número (Vitorino, 2004:175).

209 A organização desses trabalhadores remonta a meados do século XIX, sendo os tipógrafos pioneiros no uso da greve como recurso para reivindicação de melhores condições de trabalho. Segundo Marcelo Badaró Mattos, eles tinham maiores condições de divulgar suas ideias por terem acesso à impressão dos jornais (Mattos, 2008:56).

Para divulgar suas ideias a respeito das condições de trabalho que experimentavam, ao longo do século XIX os tipógrafos publicaram folhas próprias, direcionadas aos seus pares. Entre essas folhas, está a *Revista Typographica*, impressa pela Typographia Universal de Laemmert & Cia. (Vitorino, 2004:169).[210] No período da Abolição, esses trabalhadores tiveram condições de publicar um periódico específico e discutir com seus leitores aquele momento, tal como fizeram os homens das letras nos jornais da Corte.

Antes mesmo da assinatura da lei, no próprio dia 13 de maio, foi feita uma reunião dos trabalhadores da classe tipográfica para definir como participariam dos festejos (*Gazeta da Tarde*, 13 maio 1888).[211] Para eles, aquele momento era marcado pelo fim do drama da escravidão e pela participação de todas as classes, apesar de a dos tipógrafos ter características distintas das demais:

> Todas as classes, sem distinção, ruidosamente aplaudem esse desfecho, e nós, os homens do progresso, representantes da rainha das artes, devemos fazer ecoar no mundo inteiro as nossas estrondosas palmas [*Gazeta de Notícias*, 14 maio 1888].

Mesmo o tom do discurso pertencendo a uma lógica de vivência de todos os trabalhadores no grande desfecho, eles se viam como pertencentes a uma categoria acima – a dos "homens do progresso". Na verdade, há muito pretendiam se diferenciar dos demais trabalhadores livres ao se definirem como artistas e detentores de um ofício especializado (Mattos, 2008:196).[212] A atividade que exerciam – a impressão de jornais, revistas e folhetos – dava a eles a ideia de estarem num mundo à parte e serem distintos daqueles que não conheciam as letras e, por isso, sem o domínio das técnicas que levariam ao progresso. Diante das comemorações pela Abolição, os tipógrafos pretendiam ser mais que apenas espectadores. Logo, na medida em que foram importantes para a confecção material da lei, deveriam também participar de forma ativa, assim como os homens da imprensa, daqueles festejos que começavam.

---

210 Essa mesma tipografia já havia publicado, entre os meses de fevereiro e julho de 1864, uma revista chamada *Revista Typographica*.

211 Vale ressaltar que a expressão "classe tipográfica" foi utilizada pelos próprios para a convocação dos trabalhadores.

212 Essa autodenominação e essa diferenciação têm origem na primeira mobilização desses trabalhadores em torno do *Jornal dos Typographos*, publicação da época da greve de 1858.

O modo pelo qual tratava, em um mesmo movimento, de celebrar o ato da Abolição e de se diferenciar do conjunto mais amplo dos trabalhadores da Corte mostrava as ambiguidades do envolvimento dessa classe com a escravidão. Em 1858, houve uma mobilização dos editores do *Jornal dos Typographos* contra os leilões de escravos ocorridos em praça pública. Diante disso, eles propuseram a criação de uma associação para arrecadar fundos para libertar os escravos, que, uma vez libertos, deveriam prestar serviços à associação a fim de compensar o valor pago por eles (Vitorino, 1995:79). Na década de 1880, as ações de um grupo de tipógrafos tentaram amenizar a grande distância que enxergavam em relação aos escravizados. A maneira encontrada foi a fundação do Clube Abolicionista Gutemberg – destinado não apenas a comprar alforrias, mas também a promover a instrução noturna e gratuita para os libertos (Mattos, 2008:157-158).[213] Tal postura deixava claro que, para esses tipógrafos, a eliminação da distinção jurídica dos homens só seria de fato válida se acompanhada de um movimento de instrução dos antigos cativos (Vitorino, 1995:83). Por mais que não se considerassem iguais aos afrodescendentes que carregavam consigo as marcas da experiência escrava, apontavam, assim, para um caminho de inclusão – capaz de permitir a superação das marcas do atraso que, a seus olhos, explicava a superioridade que julgavam ter sobre eles. Era a educação, de seu ponto de vista, que marcava a diferença.[214]

Percebe-se, com isso, que os tipógrafos, inseridos nas discussões do seu tempo sobre abolicionismo e progresso, participaram do movimento em prol da liberdade dos escravos mediante critérios próprios, forjados a partir de suas experiências. No momento da assinatura da lei do 13 de Maio, trataram-na como uma vitória pela qual também se viam como responsáveis e, assim, se inseriram nos eventos programados pela imprensa. Em uma reunião da classe foram criadas comissões que representariam as folhas para as quais trabalhavam e obedeceriam, em linhas gerais, à estrutura dos festejos organizados pela comissão da imprensa.

A Abolição foi comemorada por esses trabalhadores por meio da realização de um préstito que, ao longo do trajeto, acabaria por se incorporar ao da imprensa, afirmando a adesão deles àquela celebração. Ainda assim, faziam questão de

213 O autor destaca ainda a promoção, por parte dos tipógrafos, de conferências de Vicente de Souza, abolicionista, republicano e líder das ideias socialistas no final da década de 1870.

214 Apesar dessas ações dos tipógrafos, havia associações dessa categoria que sequer permitiam homens de cor em seus quadros de sócios (Vitorino, 1995:81).

manter sua autonomia: o estandarte da classe e o distintivo na roupa, símbolo individual de pertencimento à categoria, marcariam, para os espectadores do desfile, quem eram em meio ao grande desfile (*Cidade do Rio*, 19 maio 1888).[215]

Na edição da *Revista Typographica* que descreveu o desfile do domingo, dia 20, o editor citou a diferença no relato da grande imprensa em relação aos participantes do préstito. De seu ponto de vista, os tipógrafos teriam tido sua participação reduzida ou não enfatizada pelos grandes jornais, e por isso cabia à revista dar os detalhes desse préstito, similar ao feito pelos grandes jornais na descrição do préstito da imprensa. O trajeto percorrido por eles é descrito com forte entusiasmo e de uma perspectiva que se formula a partir da experiência dos que efetivamente tomaram parte no desfile. "Fazendo parte do cortejo cívico não nos é possível descrever com precisão todas as manifestações que receberam do público fluminense as corporações tipográficas" (*Revista Typographica*, 26 maio 1888), explicava o redator da notícia, mostrando, assim, se diferenciar da visão afastada e superior formulada pelos grandes jornais sobre o préstito. Ao fazer isso, acabou por defender que qualquer um que se propusesse a fazer a história dos festejos da Abolição realizados no dia 20 deveria, necessariamente, colocar os tipógrafos num primeiro plano, dada sua importância na festa.

Os cerca de 800 tipógrafos que desfilaram no préstito da imprensa fizeram o percurso parando em cada tipografia existente no caminho, a fim de saudar seus semelhantes e aumentar o número de participantes (*Revista Typographica*, 26 maio 1888).[216] Além do desfile, esses trabalhadores escreveram sobre a Abolição e distribuíram, para quem os assistia, poesias e jornais. Entre as poesias, está a de Joaquim Osório Duque-Estrada, "Depois da noite", que foi recitada pela menina Luiza Couto na passagem do préstito em frente à redação da *Revista Illustrada*.[217]

> "Depois da noite"
> A pouco, os ferros, o azorrague imundo,
> As algemas cruéis, a gargalheira,

215 O distintivo era constituído de uma fita branca e outra preta que formariam um laço a ser localizado no ombro esquerdo de cada membro do desfile.

216 Esse número de participantes foi publicado na revista.

217 Na poesia publicada na *Revista Typographica* não há o nome do autor. No entanto, o folheto dessa poesia consta na coleção de papéis distribuídos nos festejos pela Abolição e nele há o nome do seu autor e da menina que recitou a poesia.

Que gaguejando andavam pelo mundo:
– é de sangue e de lama essa bandeira!

Prantos, soluções, ais, gritos, gemidos,
Echoavam no ar sinistramente...
Em toda a parte os corações partidos,
O coração partido a toda a gente!

Salve ao heróe que lucta e que trabalha!
Cinjam-lhe a fronte novos esplendores;
Já que foi bela e grande essa batalha
Uma batalha olympica, de flores....

A liberdade já creou raízes
Onde reinavam dôr e sofrimento:
O amor dos pobres e dos infelizes
Já póde ser um nobre sentimento.

A poesia escolhida para ser recitada trazia elementos distintos dos pregados nas poesias distribuídas nos préstitos da imprensa. Nessa, o jovem poeta Osório Duque-Estrada enfatiza a ideia de batalha e conquista da Abolição, e não de simples dádiva e resultado de alguns heróis. Aliás, os heróis seriam não os ilustrados defensores da liberdade, mas aqueles "que lutam e que trabalham". Por esse motivo, não se limitam a cantar uma liberdade etérea: era com atenção para os sentimentos dos "pobres e infelizes" que faziam sua festa. Essa poesia, recitada aos festeiros em meio a um préstito encabeçado por trabalhadores, exaltava a diversidade daqueles que batalharam pela Abolição e que não eram os já conhecidos e louvados abolicionistas dos festejos da imprensa.

De forma distinta daquela feita pela Comissão da Imprensa Fluminense, os tipógrafos ainda produziram e distribuíram gratuitamente um jornal comemorativo à assinatura da lei. O título do jornal, *13 de Maio*, marcava para quem o recebia o motivo de toda aquela movimentação. A obra, editada em cinco páginas e publicada pela mesma tipografia da *Revista Typographica*, tinha textos escritos pelos tipógrafos e homenageava os personagens da Abolição, interpretando o momento vivido por todos.

Esse era o sentido do texto "13 de maio", do tipógrafo Augusto Barreto:[218]

> [...] Agora que o Brasil é iluminado pelo facho radiante da liberdade; agora que não é o mesmo sol, escurecido pelos sofrimentos da miseranda legião escrava, que nos ilumina, podemos dizer altivos e sem que a nossa face se enrubesça, que somos brasileiros.
>
> Humilde operário, mas tendo um coração que sabe palpitar de entusiasmo pelos grandes cometimentos venho erguer também um viva aos beneméritos da grande causa da abolição! [*Revista Typographica*, 13 maio 1888].

A lei da Abolição, como luz radiante, além de acabar com uma escuridão, também eliminava a vergonha vivida por outros trabalhadores que, após a lei da liberdade, poderiam se classificar como brasileiros. Apesar de o autor se definir como humilde operário e, assim, não reivindicar maiores glórias para seu ofício, se incorpora àqueles que se entusiasmaram pela Abolição e por isso acha digna sua manifestação. Essa fala representa a de milhares de outros trabalhadores que, mesmo tendo um ofício distante de ações que pudessem favorecer a Abolição, naquele momento pretendiam saudá-la.

Para os tipógrafos, a Abolição também marcava o início de um novo tempo no mundo do trabalho e no Império. Esse era o sentido do texto "A nova phase", assinado pelas iniciais H. L.:

> Os que trabalham devem saudar jubilosos o grande acontecimento que acaba de dar-se. O imenso futuro que espera este país, tão divinamente dotado, está todo dependente do trabalho, e a liberdade que acaba de ser proclamada para essa possante alavanca do progresso, constitui o maior padrão de glória para o Brasil. Essa liberdade vem juntar-se àquelas de que já gozávamos pelas instituições adotadas e colocar o Império em primeiro plano, pois ficará sendo incontestavelmente a nação mais livre do mundo [*Revista Typographica*, 13 maio 1888].

O texto é uma ênfase sobre o efeito da lei para os demais trabalhadores. A Abolição afetava quem integrava o mundo do trabalho livre e que gozaria da glória a ser vivida pelo país e pelo Império após esse feito. Entre eles, estariam

218 O tipógrafo Augusto Barreto foi responsável pela publicação *O Esboço, Periódico Semanal, Literário e Recreativo*, com o primeiro número em 6 de janeiro de 1889 e com o último número publicado em 4 de maio de 1889, totalizando 18 edições, sendo as quatro últimas sem constar o nome de Barreto.

os tipógrafos que acharam prudente deixar registradas para a posteridade num jornal suas ideias sobre a Abolição e a participação deles naquele ambiente festivo da Corte.

O jornal especial também renderia homenagens àqueles personagens da Abolição já lembrados pelos demais periódicos da Corte nos dias de festa. Entre eles, estavam a regente, o abolicionista José do Patrocínio, o poeta Castro Alves e Joaquim Nabuco, lembrados em textos específicos, e os citados no topo da página: senador Dantas, Silveira da Mota, Angelo Agostini (*Revista Illustrada*), Joaquim Serra (*O Paiz*), J. Clapp (Confederação Abolicionista), Ferreira de Araújo (*Gazeta de Notícias*), os republicanos Quintino Bocaiúva, Lopes Trovão, Ennes de Souza, o deputado Afonso Celso Júnior, Nicolau Moreira, Ubaldino do Amaral e Campos da Paz.

Mesmo destacando personagens comuns para a Abolição, a publicação especial fazia isso a partir do ponto de vista daqueles que atuavam nas diferentes tipografias e que, naquele momento, se reuniam em torno de um jornal para deixar marcado para seus leitores como homenageavam seus heróis. Logo, se a comissão da imprensa, ao fazer seu jornal comemorativo, pretendeu marcar o protagonismo dos jornais e jornalistas na festa, dando à folha lançada em meio às celebrações o título de *Imprensa Fluminense*, os tipógrafos pareciam mais interessados em associar seus textos à data que libertava os escravos, e que incorporava o progresso à ordem do dia. O préstito dos tipógrafos e a publicação da folha *13 de Maio* eram sinais da reivindicação de participação naquele momento festivo por parte desses trabalhadores, que não pretendiam ser meros coadjuvantes. Pelo contrário, mostravam-se uma categoria organizada e detentora de um discurso próprio a respeito da Abolição.

Não por acaso, naquele mesmo ano foi criado o Centro Typographico 13 de Maio, fundado em 3 de junho.[219] Nessa data, a comissão dos festejos dos tipógrafos, além de se reunir para fazer um balanço das festas, definiria os princípios que regeriam o novo centro, que teria como função solenizar a data memorável e cuidar dos melhoramentos da referida classe e artes correlativas[220] (*A Verdade*,

---

219 Nesse dia, o grupo de tipógrafos se reuniu na rua General Câmara, 327. Nos anúncios de reunião do Centro Typographico, o endereço continuou o mesmo.

220 Na nota, há a diretoria provisória constituída na ocasião e formada pelos seguintes membros: Gaspar Cesar Ferreira (presidente); Eduardo Rodrigues de Souza (vice-presidente); Severiano Teixeira de Campos (1º secretário); Ennes de Sousa (2º secretário); João Sol y Rute (tesoureiro); Leobino Pinto

9 jun. 1888). No texto que anunciava a reunião do dia seguinte, o editor da *Revista Typographica* previa que esse centro seria um local de encontro dos tipógrafos e ambiente de manifestação de um mesmo pensamento, de um programa e de uma ideia. Não só promoveria a ordenação do trabalho e de um método para as oficinas tipográficas, mas amenizaria as desavenças existentes nas oficinas. Além de todas essas funções, caberia ainda ao novo centro celebrar anualmente a data da Abolição (*A Verdade*, 9 jun. 1888; *Diário de Notícias*, 4 jun. 1888).[221] De fato, o próprio nome atribuído ao grêmio indicava o grande envolvimento desse grupo de trabalhadores com a lei que acabara de ser promulgada:

> É um fato auspicioso e de incontestável significação e alcance a criação desse centro. É um fato auspicioso porque ele sintetiza em si uma aspiração arraigada, um pensamento tão sublime como foi o grande feito que deu origem à sua criação: a redenção do ser humano [*Revista Typographica*, 16 jun. 1888].

A criação do centro, associada à data de promulgação da lei, deveria servir como momento de união.[222] A lei inspirava os associados, e a redenção proveniente dela serviria para as demais lutas dos tipógrafos. O centro marcava a união de um grupo de trabalhadores que se viam desafiados a enfrentar as dificuldades do ofício.[223] Assim, os tipógrafos, pertencentes a uma categoria de trabalhadores especializados, se apropriavam da Abolição e dos seus sentidos, liberdade e luta, para pensar a própria categoria. As celebrações promovidas por eles e todas as

de Carvalho (procurador). A comissão de estatutos era formada por: Alberto Victor Gonçalves da Fonseca; Francisco Martins Pereira; Secundino Arantes; Elpídio de Castro e Justino de Carvalho.

221 De acordo com a *Revista Typographica* (7 jul. 1888), o centro contou inicialmente com 600 adesões. A revista se comprometeu a publicar todos os nomes, e assim fez durante algumas edições. Entre esses sócios está João Henriques de Lima Barreto, pai do literato, que fez parte do conselho do centro (*Revista Typographica*, 30 jun. 1888). Entre os membros do centro está, ainda, Flávio José de Andrade, que em 1887 pertenceu à Liga dos Homens de Cor, que tinha como objetivo "levantar o nível moral dos homens de cor, e de habilitá-los pela cooperação, mutualidade e solidariedade". Outro membro importante dessa liga foi José do Patrocínio (Pinto, 2018:314).

222 Grande parte das associações existentes era destinada a oferecer socorros mútuos aos seus associados (Vitorino, 2004:170). Para o associativismo na Primeira República, ver Batalha (2004). No dicionário organizado por Claudio Batalha, o Centro Typographico Treze de Maio aparece tendo como data final de atividades o ano de 1891, com uma interrogação ao lado. Nas pesquisas feitas pelo nome do centro na hemeroteca da Biblioteca Nacional não foi encontrada nenhuma menção a ele depois desse ano (Batalha, 2009:21).

223 As notícias sobre o centro aparecem frequentemente nos jornais do Rio de Janeiro envolvendo as atividades dos tipógrafos nas solenidades comemorativas à data do 13 de Maio e outras referentes à arte tipográfica.

homenagens aos abolicionistas e aos membros do Império estavam dentro de uma dinâmica de se fazerem presentes num ambiente festivo, espaço de reivindicação de novas conquistas sociais, além da própria folga para festejar.[224]

Tipógrafos e funcionários públicos tinham algo em comum. Embora vivessem do seu trabalho, era fazendo parte do mundo letrado que as duas categorias afirmavam sua identidade. A festa vivida por essas duas categorias na sua plenitude não foi a mesma vivida pelos demais trabalhadores da Corte. O direito da folga nos dias de festa não foi algo imediato à assinatura da lei e teve de ser batalhado em outras esferas que não incluíam apenas um pedido direto para o superior, conforme fizera Arthur Azevedo. Trabalhadores distantes do mundo das letras e das leis reivindicaram horas de lazer para participar da festa, apesar de serem tolhidos pelos interesses dos patrões. Diante disso, foram obrigados a criar seus próprios rituais de celebração – o que só pôde ser feito a partir de uma organização mais articulada desses trabalhadores.

Um exemplo foram os funcionários da Câmara Municipal que, após trabalharem em uma sessão realizada em pleno período dos festejos, com discussões sobre formas de homenagear a lei, saíram em passeata a fim de cumprimentar os jornais pela rua do Ouvidor (*Diário de Notícias*, 15 maio 1888). A marcha cívica também foi a escolha dos empregados da estrada de ferro, que marcharam pela rua do Ouvidor antes mesmo do início das comemorações da imprensa (*Gazeta de Notícias*, 17 maio 1888), assim como dos empregados dos Correios (*Gazeta de Notícias*, 20 maio 1888) e dos membros da classe artística que, por meio de uma associação, a Imperial Associação dos Artistas Brasileiros Trabalho, União e Moralidade, se organizaram para tomar um lugar no préstito da imprensa (*Diário de Notícias*, 18 maio 1888).[225]

Todos esses trabalhadores tiveram de encontrar brechas nos horários de trabalho a fim de participar de forma efetiva dos festejos pela Abolição. Em um contexto no qual trabalhadores ditos livres conviviam cotidianamente com trabalhadores escravizados no ambiente urbano (Mattos, 2008),[226] aqueles, de perfil social diverso, mostravam entusiasmo semelhante para festejar o fim do cativeiro.

224 De acordo com Rodrigues (2020:78), o Centro Typographico Treze de Maio teve uma vida breve e não conseguiu promover a cooperativa dos tipógrafos, que era um dos seus objetivos.

225 Entre os artistas, estavam os tipógrafos.

226 Segundo Mattos, os discursos de identidade surgiram a partir das comparações entre o trabalho escravo e o livre, apesar de o autor não considerar a lei do 13 de Maio o marco principal sintetizador desses discursos.

Um desses grupos é o dos caixeiros. Essa era a denominação dada àqueles que atuavam no ambiente comercial, em sua maioria dominado por portugueses (Popinigis, 2007:34). A relação de trabalho entre caixeiros e seus patrões era de dependência, uma vez que esses trabalhadores eram responsáveis por quase todo o serviço do comércio, exercendo uma longa jornada de trabalho. Além disso, essa relação se aprofundava uma vez que grande parte dos caixeiros combinava o local de trabalho com o de moradia. Entre eles, existia uma determinada hierarquia que era condicionada ao trabalho que cada um exercia. Desse modo, a possível existência de uma mobilidade social entre os caixeiros amenizava o duro trabalho e a profunda submissão aos patrões (Popinigis, 2007:36). Além desse quadro de fortes relações de dependência e de exploração, havia ainda a convivência dos caixeiros com os escravizados no ambiente urbano. A convivência entre esses dois grupos de trabalhadores era profunda, uma vez que muitas lojas tinham escravos ocupando funções auxiliares às do caixeiro (Marzano, 2008:43). Ou seja, eram trabalhadores livres num ambiente de escravidão, mas, ao mesmo tempo, não tinham tamanha liberdade que pudesse fazer crer a denominação "livre".

Diante desse quadro de dependência e convivência entre liberdade e escravidão, em que muitas das vezes esses conceitos se confundiam, a liberdade vinda com o 13 de Maio pretendia ser comemorada por todos. O ambiente festivo da liberdade dava ousadia para a reivindicação de mais direitos ao lazer e, de algum modo, a continuidade da luta por folga aos domingos, principalmente após ter sido esse o dia da assinatura da lei, o que deu mais combustível a essa antiga reivindicação (Popinigis, 2007:108).[227]

O público que encheu as ruas no domingo, 13 de maio, era aquele que foi acompanhar a votação no Senado, a assinatura da lei no Paço e os trabalhadores que não tiveram folga durante a semana. As festas à tarde e à noite contaram com a participação desse público. Nos outros dias, essa participação também foi intensa – se não nos eventos aos quais a imprensa atribuía maior relevância, como os préstitos, ao menos nos festejos realizados no período noturno, momento no qual os trabalhadores do comércio mostravam a importância que atribuíam à celebração que se realizava.

---

227 A primeira reivindicação pelo fechamento do comércio aos domingos apareceu na década de 1850, mas apenas em 1911 houve um decreto da Câmara Municipal regulamentando o trabalho no comércio.

Ao mesmo tempo que havia uma convocação por parte dos jornais que organizaram a festa para que os empregados do comércio aderissem a essas manifestações (*Gazeta de Notícias*, 16 maio 1888), havia denúncias a respeito do não fechamento das lojas e a ausência desses trabalhadores nos festejos.

> É muito justo e muito regular o que vamos solicitar do comércio da Corte, esta classe tão distinta pelo seu patriotismo e por seu critério – que feche os seus estabelecimentos durante os festejos populares.
>
> Os moços empregados do comércio desejam também levar o contingente de suas alegrias às públicas manifestações que se consagram à lei da extinção do elemento servil, e por isto nos pedem para reclamar para eles esta concessão, obtendo que o comércio em geral feche os seus estabelecimentos, durante os dias dos festejos, ao menos das duas horas da tarde em diante [*Diário de Notícias*, 18 maio 1888].[228]

O apelo do redator do *Diário de Notícias* não chega a reivindicar a presença dos "moços empregados do comércio" durante todo o dia de festejo, uma vez que havia programação na parte da manhã. Além disso, a participação deles nos eventos como público ocorreria a partir da adesão dos donos dos estabelecimentos e do seu fechamento depois de um determinado horário, viabilizando a presença de todos os empregados.

No entanto, ao mesmo tempo que os organizadores da festa pedem a adesão de todos e, consequentemente, a interrupção da rotina comercial, essas mesmas festas geravam uma movimentação no comércio, o que impedia – ou dificultava – seu fechamento. As festas eram momentos de consumo e as casas que vendiam objetos decorativos, vestidos e outros acessórios deveriam estar abertas, uma vez que era esperada uma grande concorrência de público para a festa. De fato, no dia marcado para o início dos festejos da imprensa, o *Diário de Notícias* e a *Gazeta de Notícias* (17 maio 1888) publicaram anúncios de vendas e aluguéis de produtos diversos, todos associando os festejos da Abolição como motivo para a compra ou aluguel. O anúncio abaixo foi publicado nos dois jornais:

> **Abolição**
> Alugam-se, para as grandes festas da libertação dos escravos, bandeiras, sinais, galhardetes, mastros, cadeiras austríacas, colchas de damasco de seda de todas as

228 No dia seguinte, o jornal voltou a publicar uma nota pedindo a liberação.

cores, cortinas, reposteiros, arandelas, placas, serpentinas, candelabros, jarras, espelhos, talheres de Christofle, globos e muitos outros objetos próprios para bailes, casamentos e outras festas, na antiga casa do castelo, a rua dos Inválidos, n. 41.

Todos os tipos de utensílios, não só para enfeites de fachadas como para promoção de festas e ornamentação de interiores, eram oferecidos por essa loja que ficava a um quarteirão do campo de Santana, local de saída dos préstitos da imprensa. O investimento do seu dono na publicação do anúncio em dois jornais de grande circulação foi um sinal de que havia uma demanda por esses objetos naquele momento. Aliás, a variedade de enfeites mostra a existência de uma diversidade de público e possibilidades para comemorar a Abolição.

Note-se ainda que, por serem as festas da Abolição o ambiente para ver e ser visto, era muito natural a produção de vestimentas especiais. Para isso, existiam lojas especializadas que anunciaram seus produtos para o conhecimento dos leitores dos jornais da Corte.

Festa da Abolição
Vestidos pretos
Para assistir aos festejos promovidos pela imprensa fluminense acham-se a venda na Rua Gonçalves Dias n. 15A. São feitos pelos últimos figurinos chegados de Paris e próprios para *estas festas*.
Vestidos de seda, ditos de merino, ditos de lã, ditos de cretonne. Etc.
São vendidos por preços sem competidor, por isso pedimos as Exmas. senhoras visitarem o nosso estabelecimento antes de fazerem suas compras.
A FACEIRA,
SOARES & IRMÃO [*Gazeta de Notícias*, 18 maio 1888, grifo meu].

Os trajes para "estas festas" eram vendidos na loja vizinha à *Revista Illustrada*,[229] na Gonçalves Dias. Tanto essa rua como a rua dos Inválidos receberam um grande número de pessoas desde o anúncio da Abolição, aumentando com o início dos festejos da imprensa. Com isso, nada mais natural do que essas lojas ficarem abertas, exibindo figurinos para um público que, ao mesmo tempo que prestava homenagens à *Revista Illustrada*, por exemplo, conferia a última

229 A redação da *Revista Illustrada* ficava no número 50 da rua Gonçalves Dias.

moda em Paris. A grandiosidade dos festejos da imprensa parecia pedir tamanho investimento. O comércio não poderia fechar. Logo, seus trabalhadores não teriam a folga desejada.

Não parecia casual, por isso, que os caixeiros recorressem à imprensa, promotora das comemorações, para garantir sua participação. Nos dias seguintes à Abolição, num sobrado da rua do Ouvidor, onde ficava a Associação dos Empregados do Comércio, se reuniram alguns comerciários a fim de definir sua forma de participação nos festejos (*Diário de Notícias*, 20 maio 1888). Essa associação, criada em 1880, tinha como uma de suas finalidades a luta pelo fechamento das casas comerciais aos domingos e dias santos (Mattos, 2008:101). Mas, no domingo, dia do préstito da Abolição, a reunião tinha como intuito definir formas de prestar homenagens à assinatura da lei. Para isso, os comerciários centravam sua atenção na programação oficial da comissão da imprensa – conseguindo com isso a simpatia dos jornalistas para a sua causa.

Em maio de 1888, o uso da imprensa como forma de reivindicar conquistas na forma de trabalhar não era, de fato, novidade para os comerciários. Desde o primeiro pedido de folga aos domingos, em 1852, esses trabalhadores utilizaram os jornais a fim de pedir o apoio de políticos e, assim, pressionar as esferas superiores para que regulassem o trabalho no comércio (Popinigis, 2007:112). A mesma estratégia era utilizada tradicionalmente pelos caixeiros em relação ao Poder Legislativo.[230] Em maio de 1888, os caixeiros usaram a imprensa e os legisladores da cidade para suas reivindicações por folga. Um exemplo foi o pedido feito ao vereador José do Patrocínio pelos empregados do prédio da praça do Mercado, localidade próxima à rua do Ouvidor. Nessa reivindicação esperavam contar com a intervenção de Patrocínio para o fechamento do prédio e a liberação dos empregados para a participação nos festejos. A "ajuda" de Patrocínio foi publicada em seu jornal e foi considerada "mais um ato de liberdade" promovido por ele, numa referência à sua posição abolicionista (*Cidade do Rio*, 19 maio 1888). Ou seja, uma luta histórica dos caixeiros pelo fechamento do estabelecimento comercial era associada a outra – a da liberdade dos ex-escravos. Aqueles que haviam batalhado no Parlamento e na imprensa pela liberdade do cativo eram capazes, então, de continuar a lutar por outra liberdade: a de folga para os festejos.

230 No início da década de 1880, houve uma conquista por parte dos trabalhadores do comércio pela folga aos domingos. Porém essa conquista durou apenas alguns meses e a medida foi revogada pela própria Câmara, que a havia implantado por conta das pressões dos empregadores (Souza, 2007:115).

Os caixeiros são exemplos da existência de demandas próprias durante e depois da escravidão que, de alguma forma, se assemelham no que tange à conquista de direitos e benefícios no mundo do trabalho que vão além da dicotomia escravo/livre (Mattos, 2009:17). A luta por espaços de liberdade, promovida tanto por trabalhadores escravos como por livres, certamente foi alimentada pela troca de experiências coletivas ou individuais entre essas categorias de trabalhadores, que em maio de 1888 se tornaram uma só: livres.[231] Diante disso, o ambiente festivo e de celebração da liberdade tendia a ser compartilhado por todos esses trabalhadores que pretendiam a conquista da folga para participar dos festejos do seu modo e a partir de seus critérios.

A luta dos caixeiros pelo fechamento dos estabelecimentos comerciais para os festejos não era a única naquela semana. Os empregados das chapelarias também utilizaram o artifício da imprensa para solicitar folga para festejar. Contudo, diferentemente do pedido dos comerciários, a reivindicação era pelo fechamento total da fábrica de chapéus nos últimos dias da semana, exatamente nos dias de festa da imprensa (*Diário de Notícias*, 18 maio 1888). Além deles, por meio de uma pequena nota, os funcionários da Caixa Econômica denunciaram que eles não haviam sido contemplados pelo feriado decretado por diversas repartições públicas. A reclamação era baseada no fato de que dificilmente haveria quem fosse depositar dinheiro no banco nos dias da festa (*Gazeta de Notícias*, 18 maio 1888). Ao reivindicarem publicamente uma chance de participação efetiva na festa da liberdade, saudada nos jornais como uma festa de todos, essas três categorias de trabalhadores (comerciários, chapeleiros e bancários) evidenciavam o quanto era restrita, na prática, a abrangência dessas comemorações. Ao mesmo tempo, faziam do discurso da imprensa um meio de alimentar suas próprias lutas – evidenciando a tentativa de fazer do momento da Abolição mais uma oportunidade para a continuidade das reivindicações por melhores condições de vida e de trabalho e, por que não, por horas de lazer.

Em muitos casos, como o dos caixeiros, essas brechas para os festejos só apareceram no final do expediente e, por isso, esses trabalhadores não puderam acompanhar toda a extensa programação da imprensa. Mesmo assim, se incorporaram, na medida do possível, à festa que, aliás, não estava restrita ao ambiente

231 Silvia Lara (1998), em seu texto sobre esses diferentes "mundos" do século XIX, propõe a busca por experiências coletivas ou individuais entre trabalhadores escravos e livres.

elegante da rua do Ouvidor. Do outro lado da baía de Guanabara, na ilha de Paquetá, operários das caieiras (fábricas de cal) promoveram festejos à base de músicas, foguetes e diversões populares pela aprovação do projeto na Câmara no dia 10 de maio (*O Paiz*, 11 maio 1888). A realização desses festejos talvez tenha animado a produção de um quadro chamado por seu pintor, o abolicionista Emílio Rouède,[232] de "Festa abolicionista em Paquetá".[233]

Figura 39
Emílio Rouède, *Festa abolicionista em Paquetá*

Fonte: Ribeiro (1988).

232 Segundo Marcus Tadeu Ribeiro (1988), Rouède era ligado a Patrocínio e foi um dos poucos artistas plásticos a participar da campanha abolicionista. Para angariar fundos para a compra de alforrias, ele pintava quadros e, ainda com a tinta fresca, os vendia nos festejos promovidos pela Confederação Abolicionista. De acordo com Pereira (2016:91), Emílio Rouède pertenceu ao quadro do *Cidade do Rio*, junto com Pardal Mallet, entre outros, e foi naturalizado brasileiro em 1884 (*Diário do Brazil*, 10 dez. 1884). Além de pintor, assinou peças com Aluízio de Azevedo que foram encenadas nos teatros do Rio de Janeiro, entre elas "Venenos que curam" (1885) e "O caboclo" (1886). Com Coelho Netto, em 1888, assinou a peça "Indenização ou República". O pintor abrigou em sua residência a primeira reunião de criação da "Guarda Negra da Redentora", no dia 9 de julho de 1888, instituição criada por libertos destinada a apoiar a monarquia, tida como responsável pela libertação dos escravos. A Guarda Negra teve algumas aparições públicas ligadas à presença da princesa, como o recebimento da rosa de ouro enviada pelo papa Leão XIII em setembro de 1888, e em ocasiões de atrito, como no comício republicano de Silva Jardim, em dezembro de 1888 (Pinto, 2018:327-328).

233 Segundo os organizadores da exposição de 1988, realizada no MNBA, essa obra pertence ao acervo de Jorge Eduardo Schnoor.

O pintor fez questão de registrar a população em meio à festa, que contava com fogos de artifício e outras celebrações. A multidão compacta representada na praia lembra, à primeira vista, as fotografias do centro da cidade tiradas durante as comemorações. Nesse caso, porém, essa imagem da multidão se associa a uma forma específica de festejo, que mais lembra um arraial junino do que a parada cívica representada nas fotografias diurnas feitas na Corte.

Em contraste com os festejos realizados antes da assinatura da lei e promovidos por variados grupos sociais, como esses operários em Paquetá, no caso das festas promovidas pela imprensa, apenas aqueles que tinham folga para festejar poderiam frequentá-las. Por mais que os organizadores dos festejos tivessem um discurso de união e suspensão das atividades nos dias pós-assinatura da lei – ou seja, toda a cidade pararia para comemorar a Abolição –, de fato isso não ocorreu. Os espaços para os festejos estavam abertos para aqueles que já viviam num ambiente onde a possibilidade de negociação era estabelecida. Nesse lugar estavam tipógrafos e funcionários públicos, como os do Ministério da Agricultura, sendo trabalhadores privilegiados que puderam, de modo distinto, conquistar espaço nas festas. Ou seja, já viviam num ambiente letrado e de fácil negociação, distinto das demais categorias de trabalhadores da cidade, como caixeiros, funcionários das estradas de ferro e até outros funcionários públicos, como os da Caixa Econômica e os da Câmara Municipal, que não receberam folga de imediato. Esses tiveram de se contentar com outros festejos.

10. As outras festas

As outras festas que comemoraram a Abolição contaram com os trabalhadores que tinham apenas a noite para festejar. Na ocasião de um evento desse tipo, ocorreu a seguinte situação narrada pelo editor da *Gazeta de Notícias* (18 maio 1888):

> A alegria do povo imagina todas as manifestações possíveis, a maior parte das quais inofensivas. Uma, entretanto, apesar de evidentemente cômica – ou por isso mesmo – se por muitos era recebida com agrado, a alguns causava visível, embora não invencível, repugnância.
>
> Em frente ao escritório da *Gazeta de Notícias*, no coreto, a música do 7º batalhão tocou desde o anoitecer umas músicas que pareciam mesmo feitas de requebros; ouvindo-as, a gente sentia não sei o que, que lhe dançava cá por dentro, e era música para se ouvir com as pernas, em vez de se ouvir com os ouvidos.
>
> Ora, isto deu em resultado na rua um baile público que não estava no programa dos festejos; e por sinal que um dos figurantes, de chapéu de palha e calças brancas dançava como se tivesse trezentos mil diabos no corpo.
>
> Até aqui nenhum inconveniente; cada um tem o direito de divertir-se como quiser [...] o inconveniente foi obrigar-se algumas pessoas... a dançar! Fazia-se um círculo – círculo não imaginado por Dante – e d'ele só saía o desgraçado que lá estava, depois de dançar o miudinho.
>
> Apenas um resistiu absolutamente, mas não houve conflito por isso. Entretanto, se a diversão se reproduzir, poderá haver cenas lamentáveis.

Ao final, o editor pede a "Abolição da dança obrigatória". Para ele, o problema seria o surgimento de algum conflito, caso alguém se recusasse a participar do que ele chamou de "obrigatoriedade" de entrar na dança.

Conforme foi admitido pelo próprio autor da nota, o tal festejo ocorrera à noite, num evento fora da programação da imprensa. Nesse horário havia eventos em alguns pontos da cidade, organizados pela comissão da imprensa, que contariam com a presença de alguns dos seus organizadores. Um exemplo foi o baile no campo da Aclamação no dia 19 de maio, presidido por Coelho Netto, membro da comissão e responsável pela fiscalização também do espetáculo de fogos de artifício. No baile do largo do Paço, tendo Soares Sousa Júnior como responsável, o coreto foi iluminado com luz elétrica, assim como o Ministério da Agricultura e o Paço Imperial, e contou com aproximadamente 30 mil pessoas, de acordo com o cálculo do redator do *Diário de Notícias* (19-20 maio 1888).

Apesar do possível exagero no número de pessoas presentes no baile, é certo afirmar que esse evento era um dos únicos ofertados pela comissão àqueles que não podiam participar da festa durante o dia. A realização de bailes em coretos espalhados em várias regiões, como o canal do Mangue, por exemplo, era uma forma de mediar uma diversão que mesmo sendo pública deveria seguir uma ordem previamente programada. A presença dos membros da comissão nesses bailes legitimava os eventos, que recebiam relatos de grandiosidade e de sucesso de público.

Na dança ocorrida embaixo da redação do jornal, na Ouvidor, não havia mediações por parte da imprensa, muito menos algo que a legitimasse. Ou seja, escapava do controle dos organizadores dos festejos da Abolição aquele grupo de homens e mulheres que pretendiam estender, a seu modo, as comemorações. Além disso, esse episódio sintetiza um momento de brecha nos festejos para que outros pudessem usar suas práticas culturais como forma de comemoração.

A adesão aos eventos noturnos da imprensa chamava a atenção por alguns aspectos. O *Diário de Notícias*, em 19 de maio, registrou o aumento de público entre 8 e 10 horas da noite, apesar da chuva que caiu na cidade. De fato, eram dias com tempo instável, alternando sol e chuva, mas que não parecia desanimar quem estava nas ruas para festejar, principalmente à noite. Outro aspecto observado sobre esses eventos dizia respeito a quem os frequentava. O editor do jornal *Carbonário* observou:

> Durante toda esta semana o povo, à tarde, depois da hora do trabalho, tem percorrido as ruas dando vivas à liberdade e saudando os grandes apóstolos da abolição. [...] É preciso notar que toda essa gente trabalha durante o dia, para só à noite sair a expandir o seu entusiasmo. Diziam os inimigos da abolição que quando esta fosse

> lei do país, assim nenhum ex-escravo trabalharia mais. E no entanto, os beneficiados pela lei, quase não comparecem nos festejos durante o dia [*Carbonário*, 18 maio 1888].

Além de confirmar uma iniciativa festiva por parte dos trabalhadores, utilizando suas horas de descanso para os festejos antes mesmo do início das festas da imprensa, essa nota identifica quem ocupava as ruas à noite. Enquanto os horários da manhã e da tarde eram ocupados com eventos esportivos, matinês literárias e préstitos, sempre contando com uma adesão significativa dos moradores da Corte, o horário noturno seria de comemoração por parte daqueles que trabalhavam durante o dia ou que pretendiam fazer batuques a seu modo para celebrar a Abolição.

A atenção dada pelo jornal *Carbonário* a esse público que ocupava as ruas à noite fazia parte de sua linha editorial, uma vez que, na ocasião do seu lançamento, em 1881, afirmava ser o órgão oficial dos interesses do povo, como eram chamados seus leitores. Os pequenos jornais, ao contrário da grande imprensa, segundo eles, deviam traduzir a opinião do povo e se esforçar para realizar suas aspirações (*Carbonário*, 16 jul. 1881). Publicado três vezes na semana, o *Carbonário* fez uma cobertura dos dias seguintes à Abolição e contribuiu para o preenchimento de algumas lacunas acerca dos festeiros das ruas e suas intenções para com a festa. Nessa cobertura, seus editores não deixaram também de destacar que, enquanto ocorriam eventos por vários pontos da cidade, algumas práticas do período da escravidão continuavam ocorrendo e precisavam ser denunciadas.

> Uma senhora há que, segundo dizem, prendeu toda a roupa de uma ex-escrava, para que ela não pudesse sair de sua casa, mantendo-se em escravidão. Isto dá-se aqui na Corte.
>
> De outros temos sabido que fazem crer as desgraçadas vítimas da infame usurpação, que as festas da liberdade foram simples prenúncio da libertação geral [*Carbonário*, 25 maio 1888].

A matéria continuava com a denúncia de que haveria uma tentativa de influenciar os "beneficiados da lei", os libertos, contra a ideia de igualdade nas relações sociais a partir do dia 13 de maio. Segundo o redator, uma forma de impedir isso era mandar os inspetores de quarteirão visitarem as casas para que se cumprisse a lei, e ver se não havia pessoas ainda sob regime da escravidão (*Carbonário*, 25 maio 1888).[234] Ao denunciar tal prática em plena época dos festejos pela Abolição, o jornal mostrava que a simples assinatura da lei não bastava para modificar socialmente a situação do ex-escravo. Além do mais, a existência das festas pelas ruas da Corte não era suficiente para mostrar que a liberdade já poderia ser vivida por todos. Afinal, o prenúncio da liberdade era o que deveria ser comemorado na festa, e não a liberdade em si, de acordo com aqueles que não queriam profundas mudanças após o 13 de Maio.

No entanto, ao mesmo tempo que havia repressão àquilo que estava sendo comemorado, denunciado pelo *Carbonário*, ocorriam comemorações feitas de um modo que não era agradável aos olhos daqueles que pretendiam controlar todo o processo festivo. O editor da *Gazeta de Notícias*, no seu relato da "dança obrigatória", pretende reprimir não a escravidão, uma vez que para ele já não mais existia, mas sim a permanência de algo que lembrava esse período. A Abolição deveria ser seguida pelo fim de algumas práticas.

A respeito da dança ocorrida na rua do Ouvidor, outro foco da atenção do jornalista que observava tudo da sacada da *Gazeta de Notícias* foram os requebros e, principalmente, a familiaridade que o público que estava ali tinha com aquelas músicas. A classificação dada por ele para a música que tocava, feita para se "ouvir com as pernas", parecia ser a repetição das formas genéricas encontradas nos relatos dos viajantes de meados do século quando caracterizavam as danças negras. Nesses relatos, as coreografias e suas músicas sugeriam movimentos das ancas e contariam também com instrumentos e ritmos africanos. Entretanto, ainda em meados do século, no período da escravidão, as exibições dessa forma de festejar não ficavam restritas aos lugares afastados da cidade, ao contrário. Tais movimentações ocorriam em importantes esquinas e eram presenciadas por "jovens moças" que se juntavam aos espetáculos (Abreu, 1999:290). Ou seja, a realização de festejos negros, típicos do período da escravidão, era, a partir do 13 de Maio, condenada pelo editor do jornal, uma vez que junto com a escravidão tais práticas também deveriam ser abolidas.

No entanto, tais manifestações, tanto aquelas de meados do século quanto as que ocorreram nos dias seguintes à Abolição, só foram registradas a partir de um olhar do branco, repressivo, ou por meio de um relato que, por fim, se mostrava condenatório àquela prática, como esse da *Gazeta de Notícias*. Nesse caso, se

234 Houve publicações dessas denúncias também na edição do dia 18 de maio.

perdem alguns elementos para entender a festa negra realizada em diferentes locais e que tinha como características uma variedade de sentidos e significados, em grande parte, incompreensíveis aos ouvidos dos brancos.

A festa, na sua dinamicidade, utilizava instrumentos de percussão, o que alimentava o som dos batuques, e, em roda, recebia a participação de quem quisesse entrar para dançar (Farias et al., 2006:130),[235] o que, para o editor da *Gazeta de Notícias*, era o principal perigo. Esta festa negra, assim chamada por João José Reis, no período da escravidão desafiava as ordens daqueles que pretendiam manter negros e africanos sob o silêncio do cativeiro (Reis, 2002:102).[236] Com seu fim, a negociação para a realização desse tipo de festejo passou por outra esfera e era dominada, no caso das festas da Abolição, pelos organizadores dos eventos que compunham a programação. A realização de algo fora do programa oficial desafiava não só a autoridade dos organizadores dos festejos como também o ambiente que se pretendia implantar após o fim da escravidão, onde batuques até altas horas da noite numa rua elegante da cidade não deveriam ocorrer.

Essa tentativa de mediar o que poderia ou não ocorrer num festejo noturno parecia ser a repetição do olhar admirado do viajante de décadas anteriores. De fato, o relato de maio de 1888 indica que havia muito mais sujeitos batucando e dançando em roda do que o desejado. A diversão dos presentes, com tipos classificados pelo editor como o "figurante de chapéu de palha e calça branca", possivelmente um afrodescendente que comandava e animava todos ali com seu gingado, também contava com quem não tinha a prática de dançar. Talvez por isso seu temor em haver cenas lamentáveis, caso alguém não quisesse acompanhar o ritmo da batucada. No entanto, o final do relato exemplifica o que se pretendia de fato: eliminar a continuidade desse tipo de festejo nas festas da imprensa. A perspectiva de um possível acontecimento mais grave já era suficiente para se reforçar o pedido de, pelo menos, adequação desse festejo ao ambiente da rua do Ouvidor.

---

235 Os autores não fazem referência ao lugar em que isso ocorria; na verdade, destacam essa prática nas cidades negras. Ver Reis (2002) e Slenes (2008).

236 É interessante pensar na ambiguidade dessas festas, uma vez que, ao mesmo tempo, para alguns senhores elas poderiam ser um sinal de perigo, ou seja, a antessala de uma revolta social; para outros, eram tidas como um direito, servindo para diminuir as tensões sociais do cativeiro.

O jornalista podia desconhecer a lógica daqueles que, em meio às festas de maio, promoviam esse tipo de festejo, mas certamente estava familiarizado com as frequentes denúncias sobre batuques e ajuntamentos feitos por "negros perigosos", que realizavam "sambas" e "culto idólatra", que apareceram de forma constante nos jornais da Corte em meados do século XIX, e parece conhecer a legislação da cidade, que proibia "dentro das casas e chácaras, batuques, cantorias e danças de pretos, que possam incomodar a vizinhança".[237] De fato, no tempo da escravidão, para a realização de batuques, festas e manifestações de negros, cativos e livres, era necessária a constante negociação com senhores, agentes públicos e vizinhança (Farias et al., 2006:113).[238] No entanto, nem sempre essa negociação dava certo, e as autoridades policiais eram obrigadas a reprimir ajuntamentos que ocorriam na região da Corte (Farias et al., 2006:90).[239] Com a Abolição, e todo o ambiente que por ora parecia ser de igualdade, a forma de festejo ocorrida naquela madrugada foi classificada como "repugnante" e "cômica". Apesar de admitir a existência de diferentes formas de manifestação de alegria, aquela que ele testemunhava não parecia ser a ideal. Ou seja, em pleno momento de festa da igualdade, o que era diferente deveria ficar em outro lugar.

Por mais que os relatos da imprensa insistissem em negar ao público que comemorava qualquer sentimento ou posição específica, promovendo sentidos para a festa que se propunham universais, a distância que separava a festa idealizada por esses jornalistas e escritores daquela experimentada pelos que comemoravam nas ruas e embaixo de suas sacadas não parecia ser tão grande. Ou seja, a cidade tomada por festas acabava ligando a diversidade de festeiros àqueles que queriam apenas um tipo de comemoração. No entanto, a curta distância física não era suficiente para superar a distância cultural existente. Essa proximidade e, ao mesmo tempo, repulsa foi satirizada por Angelo Agostini nas suas ilustrações para a *Revista Illustrada* sobre os festejos pela Abolição.

237 Código de Posturas da Ilustríssima Câmara Municipal (1854:89). Sobre o Código de Posturas para o Rio de Janeiro, ver Terra (2019).

238 No interior das fazendas, ainda durante a escravidão, a reunião de escravos para a realização de batuques ou outros festejos era, segundo Stanley Stein (1961), uma forma de conceder um divertimento ao homem que trabalhava durante todo o dia, apesar dos perigos que isso poderia representar, uma vez que permitiria a reunião de grande número de escravos.

239 Os autores citam a denúncia feita pelo *Jornal do Commercio*, em meados do século XIX, de que batuques na rua Gonçalves Dias incomodavam a vizinhança.

Figura 40
Revista Illustrada, 9 jun. 1888

Ironizando em imagens a suposta homogeneidade de ideais anunciados pela festa da liberdade, ele faz uma sátira desse discurso baseada na inversão do seu princípio: se era pelos negros a festa celebrada, seriam suas também as tradições que lhe dariam forma.[240] A diversidade dos festeiros, negros descalços dançando em roda ao lado de homens brancos de fraque, lembrando as práticas culturais de origem centro-africana e identificadas nos jongos ocorridos nas fazendas (Slenes, 2008), era a forma ideal de comemorar uma causa, segundo Agostini. O batuque, antes reprimido por outro jornalista, para Agostini teria o caráter oficial e seria o símbolo da igualdade promovida pela lei, justificando assim a presença, lado a lado, de negros descalços com homens brancos tentando mexer as ancas ao som das músicas para se ouvir com as pernas. Na festa imaginada pelo ilustrador haveria uma improvável mistura, pensada a partir de diferentes tipos sociais que naquele período comemoravam a Abolição, entre ministros, jornalistas e libertos. Mesmo assim, na realidade do dia a dia das festas, havia

240 Essa festa imaginada por Agostini seria a realizada pela revista na comemoração do seu número 500 e seria feita numa comparação com a organizada pela imprensa para os festejos da Abolição.

um desconforto pela presença de festividades estranhas aos olhos de quem pretendia controlar a celebração e as diferentes formas de festejar. Percebe-se, assim, que os festejos pela Abolição eram compostos não só por aqueles que tomavam para si a tarefa de construir para a festa sentidos unívocos, mas também por quem precisava ainda lutar nas ruas para fazer valer a liberdade anunciada no dia 13 de Maio.

Além do estranhamento ligado à música e aos requebros que ela provocava, a outra preocupação citada pelo editor da *Gazeta de Notícias* era pela previsibilidade de um conflito provocado por alguém que não quisesse compartilhar da dança. Aliás, o caráter pacífico das festas era algo a ser preservado e seria uma espécie de demonstração de civismo, logo, nada deveria desfazer a harmonia até então, a seu ver, preservada.[241] Porém, tal cuidado não levou em consideração que, durante os dias de festa, existiram pequenos conflitos noticiados em seções destacadas do jornal. Assim, não seria um batuque o responsável pela quebra do caráter pacífico da festa.

Na verdade, o jornal *Cidade do Rio* foi responsável pela publicação de alguns casos de desordem ocorridos pela Corte nos dias de festa. A edição de 23 de maio, na segunda página, teve quase uma coluna inteira com as notícias das prisões e suas causas. Um homem foi preso após promover desordem na rua da Constituição; outro, por dormir na praça da Constituição; um terceiro, descrito como um "célebre vagabundo", foi preso por também dormir na mesma praça; e outro, por ter promovido, à noite, desordens na rua Luiz de Camões.

Vale reforçar que toda essa região compunha a área ocupada pelos festejos da Abolição e, por ter sido a nota publicada logo na edição seguinte ao fim das celebrações, possivelmente fez parte da rotina de repressão a algumas práticas festivas.[242] As ruas, nesses dias, estavam ocupadas por toda a sorte de público que se deslocava de lugares distantes para presenciar as comemorações e participar dos mais variados tipos de festejos. A repressão à prática da vagabundagem nas regiões próximas da festa dá conta de uma tentativa de eliminar não só do ambiente festivo, mas da rotina da Corte, aquilo que não deveria fazer parte dos novos tempos. Afinal, a festa da Abolição decretava o fim de um período e

241 Um exemplo disso apareceu no *Diário de Notícias* (21-22 maio 1888). No balanço da festa, o redator informa que, apesar da existência de muitas pessoas nas ruas, não haviam ocorrido maiores conflitos. Os que existiram haviam sido apaziguados com a ajuda do próprio povo "alegre e unido".
242 Esses três casos ficam nas imediações da atual praça Tiradentes.

o início de outro, marcado pelo trabalho como objetivo de todos os brasileiros, agora igualados pela lei. Tal marca estava presente nos discursos pronunciados por abolicionistas durante as festas e nas poesias distribuídas ao povo. Logo, não combinava a existência de "célebres vagabundos" pela cidade.

Essa classificação dada àqueles que estavam nas ruas à noite nos dias de festa era uma forma de combater o vício do não trabalho, perigo nos momentos seguintes à Abolição. De acordo com Wlamyra Albuquerque (2009), o termo "vadio", no jargão policial, era utilizado para se referir àqueles que traduziram liberdade por autonomia. A perseguição a esses tipos sociais, que não se encaixavam numa dinâmica pensada pelas autoridades policiais, foi reforçada à medida que o conceito de "vadiagem" passou a ser discutido pelos parlamentares do final do Império com base na inversão dos predicados do mundo do trabalho. Ou seja, sua negação definia o conceito de "vadiagem". A ociosidade seria uma ameaça à ordem, e seu praticante, um pervertido, um viciado que representa uma ameaça à moral e aos bons costumes. Logo, a ociosidade combinada com a vadiagem deveria ser combatida, e o trabalho, defendido como lei suprema da sociedade (Chalhoub, 2001:73-75).

Ao mesmo tempo, no período da festa, quando houve certa supressão do cotidiano da Corte, a permanência dos ex-escravos no trabalho era algo que merecia atenção dos jornais, principalmente das pequenas folhas, como o *Carbonário*, que já vinha notando a ausência deles nas festas. A forma encontrada por esse periódico para tratar da questão dos novos trabalhadores, juntamente com a ordem do dia que deveria ser baseada no trabalho, foi a publicação de uma série de crônicas que tinham como personagens dois pretos velhos: o Pai Francisco e o Pai Mané.[243]

Os diálogos são escritos num formato que tenta lembrar uma possível fala coloquial dos ex-escravos – o que evidencia a tentativa de dar voz à narrativa do ponto de vista desses escravos, ainda que dificultando a boa compreensão do texto.[244]

243 No texto "Outras histórias de Pai João", Martha Abreu (2004) discute o personagem do "Pai João" e seus equivalentes na escrita de contos e histórias do folclore entre os séculos XIX e XX. De acordo com o *Vocabulário pernambucano*, de Pereira da Costa, a palavra *Pai* foi utilizada como forma de "tratamento de respeito dado aos pretos velhos, e noutros tempos mesmo, indistintamente, a livres e escravos: Pai João, Pai Antonio, etc.". Entre as características apontadas por Théo Brandão e citadas pela autora sobre esse personagem estão seu jeito burlesco, enganado, boçal mas audacioso e que poderia ser, segundo Théo Brandão, astucioso, matreiro e sabido.

244 Preferiu-se a citação do diálogo sem nenhuma atualização gramatical pelo fato de a reprodução que ele fazia da fala constituir um elemento importante para a crônica dos pretos velhos.

Ao se encontrarem na rua, os dois homens tratavam de dar seu próprio testemunho sobre as festas que eram celebradas e o dia a dia após a Abolição.

– Boa ria, Pae Mané,
– Boa ria, pae Flancico
– viva a liberdade!
– Vivô!
– viva o sô Zé do Patucio
– vivo
– viva Sinhô douto Nambuco [...].

Começaram com os "vivas" à liberdade, a José do Patrocínio, a Joaquim Nabuco e ao visconde do Rio Branco. O diálogo continua com o estranhamento da alegria do branco e os que estavam fazendo festa. A desconfiança de Pai Francisco para essa alegria era porque vinha de gente que escravizou no passado e que agora fazia festa. O autor da crônica mostrava as contradições do modo pelo qual a Abolição era então celebrada – mostrando, por meio da suposta fala dos dois ex-escravos, o caráter socialmente restrito desses festejos.

No segundo diálogo, a conversa é sobre a recusa de uma "negrinha" em trabalhar.

– bon ria, pai Mané
– bon ria, pae Flancico; succê cumo tá?
– eu tá hi, tá oiando.
– tá oiando quê, pae Flancico.
– tá oiando zi criourinha qui non quere mai tlabaiá.
– ué! Zere non come?
– zere dize qui tá foro; gora non plicisa trabaiá.
– ué!
– Blanco tambê non quere tlabaiá, dize qui quem tlabaiá é neclo e in buro [*Carbonário*, 23 maio 1888].

O diálogo continua com a dúvida de quem iria trabalhar, se nem negro nem branco o queriam. Finaliza lembrando a revolta dos fazendeiros com a princesa Isabel por ter libertado os escravos. Nesse momento, Pai Mané se lembra de dar viva à princesa, que não havia sido dado no diálogo anterior. Mas Pai Francisco lembra que a festa já acabou.[245] Ora, se acabou a festa, não haveria sentido em continuar a dar vivas. De seu ponto de vista, era preciso discutir quem iria trabalhar agora que "preto é forro" [*Carbonário*, 25 maio 1888].[246]

Esse diálogo reforça duas situações vividas naquele período de festa: a liberdade, para alguns, era a distância de um ambiente de trabalho que lembrava o da escravização. Não era a vivência de uma ociosidade, mas sim uma possibilidade de mudança na forma de trabalhar, e por isso se justificando o pensamento da "criourinha" não querer continuar com seu trabalho.[247] A outra situação diz respeito à própria posição desses dois personagens diante do mundo do trabalho após a Abolição. Na verdade, eles estavam criticando exatamente a postura desses que, anteriormente escravizados, com a lei não pretendiam continuar num ambiente de trabalho que, a seu ver, rememorava o tempo da escravidão. Os dois homens, na verdade, questionam essa posição autônoma desses libertos que pretendiam ficar mais tempo numa euforia da festa e dos vivas pela liberdade do que no cotidiano do trabalho livre. Isso poderia ser pensado depois ou ser algo a ser resolvido pelos brancos e não pelos libertos.

O fato é que, ao mesmo tempo que o jornal, em edições anteriores, condenava a continuação da escravização na Corte, em outras situações defendia a mediação das formas de trabalho. Nem a ociosidade era algo louvável nem o era a continuidade da escravidão. A mediação entre trabalho e ordem deveria ocorrer permanentemente nessa sociedade do pós-abolição. A igualdade civil promovida pela lei igualaria a obrigação de todos ao trabalho, mas não era permissível a reprodução de certos barbarismos, esses denunciados pela *Gazeta de Notícias*.

A condenação feita pelo editor da *Gazeta de Notícias* à dança ocorrida embaixo da sua redação não é sem sentido, ainda mais que naquele dia estavam apenas começando os festejos pela Abolição. Controlar a festa e a sua forma de celebração dentro de rituais e ritmos caros a esses editores era a função não

---

245 Cantar a Abolição e a princesa Isabel foi uma característica encontrada por Martha Abreu em sua pesquisa sobre o folclore do Pai João. No entanto, nessa crônica publicada no *Carbonário*, o viva à princesa lembra o término da festa e o início de uma arrumação da mão de obra, já que, segundo os personagens, negro não queria trabalhar.

246 Essa é a expressão que eles usam: "preto tudo é forro"; não fazem referência sobre estarem livres, mas sim forros.

247 Segundo Stanley Stein (1961), muitos ex-escravos se recusaram a permanecer nos antigos locais de escravização por não verem neles uma perspectiva de mudança quanto ao tratamento dispensado pelo antigo senhor. Ou seja, seriam sempre escravos nesses locais.

apenas das denúncias nos jornais, mas das autoridades policiais que se organizavam a fim de deter, mesmo que provisoriamente, aqueles que acreditavam ser uma interferência à ordem estabelecida. O "célebre vagabundo" ou aquele que dormia na praça deveria ser mais fortemente combatido no período de festas e nos dias seguintes, quando um processo de arrumação da cidade precisaria ser criado a fim de manter a ordem. A permanência no trabalho era reforçada nas crônicas, principalmente essa do Pai Francisco e Pai Manuel, que através de uma fala que tenta remeter à do ex-escravo, pregava a continuidade do trabalho, tanto do branco quanto do negro, liberto.

Reprimir quem estava nas ruas nos dias dos festejos comemorando a seu modo a Abolição foi a forma encontrada por autoridades para controlar a liberdade do festejar, algo que não devia ser vivido por todos, principalmente por aqueles que não estavam inseridos numa dinâmica letrada e plausível aos olhos das autoridades policiais e dos editores dos jornais. A dúvida acerca das atitudes que deveriam ser tomadas para evitar desordens e vagabundagem e, ao mesmo tempo, ajuntamentos, não era exclusiva da região da Corte. No interior, o temor a respeito do destino dos ex-escravos também era causa de preocupação por parte do chefe de polícia no seu relatório enviado ao presidente da província em 1888. Segundo ele, a lei do 13 de Maio criaria desafios que não estavam previstos pelos responsáveis pela manutenção da segurança na cidade. As autoridades policiais ainda estavam tentando entender os novos códigos a serem utilizados nesse período de liberdade. Por esse motivo, a dúvida sobre o melhor comportamento a ser adotado por aqueles que tinham a função de manter a ordem parecia generalizada:

> Uma ou outra reclamação das autoridades locais pedindo instruções para impedir as aglomerações perigosas nos povoados e estradas, para reprimir a vadiagem e forçar os libertos ao trabalho, não constituem, por certo, fatos que devam merecer atenção de V. Ex. e dos poderes públicos, para decretação de medidas de exceção. [...] A reforma operada pela lei n. 3353 de 13 de maio deste ano carece do concurso de todas as autoridades para produzir os seus salutares efeitos. [...] tendo a peito evitar tanto quanto me tem sido possível, dentro de minhas atribuições de chefe de polícia, não só que os libertos sejam constrangidos em sua liberdade, mas também que os desviem os mal intencionados, das lavouras em que se acham, em virtude de contratos por eles celebrados, livremente, com seus ex-senhores ou com outros, recomendei muito às autoridades locais para acompanharem vigilantes o movimento

que no seu município houvesse em consequência da promulgação da referida lei. [...] [Relatório do chefe de polícia do Rio de Janeiro, 1888].

Nesse longo texto introdutório feito pelo chefe de polícia, é clara sua preocupação com o novo tempo que surgia após a lei e com a falta de preparo das autoridades policiais em lidar com a liberdade de quem antes do 13 de Maio era escravo. A rotina desses libertos e suas "aglomerações" eram preocupações de quem tinha como função manter a ordem, mesmo que esse conceito não fosse o mesmo para todos. Por isso, todos deveriam ficar vigilantes diante de atitudes que pudessem ser suspeitas ou que fossem contra o que fora previamente estabelecido. Além do mais, as autoridades locais citadas pelo chefe de polícia correspondem àquelas do interior da província que viveram o perigo do esvaziamento das fazendas e da falta de mão de obra para a colheita do café. Como fazer com que esses ex-escravizados permanecessem ligados à terra e ao trabalho era a grande dúvida não apenas do chefe de polícia, mas de todos que tinham como função vigiar a liberdade vinda com a lei. A repressão à vadiagem e às aglomerações talvez fosse uma fórmula ideal para preservar a ordem do mundo do trabalho no interior. Na Corte, essa repressão se manteria principalmente contra as aglomerações que pudessem remeter ao tempo do barbarismo da escravidão.

A reclamação do editor da *Gazeta de Notícias* contra os batuques fora de hora era uma forma de reprimir algumas práticas egressas da escravidão e de definir o que deveria mudar a partir da lei. Para o editor, a liberdade tinha um sentido distinto daquele pensado pelos festeiros da rua do Ouvidor. Para eles, o horário noturno, independente do trabalho durante o dia, era o momento ideal para a celebração de um novo tempo. No entanto, o não trabalho, denunciado pelos cronistas do jornal *Carbonário*, era uma forma de viver a liberdade conquistada com a lei. Os variados sentidos atribuídos à liberdade naqueles dias seguintes ao 13 de Maio apareceram tanto nos jornais da Corte, que relataram o dia a dia das festas, como na própria forma da realização dos festejos, por meio de batuques em locais diversos, tanto na Ouvidor como por meio de aglomerações nas imediações das fazendas. O 13 de Maio marcava um novo tempo de liberdade que seria vivido de acordo com as experiências singulares desses homens e mulheres. Festejar a lei, naquele momento, era a primeira forma de se identificarem como livres, tal como a lei os fazia.

PARTE III

As festas da memória

11. Do grande sol a um dia nublado

No dia 14 de maio de 1893, a *Gazeta de Notícias* publicou uma crônica de Machado de Assis que iniciava com o relato da véspera, quando se celebrara o aniversário da Abolição:

> Ontem de manhã, descendo ao jardim, achei a grama, as flores e as folhagens transidas de frio e pingando. Chovera a noite inteira; o chão estava molhado, o céu feio e triste, e o Corcovado de carapuça. Eram seis horas; as fortalezas e os navios começaram a salvar pelo quinto aniversário do 13 de maio. Não havia esperanças de sol; e eu perguntei a mim mesmo se o não teríamos nesse grande aniversário. É tão bom poder exclamar: "Soldados, é o sol de Austerlitz!" O sol é, na verdade, o sócio natural das alegrias públicas; e ainda as domésticas, sem ele, parecem minguadas.

Marcada pela melancolia, esta nota inicial não deixava dúvidas sobre o estado de espírito do cronista. Por mais que o quinto aniversário da Abolição começasse com salvas de tiro dadas pelos navios ancorados na baía de Guanabara, tratava-se, para ele, de um dia "feio e triste". O tempo, nublado e frio, era bem distinto daquele que vivera cinco anos antes, cujas lembranças aparecem na continuação da crônica:

> Houve sol, e grande sol, naquele domingo de 1888, em que o Senado votou a lei, que a regente sancionou, e todos saímos à rua. Sim, também eu saí à rua, eu o mais encolhido dos caramujos, também eu entrei no préstito, em carruagem aberta, se me fazem favor, hóspede de um gordo amigo ausente; todos respiravam felicidade, tudo era delírio. Verdadeiramente, foi o único dia de delírio público que me lembra ter visto.

Nas memórias do literato, o sol do dia 13 de maio de 1888 ajudou a compor um cenário de festa, cuja claridade era proporcional ao entusiasmo geral.

Incluindo-se entre os que festejaram o ato, o escritor conta que aquele dia foi de "delírio público" de todo singular. Era assim, como uma ocasião de verdadeiro entusiasmo generalizado, que Machado de Assis rememorava a data celebrada.

A distância entre estas lembranças e a realidade vivida naquele maio de 1893 era mais do que uma contingência climática. A falta de luz e empolgação que descrevia parecia ligar-se ao momento vivido pela capital da jovem República.

Definitivamente os anos republicanos estavam mais nublados para alguns literatos. Aqueles que haviam lutado pela liberdade dos escravos tiveram de, anos mais tarde, adaptar seus escritos ao momento político do país ou então enfrentar uma perseguição promovida pelo então presidente Floriano Peixoto. A causa disso teria sido a publicação de críticas à sua permanência na presidência após a renúncia do presidente marechal Deodoro. No jornal *O Combate*, onde trabalhavam Olavo Bilac e Pardal Mallet, Rui Barbosa lançou pela primeira vez a teoria de que, em caso de renúncia do presidente em menos de dois anos no cargo, seria necessária a convocação de novas eleições (Silva, 2002).

O auge da crise foi a prisão de inúmeros opositores do presidente, entre eles militares e jornalistas, incluindo Olavo Bilac, José do Patrocínio e Pardal Mallet (*Diário de Notícias*, 20 abr. 1892). Todos foram mandados para o exílio, em diferentes locais do país, em pleno 21 de abril de 1891, data em que a República comemorava o centenário de morte de Tiradentes, mártir do sentimento republicano (*Diário de Notícias*, 21 abr. 1892). Entre celebrações pela memória do inconfidente e perseguições políticas, os literatos nesse ano se dividiram entre os que escaparam do exílio – e assim tiveram de calar suas críticas àquela República – e os que deixaram a cidade presos ou autoexilados.

Para entender a distância que separa as memórias eufóricas de Machado de Assis sobre a Abolição da escravidão do desânimo que testemunha no seu quinto aniversário, cabe buscar na história como se deu o caminho de construção de novas formas e sentidos para a festa que celebrava a data da Abolição.

Esse é um processo que se inicia ainda no primeiro aniversário da lei, quando a mobilização da imprensa se mostrou sensivelmente menor do que no ano anterior. Em 1889, uma das formas de celebrar a data foi a publicação de textos que rememoravam as festas de 1888, marcando novamente para seus leitores o significado daquele acontecimento para a história da nação e o protagonismo dos jornais, tanto no apoio dado à Abolição quanto na realização dos grandiosos festejos. O primeiro aniversário da lei devia ser comemorado como momento de síntese de um ano de liberdade. Um dos pontos reiterados pelos redatores d'*O Paiz* era o da ordem vivida desde a libertação dos escravos. Essa ordem tinha de se confirmar nas festas do primeiro aniversário da Abolição: "o dia 13 de Maio deve ser e será um dia de paz", afirmava o editor do jornal *O Paiz* dias antes (10 maio 1889). Além da paz, as festas serviriam para confirmar a força dos eventos do ano anterior, cujo sentido era reforçado por um redator da *Gazeta de Notícias* (14 maio 1889):

> Esse dia, o maior da nossa história, e o maior porque anunciou aos povos cultos que já não havia mais escravos n'este vasto território americano, foi assinalado por festas cuja recordação perdurará na memória dos que assistiram a imponente manifestação da alegria popular, e transmitir-se-à de pais a filhos, para que nunca fique esquecido o dia em que a Pátria conquistou o direito de afirmar que é também nação culta, e que à sombra de leis civilizadoras nela habita um povo livre.

Para o editor do jornal, o 13 de Maio libertara não apenas os escravos, mas toda uma nação. Aos olhos desse jornalista, as festas realizadas naquele ano deveriam reforçar a memória coletiva acerca daquele ato construído no ano anterior.[248] A memória da Abolição era alimentada pela crença de que com a lei o país conquistara a liberdade e compartilhava uma cultura pertencente às nações cultas e modernas. A festa, nos anos seguintes, além de reforçar esses sentidos servia também para reproduzi-los por gerações.

O esforço de cristalizar esses sentidos não era apenas de responsabilidade da imprensa. Alguns objetos serviriam para construir a narrativa desejada para aquele momento. Um desses objetos foram as folhinhas com calendário para o ano seguinte. No final de 1888, a Casa Laemmert comemorava os 50 anos da tradição das folhinhas e enviou para alguns jornais o exemplar para o ano de 1889. Nele, teria a folha 13 com o título de "*Aurea*", que contava a história da Abolição: "página comemorativa das diversas fases da libertação", uma edição especial dedicada à imprensa brasileira (*Jornal do Commercio*, 13 dez. 1888). A edição dessa folhinha saiu com mais de 110 mil exemplares, ocupando anúncios nos grandes jornais, sendo vendida por 500rs. (*Gazeta de Notícias*, 17 dez.

248 Segundo Helenice Rodrigues da Silva (2002), baseada em Paul Ricoeur, as comemorações servem para reforçar a memória coletiva.

1888).[249] A Abolição foi lembrada na folhinha feita por outro estabelecimento. Uma loja que importava peles e de propriedade de "Srs. Cardoso de Cerqueira & C" juntou duas comemorações para o ano de 1889: o que eles chamaram de "centenário da igualdade humana", em alusão à Revolução Francesa, e a Abolição. Na folhinha, a ilustração de uma mulher, a liberdade, simbolizaria o centenário; as algemas partidas, o decreto do 13 de Maio de 1888. A figura feminina segurava numa das mãos uma tábua com as datas 1789 e 1889 (*Gazeta de Notícias*, 31 dez. 1888). Para o ano de 1890, o fotógrafo Augusto Elias inovou na forma de fazer as folhinhas, diferente do formato de 1888, quando elas foram ilustradas com imagens de crianças (*O Paiz*, 2 dez. 1887). Para 1890, a foto da Abolição ilustrava o calendário. Na nota sobre o recebimento da folhinha pelo *Diário do Commercio* (7 dez. 1889), a informação é que a imagem era a do bando que passava pelo largo São Francisco de Paula, possivelmente a figura 25 (ver capítulo 4). O *Cidade do Rio* (6 dez. 1889) também registrou o recebimento da folhinha e destacou a originalidade no uso da imagem da Abolição no Rio de Janeiro, sem mencionar com detalhes qual seria. Os anos seguintes a 1888 seriam ilustrados com uma ideia sobre a Abolição através de um simples objeto que contava o tempo.

Os agentes públicos também atuaram no propósito de reafirmar e cristalizar o protagonismo atribuído, em 1888, a personagens do mundo político, aos quais era dada a vitória da causa abolicionista. No primeiro aniversário da lei, houve a troca de placas por outras com os nomes daqueles que tivessem ligação com a Abolição. Desse modo, a rua da Saúde vira rua Antônio Prado, em homenagem ao abolicionista paulista; a rua dos Inválidos, Thomaz Coelho, ministro do Império; a da Guarda-Velha, rua 13 de Maio; a rua do Passeio passa a se chamar rua Joaquim Nabuco; o largo da Lapa se transforma na praça D. Isabel, a Redentora; e, por fim, o largo do Catete torna-se praça Ferreira Viana, ministro da Justiça em 1888. O responsável por essa iniciativa não apareceu na nota divulgada pela *Gazeta de Notícias* (13 maio 1889),[250] que apenas informou que as placas haviam sido colocadas no dia anterior. De modo claro, a iniciativa tentava reforçar o protagonismo de personagens já destacados nos festejos oficiais do ano

249 A folhinha foi distribuída para vários jornais, que publicaram pequenos textos de agradecimento e parabenizando pelos 50 anos da tradição. Entre esses jornais estão também a *Gazeta da Tarde*, o *Jornal do Commercio* e a *Revista Typographica*.

250 Dessas ruas, apenas a da Guarda-Velha mudou definitivamente para rua Treze de Maio.

anterior, quando um dos elementos que decorava as fachadas das redações dos jornais eram os nomes dos abolicionistas e dos membros do Parlamento. Nesta perspectiva, a festa de 1889 teria o fim de consolidar certa memória da Abolição e dos sujeitos que seriam seus protagonistas.

Esta memória era reforçada, do mesmo modo, nas comemorações oficiais da data. Em 1889, as festividades contaram com a presença da família imperial, que, na manhã do dia 13 de maio, desembarcou no Arsenal da Marinha. Saudados por autoridades e pelo povo que estava ali presente, os membros da família imperial acompanharam o cortejo até a igreja do Rosário, onde ocorreu um *Te Deum* em homenagem à data (*Gazeta de Notícias*, 14 maio 1889). Após a cerimônia, a família se dirigiu ao Imperial Teatro Pedro II e foi recebida pelos membros da Confederação Abolicionista, responsáveis pela organização das comemorações daquele ano. Na ocasião, José do Patrocínio fez um discurso saudando o imperador e a princesa, e a festividade também contou com leitura de textos e poesias.[251] Ao findar o espetáculo, a família se dirigiu ao Paço Imperial, onde testemunhou a praça D. Pedro II cheia daqueles que queriam saudá-la. Era como um ato de homenagem à monarquia, associada na festa à Abolição, que se organizavam as comemorações oficiais.[252]

Além da homenagem feita à família imperial pela imprensa, havia outros sujeitos, distantes do mundo dos jornais e do campo letrado, que rendiam homenagens à princesa de forma distinta. No calor dos acontecimentos de 1888, formou-se a Associação Beneficente D. Isabel, a Redentora, tendo como uma das missões socorrer os associados em caso de necessidade e "festejar o glorioso 13 de Maio". Essa era uma associação de caridade, conforme exposto no comunicado enviado à Câmara Municipal (*Diário de Notícias*, 23 maio 1888).[253] No primeiro aniversário da lei, seus sócios celebraram a data dando posse à nova diretoria (*Gazeta de Notícias*, 13 maio 1889). Tratava-se, assim, de uma sociedade cujos membros reforçavam uma memória em torno da lei; erigida já no ano anterior, tinha por fim destacar o papel da própria princesa no processo de conquista da liberdade e o sentido de dádiva de sua ação.

---

251 Aluízio de Azevedo leria, na ocasião, trechos do seu livro *O cortiço*.

252 Para celebrar o primeiro aniversário da Abolição, a Câmara Municipal autorizou a queima de fogos de artifício em 29 pontos da cidade (entre morros e praças), tendo um gasto total de três contos e 300 mil réis. AGCRJ. Códice 43, 4, 12. *Festividades pela data da abolição da escravidão (1888-1898).*

253 Exercer a caridade estava entre as funções dessa associação no documento enviado à Câmara Municipal a respeito da sua criação. AGCRJ. Códice 6,2,14. *Abolição da escravidão.*

Uma postura semelhante, em 1889, podia ser notada em outros préstitos realizados naquele ano na rua do Ouvidor por associações civis. Era o caso das sociedades Particular de Música Prazer da Glória[254] e Amante da Liberdade. Ambas, através de um pequeno anúncio, chamavam seus sócios a participar dos festejos. A Prazer da Glória não informou que tipo de evento seria realizado, solicitando apenas que seus sócios comparecessem à sede do clube na parte da tarde. Já os sócios da Amante da Liberdade sairiam em caminhada da sua sede em Botafogo até o Arsenal da Marinha para homenagear a princesa. Formada por homens de cor, essa sociedade realizou ainda, na parte da tarde, outro préstito pela rua do Ouvidor para saudar a imprensa (*Gazeta de Notícias*, 14 maio 1889). Uma instituição criada nos momentos seguintes à Abolição, o Centro Typographico 13 de Maio, realizou uma grande solenidade para celebrar o primeiro aniversário da lei. Os tipógrafos se reuniram no teatro Recreio Dramático para um concerto e uma sessão magna que contou com a presença dos senadores Dantas e Senador Silveira da Motta, do deputado Afonso Celso e outros representantes das duas casas parlamentares, além da imprensa e outras associações. Na ocasião, foram lidas poesias escritas pelos tipógrafos Cunha Telles e Martins Pereira, e na porta do teatro foram reunidas doações para o cofre da beneficência da Imperial Associação Typographica Fluminense (*O Constitucional*, 15 maio 1889). Casos como esses deixavam claro o sucesso das imagens unívocas construídas no ano anterior pela imprensa para a festa, cujos sentidos eram reafirmados em muitas manifestações de sujeitos distantes das esferas letradas.

Mais uma vez, no entanto, a construção de tais sentidos se fazia em paralelo à afirmação de outros significados para a data, expressos em formas particulares de celebração que se fizeram notar pelas ruas da cidade em 1889. Entre essas formas estavam aquelas patrocinadas pelos próprios beneficiários da lei. A força de seus festejos naquele ano foi atestada pela atenção insuspeita de Coelho Netto, que se empenhara nos anos anteriores na campanha abolicionista. No início da década de 1880, o jovem literato, em seu contato com o abolicionismo de São Paulo, utilizava a literatura como forma de engajamento político e social na denúncia contra a escravidão (Pereira, 2000a). No primeiro aniversário da lei, em crônica publicada poucos dias antes da data, assinada com a inicial "N.",[255] ele centra sua

254 De acordo com Pereira (2020:39), essa sociedade já aparecia em anúncios no *Jornal do Commercio* em maio de 1870.

255 Essa foi a forma como Coelho Netto passou a assinar a série cronística "Bilhetes postais", publicada no jornal *O Paiz* entre 1892 e 1893 (Silva, 2002).

atenção naqueles que eram, de fato, o centro da celebração – dando a ver, com isso, a possibilidade de existência de formas diversas de comemoração da data:

> 13 de maio – a páscoa dos escravos está batendo às portas. É o primeiro aniversário do êxodo dos negros; curvemo-nos diante da turba que formiga ao longe, preparando--se para a marcha triunfal rememorada da hégira. Hebreus do Misraim, nós, os modernos, vamos ter também a nossa festa dos tabernáculos – a festa das senzalas. O cativeiro não foi exclusivamente para vós outros, se construístes as pirâmides, se edificastes os templos na terra do Nilo, ao sol rubro, enquanto os vossos profetas cantavam as dores da vossa raça, eles, os africanos, edificaram mais – fizeram com o seu sangue o adubo da terra, plantaram com os seus braços as primeiras sementes, tiraram as mamas das bocas dos filhos negros para as bocas dos senhores recém nascidos [*sic*], deram toda a força, toda a vida à terra, fizeram mais do que vós, hebreus, sofreram mais do que vós, israelitas (*Diário de Notícias*, 10 maio 1889).

Ao descrever a data como a "páscoa dos escravos", Coelho Netto se mostrava partidário de uma forma de encará-la próxima ao universo letrado – em que imagens religiosas como estas já marcavam, desde o ano anterior, a caracterização do ato celebrado. Através do paralelo com a história dos hebreus e sua saída do Egito, ele indicava que aquela comemoração extrapolava em muito o universo dos festejos oficiais. Para ele, tratava-se de uma "festa das senzalas", devendo ser celebrada de forma própria por aqueles que mais tinham a comemorar: "os africanos". Por esse motivo, defendia um espaço para que os próprios protagonistas da festa pudessem realizar livremente sua celebração. "Não interrompamos a festa sagrada dos negros – é um rito novo – o 13 de maio – é a religião da liberdade", afirmava Coelho Netto, como a indicar certa tendência de repressão aos batuques com os quais os negros haviam comemorado no ano anterior a liberdade. E por isso finaliza: "Deixemos passar os que festejam a páscoa". Por mais que compartilhasse dos sentidos atribuídos à festa por outras parcelas do mundo letrado, de seu ponto de vista as celebrações desses ex-escravizados não poderiam ser reprimidas porque representariam algo sagrado, fruto de um momento de sofrimento semelhante ao dos povos antigos.

No primeiro aniversário da lei, ainda sob o Império, já deveria ter para esse literato uma celebração distinta daquela promovida para a família imperial. Os ex-escravos, para ele, deveriam ser o foco da comemoração, visto que realizavam seus próprios festejos de acordo com seus critérios festivos. Afinal, ninguém, além deles, tinha mais motivos para festejar a liberdade como gênese de um novo tempo.

Claro que, ao propor este deslocamento, Coelho Netto estava longe de negar o sentido ilustrado da luta, ou mesmo a ideia de que a liberdade havia sido uma dádiva dada aos escravizados por homens pensantes como ele. As motivações da ênfase que dava, naquela crônica, à perspectiva do escravo se esclareceriam, dias depois, em outra crônica sobre a festa, desta vez assinada com seu próprio nome no *Diário de Notícias* (13 maio 1889):

> 13 de maio
> Primeiro aniversário da nossa história política. Começamos a viver, 13 de maio de 1888 – antes éramos um povo de bárbaros, no estado primitivo. Depois das mãos portuguesas, que descobriram o solo, era mister alguma coisa que descobrisse as almas – um coração encarregou-se disso.
>
> O Brasil deixou de ser o presídio dos negros d'África para ser um Estado livre, independente da suserania dos oligarcas.
>
> 13 de maio é a data inicial da nossa história – depois do gênese o êxodo.

As imagens religiosas para tratar da liberdade dos escravos permaneceram nesse pequeno texto de Coelho Netto. No entanto, mais do que tratar de uma religiosidade e, consequentemente, uma passividade em torno da lei, o autor trata dessas "almas descobertas" numa perspectiva de cidadãos que compunham um Estado livre. Ou seja, o protagonismo da ação que iniciou uma vida de liberdade e o fim de um estado primitivo não era da família real, mas sim, novamente, dos escravos e daqueles que atuaram por esse fim: "começamos a viver". Todos, não apenas os ex-escravos, passaram a viver num Estado livre. Porém algo ainda faltava para a completa liberdade. A frase final, "depois do gênese o êxodo", marcava que ainda era necessária uma ruptura para a vida completa em liberdade.

O texto escrito no primeiro e único aniversário da Abolição no Império marcava uma distinção da forma de celebrar a data por parte desse literato. Para ele, os protagonistas da ação eram outros, e por isso mereciam ser festejados, ou deveria ser permitida a eles sua própria celebração, ou a sua Páscoa, conforme escrevera dias antes do aniversário. As comemorações da Abolição no período republicano reforçaram a multiplicidade de sentidos e sujeitos existente desde 1888.

Um combate em torno da memória da Abolição iniciava-se já no primeiro aniversário e configuraria uma longa batalha política e simbólica em torno da data.

Na República, a comemoração da data do 13 de Maio entrou para a galeria de festas nacionais por meio de um decreto expedido ainda do governo provisório. Nele, as relações entre festas públicas e o regime republicano foram definidas:

> Que o regime republicano se baseia no profundo sentimento de fraternidade universal; que esse sentimento não se pode desenvolver convenientemente sem um sistema de festas públicas, destinadas a comemorar a continuidade e a solidariedade de todas as gerações humanas.
>
> Que cada pátria deve instituir tais festas segundo os laços especiais que prendem os seus destinos aos de todos os povos.[256]

De acordo com esse decreto, as festas públicas serviam para o reforço do sentimento de fraternidade e solidariedade entre indivíduos de uma mesma nação e, por isso, deveriam ser estabelecidas logo após a instauração do regime. Nele, o 13 de Maio recebia o título de "Dia da Fraternidade entre os Brasileiros", retirando, pelo menos no decreto, a menção à grande obra do tempo do Império, a Abolição (*O Paiz*, 15 jan. 1890; Oliveira, 1989). Essa resolução, junto a outro artigo que definia o dia 1 de janeiro como "Dia da Fraternidade Universal", evidenciava a força das pregações positivistas na definição das celebrações e festividades cívicas do novo regime em seus primeiros tempos (Leal, 2006). O texto original do decreto, redigido por Teixeira Mendes, deixava exposta a necessidade da celebração de algumas datas ligadas à história brasileira e ocidental, de forma a dar novos sentidos a eventos anteriormente comemorados como vitória de um regime do passado.[257] Na República, novos significados deveriam ser dados às mesmas datas. Esse era um momento de arrumação da história do Brasil por meio das festas nacionais.

Ao definir o 13 de Maio como o Dia da Fraternidade entre os Brasileiros, o novo decreto retirava o motivo da celebração da data. Agora era a fraternidade

---

256 "Decreto nº 155-B, de 14 de janeiro de 1890" (apud Oliveira, 1989).

257 As outras datas, além de 1 de janeiro e 13 de maio: 21 de abril (comemoração dos precursores da Independência brasileira, resumidos em Tiradentes); 3 de maio (Descoberta do Brasil); 14 de julho (República, Liberdade e Independência dos povos americanos); 7 de setembro (Independência do Brasil); 12 de outubro (Descoberta da América); 2 de novembro (Mortos); 15 de novembro (Comemoração da Pátria Brasileira. Ver Oliveira (1989) e Leal (2006).

entre os brasileiros que deveria ser celebrada, e não uma possível ação do tempo do Império, caracterizada como dádiva da princesa. O decreto redefinia o passado através de uma nova leitura do sentido da festa e arrumava uma memória que tinha origem na monarquia, mas que nos tempos republicanos ganhava novas formas e significados.[258]

Em meio à prática do lembrar e esquecer na consagração dos festejos oficiais republicanos, a Abolição foi celebrada em 1890 com festas promovidas pela Confederação Abolicionista. A programação parecia grandiosa, e nos dias que antecederam a festa o *Diário de Notícias* (8 maio 1890) publicava as listas de adesões das sociedades participantes e o modo como se daria o festejo. Seriam incorporados ao cortejo os jornais da capital, o Clube dos Democráticos, a Associação dos Empregados do Comércio, a Associação Beneficente Isabel, a Redentora e a Associação Memória ao Visconde do Rio Branco, entre outros. A cada dia as adesões ao préstito cívico aumentavam, e a grandiosidade dos festejos seria o sinal de uma verdadeira festa popular que teria a contribuição de todos, sem distinção de classe, a fim de celebrar um brilhante fato histórico (*Diário de Notícias*, 10 maio 1890).

Como acontecera na festa original, a programação do segundo aniversário da lei seria vasta e com algumas similaridades com a ocorrida dois anos antes. Entre essas semelhanças estavam salvas de tiros, baile popular e um espetáculo teatral (*Diário de Notícias*, 4 maio 1890). Uma "Grande marcha cívica popular" foi pensada pelos responsáveis pelos festejos, conforme consta no ofício enviado ao presidente da Intendência Municipal pelo secretário da comissão dos festejos da Confederação Abolicionista ao pedir a presença das escolas municipais e batalhões-escola na grande marcha.[259] Dessa vez, a festa da Abolição assumia de forma mais clara a feição de uma celebração da liberdade, entendida tanto em sentido jurídico quanto político. Dias antes do aniversário da lei, os diretores da Confederação Abolicionista já pediam a adesão dos moradores das ruas por onde passaria o préstito a fim de que jogassem flores sobre os "revolucionários de

258 Uma dessas formas foi o próprio estabelecimento das celebrações pelo Descobrimento do Brasil para o dia 3 de maio. A data recebia um investimento por parte do governo e dos positivistas que promoviam celebrações (*Diário de Notícias*, 4 maio 1890). A descrição das festas do Descobrimento e da adesão da população participando dos préstitos se assemelha muito ao discurso da imprensa ao tratar da Abolição em 1888.

259 AGCRJ. Códice: 43,4,12. "Ofício da Confederação Abolicionista ao Intendente Municipal, 9 de maio de 1890". *Festividades pela data da abolição da escravidão (1888-1898).*

duas grandes batalhas pacíficas: o 13 de Maio e o 15 de Novembro" (*Diário de Notícias*, 11 maio 1890). Igualadas como partes de um mesmo todo por políticos e jornalistas de inclinação republicana, as duas festas pareciam se complementar – como explica, na véspera da celebração, um articulista da folha republicana *Diário de Notícias*:

> Amanhã festeja o povo brasileiro uma das datas mais festivas da sua história.
>
> Após o inferno colonial e o purgatório monárquico, chegou finalmente o dia em que a liberdade pode festejar a liberdade, em que a República pode coroar de flores a abolição.

Do ponto de vista do redator da nota, a Abolição e a República eram datas que se complementavam, por serem ambas ligadas à liberdade. Ponto culminante de uma linearidade histórica que teria rumado sempre ao progresso, a República aparece como uma conquista irresistível desse rumo que teve na Abolição em 1888 uma de suas etapas principais (Siqueira, 1995:91).[260] Por esse motivo, a data do 13 de Maio comemorada na República celebrava a pátria, motivo pelo qual a glória não poderia caber a um líder ou indivíduo isolado. Significativamente, não se via, entre as comemorações oficiais, uma celebração aos heróis dos tempos do Império – como José do Patrocínio, Joaquim Nabuco ou a princesa Isabel, todos ausentes da programação dos festejos.

A celebração de 1890 deixava, assim, claro que, com a instauração do novo regime, o aniversário da Abolição passaria a ser também um momento de redefinição da memória histórica da própria nação. Isso ficaria ainda mais evidente na festa de 1891, na qual supostamente a última leva dos documentos da escravidão foi queimada para apagar seus vestígios no Brasil – em uma solenidade que contou com a presença de João Clapp, presidente da Confederação Abolicionista (*O Paiz*, 12 maio 1891), do ministro da Fazenda, Tristão de Alencar Araripe, sucessor de Rui Barbosa, e autoridades como o intendente municipal, o chefe de polícia, representantes da imprensa e do funcionalismo público, entre outros que estiveram presentes no campo da Pólvora (Lacombe, Silva e Barbosa, 1988:124).[261] Apesar

---

260 De acordo com Maria Tereza Chaves de Mello (2007:27), a complementaridade entre Abolição e República foi um dos caminhos utilizados pelos republicanos logo após a Proclamação para se legitimarem.

261 A primeira queima dos documentos havia sido feita sob o comando de Rui Barbosa em 15 de novembro de 1890 (Slenes, 1985).

de a proposta de queima dos documentos ter o intuito de eliminar os livros de matrícula, evitando com isso pedidos de indenização por parte de antigos senhores, de algum modo se tentava apagar um passado e, assim, arrumar o presente republicano, livre e sem escravidão. Essa solenidade como ato oficial de celebração do aniversário da Abolição tendia a reforçar ainda mais o resultado da lei de 1888. Nas palavras de João Clapp, ao findar a queima dos documentos enviados pelos estados: "ficava extinta de uma vez e por aquela forma a nódoa que por longos anos foi a vergonha d'este país" (*Diário de Notícias*, 14 maio 1891).[262] Era como mais uma festa cívica de caráter republicano em que os novos governantes e seus entusiastas celebravam a data – que acabava, desse modo, por ver esvaziado seu sentido original, ligado à causa dos negros, cada vez mais apagados das celebrações oficiais e que, ao mesmo tempo, permaneciam desligados da construção de liberdade que se fazia nesses eventos.

A importância da data para os próprios negros se fazia notar no modo pelo qual ela permanecia sendo festejada de formas diversas por toda a cidade. Se não tinham mais a coesão e unanimidade das festas de 1888, esses festejos apontavam para a continuidade das disputas em torno do sentido da celebração.

De fato, era em pequenas iniciativas que passava a se manifestar a lógica da celebração de outros sujeitos, distantes da campanha republicana. Os moradores do Méier e de Engenho de Dentro, área do subúrbio que congregava trabalhadores e uma classe média composta por funcionários públicos e militares, promoveram festejos pelo aniversário da Abolição nas ruas desses bairros em 1891 – dando uma importância singular à data. Organizações militares, tais como Corpo de Bombeiros e Guarda Nacional, também celebraram a seu modo o aniversário da Abolição naquele ano. Em contraponto aos novos festejos oficiais, floresciam assim pela cidade formas muito diversas de celebração, que mais uma vez rompiam com a imagem unívoca que se tentava articular para a festa.

Em muitos casos, essa disputa passou a ter como foco a própria definição dos heróis da Abolição, como José do Patrocínio. Depois de ter sido uma das lideranças abolicionistas mais louvadas em 1888, ele continuava, três anos depois, a merecer homenagens de sujeitos diversos. Uma sessão solene em seu louvor foi realizada

262 Por mais que a eliminação desses documentos fosse uma forma de acabar fisicamente com os vestígios da escravidão, evidentemente ela não foi capaz de eliminar totalmente as fontes sobre esse período sombrio, resultantes de diferentes tipos de registro. Para as fontes sobre os estudos da escravidão, ver Slenes (1983).

em 1891 por um grupo de literatos e jornalistas no teatro Recreio Dramático, no Centro, ocasião em que fariam discursos, além do próprio homenageado, escritores e políticos, como Dermeval da Fonseca, Olavo Bilac, Nilo Peçanha, Ernesto Senna e Rozendo Muniz, todos envolvidos tanto com a causa republicana quanto com a abolicionista (*Diário de Notícias*, 14 maio 1891). No mesmo ano, Patrocínio era ainda homenageado por um baile no Engenho Velho.[263] Segundo a nota publicada no *Diário de Notícias* alguns dias antes (7 maio 1891), o evento seria promovido pelos membros de uma sociedade local, o Clube Engenho Velho, que se apresentavam então como "seus amigos e admiradores". As duas bandas de música que animavam o concerto, a luz elétrica que iluminava os salões e o menu do jantar, escrito todo em francês, sugeriam ser aquele um baile muito diferente dos que aconteciam no período, com batuques e ritmos ligados à herança musical africana. Mesmo nos círculos letrados, portanto, notava-se o caráter parcial da imagem que os ideólogos do novo regime tentavam construir para a festa do 13 de Maio.

Apesar de os festejos da Abolição nos anos seguintes louvarem Patrocínio, o de 1892 teve de ser celebrado na sua ausência. Em abril daquele ano, o abolicionista e demais críticos da política florianista foram mandados para o exílio. O motivo dessa punição foi seu posicionamento contrário ao governo de Floriano Peixoto e um possível apoio ao marechal Deodoro, interpretados como atos de conspiração e sedição (Orico, s.d.:164). A cidade do Rio de Janeiro vivia dias tensos e sob estado de sítio decretado pelo governo. Além de Patrocínio, foram presos também, para prestar depoimento, sendo uma parte condenada ao exílio: Dermeval da Fonseca, redator da *Gazeta de Notícias*; Antonio Francisco Bandeira Júnior, Osmar Rosas e Muniz Varela, do jornal *Novidades*; e João Clapp, presidente da Confederação Abolicionista, entre militares e parlamentares (*O Paiz*, 12 abr. 1892). Olavo Bilac e Pardal Mallet foram presos e exilados no mesmo dia 21 de abril.[264]

Na ocasião, um dos defensores dos presos, consequentemente de Patrocínio, foi Rui Barbosa, que, num discurso ao Supremo feito a favor da soltura dos exilados, utilizou a data do 13 de Maio como argumento, enfatizando a atuação do abolicionista nos festejos pela Abolição:

263 Esse era o nome dado aos bairros que compõem a atual Grande Tijuca: Andaraí, Grajaú, Vila Isabel e Tijuca.

264 Pardal Mallet e Olavo Bilac aparecem na lista daqueles que iriam para o exílio, publicada n'*O Paiz* em 13 de abril de 1892. Na lista dos exilados, não consta o nome de João Clapp.

> Era o homem que, nas primeiras celebrações de 13 de maio, toda a imprensa desta capital coroava como o libertador dos escravos. Ah! Que palavras que teve então para ele a mocidade! Que continências, o exército! Que distinções, o alto jornalismo! Agora bastou que o aceno do poder lhe pusesse um sinal de suspeita, para que essas flores se transformassem em detritos [Orico, s.d.:165].[265]

Rui Barbosa recorria à data da Abolição e ao posicionamento abolicionista de Patrocínio como argumento para sua soltura. Além disso, criticava a imprensa, que, a seu ver, naquele momento não apoiara o abolicionista em defesa de sua liberdade. Os argumentos de Rui Barbosa não serviram para a emissão do *habeas corpus*, e os oposicionistas a Floriano foram para o exílio e de lá retornaram apenas em setembro daquele ano (Magalhães Jr., 1972:296).

As celebrações pelo 13 de Maio na República tiveram de conciliar não apenas os símbolos do passado, entre eles os personagens da Abolição, mas a conjuntura política em que esses abolicionistas se envolveram após o fim do Império. À primeira vista, a celebração a Patrocínio em 1891, não sendo realizada no ano seguinte devido a sua prisão, pode parecer um caso isolado, ligado à fidelidade que lhe devotavam seus antigos colaboradores da imprensa. A existência dessas festas em sua homenagem sugere, porém, que, apesar da campanha republicana, em muitas celebrações extraoficiais os heróis anteriormente festejados tinham ainda suas imagens ligadas à Abolição do ponto de vista das ruas, sendo por isso louvados por outros festeiros. Um exemplo exterior ao mundo letrado foi a missa em ação de graças à princesa Isabel realizada em 1891, na igreja de São Joaquim, por um "grupo de homens de cor gratos a áurea lei da Abolição" (*Diário de Notícias*, 13 maio 1891). O editor do jornal fez questão de ressaltar quem estava dando graças à princesa em pleno período republicano. A princesa não era louvada nem pelos brancos nem pelos literatos ou homens da imprensa, mas por homens de cor que não deixaram de valorizar o ato da assinatura da lei como fundamental para a liberdade dos escravos. Independentes de qualquer novo sentido que a República desse à data do 13 de Maio, como Dia da Fraternidade entre os Brasileiros, por exemplo, o que esses homens celebravam, de fato, era o fim da escravidão. Esse mesmo fim era celebrado em outros ambientes sociais de forte presença negra

265 O pedido de *habeas corpus* apresentado por Rui Barbosa foi feito no dia 20 de abril (*Diário de Notícias*, 21 abr. 1892).

por homens e mulheres durante os primeiros anos da República, com saudações à princesa – como mostravam os eventos organizados em 1892 pelas irmandades do Rosário e de São Benedito. Essas irmandades estiveram presentes na missa realizada em 1888 para comemorar a Abolição e, desde então, não deixaram de promover celebrações para comemorar a liberdade dos escravos.

A presença dessas irmandades negras nas festas foi uma forma de celebrar o próprio papel que elas tiveram durante a escravidão, uma vez que foram ambientes para o compartilhamento de experiências entre escravos e libertos e estratégias sociais dentro do mundo negro. Além disso, sendo uma formação desde o período colonial, funcionavam de forma relativamente autônoma como sociedades de ajuda mútua, (re)construindo identidades sociais muitas das vezes desarticuladas por conta da escravidão (Reis, 1996). No Rio de Janeiro, uma das mais antigas, a Irmandade Nossa Senhora do Rosário e São Benedito dos Homens Pretos, do final do século XVIII, tinha no seu regulamento o "socorro aos irmãos escravos", e através de um sorteio era escolhido quem seria alforriado.[266] De acordo com João José Reis (1996) as irmandades "espelhavam tensões e alianças sociais que permeavam a sociedade escravocrata em geral e o setor negro em particular". O interior da igreja era local, portanto, para a permanência das alianças sociais existentes durante a escravidão e que se reforçam com a Abolição, uma vez que, na década de 1880, as irmandades negras apoiaram a campanha e a imprensa abolicionistas, tendo entre seus membros José do Patrocínio (Moura, 2004).

Ao findar a escravidão, essas irmandades negras perderam sua principal característica, que era a proteção ao irmão escravo. No entanto, continuaram tendo um papel ativo entre a população liberta da capital federal, permanecendo como um ambiente de sociabilidade e solidariedades negras, além de papel político, principalmente na promoção de festas que celebravam os símbolos negros, entre eles os personagens do 13 de Maio: abolicionistas e a princesa Isabel.[267] Assim,

---

266 Não eram apenas as irmandades que adotavam essa prática de associativismo negro tendo, entre suas funções, a compra de alforrias. Desde a década de 1860, algumas sociedades beneficentes se formaram a fim de promover "tudo o que estiver a seu alcance em favor dos seus membros", sendo um dos objetivos a compra de alforrias. Entre elas estão a Sociedade Beneficente da Nação Conga e a Associação Beneficente Socorro Mútuo dos Homens de Cor, ambas enfrentando resistência para a aprovação de seu funcionamento por parte do Conselho do Estado (Chalhoub, 2007:233).

267 As pesquisas a respeito das irmandades negras são focadas, quase predominantemente, sobre dois locais – Bahia e Minas Gerais –, sendo o século XVIII e a primeira metade do XIX privilegiados nesses estudos. Há uma lacuna na historiografia a respeito dessas irmandades no pós-Abolição, principalmente as da capital federal da virada do século XIX para o XX.

no final do século XIX e início do XX, as festas foram meios de resistência à manipulação dos sentidos da Abolição diante da forma como a data era celebrada pela República: com o descarte dos sujeitos do passado, entre eles abolicionistas negros e os membros do Parlamento. Nessas irmandades compostas por negros, que viam a princesa Isabel como redentora dos escravos, o aspecto sagrado da Abolição ainda se fazia presente.

Configuravam-se, assim, as ambiguidades da celebração do 13 de Maio nos primeiros anos da República. Por um lado, sujeitos diversos tomavam a festa nas mãos, promovendo a seu jeito a celebração da data; por outro, no entanto, a própria proliferação dessas outras festas esvaziava, aos poucos, a força dos festejos oficiais – que não se mostravam mais capazes de agregar a diversidade de público e de sentidos para a Abolição. Por esse motivo, foi comum os editores dos jornais daquele ano afirmarem um desânimo para a realização das festas. Tal interpretação foi feita a partir de uma lógica festiva que estava ligada a uma organização oficial, cujos sentidos se associavam claramente ao novo governo republicano. Um exemplo disso está num ofício do Ministério dos Negócios do Interior do Rio de Janeiro autorizando a Intendência Municipal a concorrer com cinco contos de réis para os "festejos populares do dia 13 próximo [maio], consagrado à comemoração da fraternidade dos brasileiros". A referência ao novo nome dado ao 13 de Maio pela República é um exemplo da inserção de novos significados para uma festa que tinha uma historicidade e que não era republicana. Apesar disso, essas mesmas autoridades republicanas foram convidadas pela comissão dos festejos do Primeiro Distrito de Sant'Anna, eleita para "comemorar a Áurea Lei de 13 de Maio", para comparecer às celebrações a serem realizadas na praça 11 de Junho.[268] Na festa de maio de 1892, parecia já claro aos contemporâneos que não era a liberdade o valor principal que os novos governantes desejariam celebrar em seus festejos oficiais. Nesse quadro, saudar antigos heróis, como José do Patrocínio e a princesa Isabel, parecia um ato de coragem e autonomia.

As festas pela Abolição, diante dessa disputa simbólica, pareciam, aos olhos dos editores das folhas da cidade, esvaziadas e com o sentido reduzido se comparadas àquelas dos anos anteriores, principalmente a de 1888. Se esse pouco entusiasmo notado por alguns editores não correspondia ao clima de festa que

268 AGCRJ. Códice 43, 4, 12. *Festividades pela data da abolição da escravidão (1888-1898).*

ainda permanecia fora do ambiente dominado pela imprensa e pelos letrados, o fato é que, aos olhos dos contemporâneos, parecia já uma lembrança distante o regozijo público e geral das festas de maio de 1888. Era como um testemunho desse processo que podemos entender o sentido da crônica escrita por Machado de Assis em maio de 1893. Ela deixava claro como, naquele momento, o 13 de Maio já não representava para ele a celebração das luzes da liberdade, antes pelo contrário: era então em um cenário sombrio que se celebrava novamente a data. Na sua crônica após o aniversário da Abolição, a política e seu encaminhamento eram as causas para esse passado que parecia ignorado naqueles dias.

> Um velho autor da nossa língua, – creio que João de Barros; não posso ir verificá-lo agora; ponhamos João de Barros. Este velho autor fala de um provérbio que dizia: "Os italianos governam-se pelo passado, os espanhóis pelo presente e os franceses pelo que há de vir". E em seguida dava "uma repreensão de pena à nossa Espanha", considerando que Espanha é toda a península, e só Castela é Castela. A nossa gente, que dali veio, tem de receber a mesma repreensão de pena; governa-se pelo presente, tem o porvir em pouco, o passado em nada ou quase nada. Eu creio que os ingleses resumem as outras três nações [*Gazeta de Notícias*, 14 maio 1893].

A reflexão que Machado de Assis faz após seu testemunho das festas é de que a política republicana seguia o mesmo da feita pela Espanha, onde o passado e o futuro não interessavam. O governo devia ser pelo presente e nada mais. Ora, nada muito diferente do que aconteceu no ano anterior e que se repetia em 1893. O passado de busca por uma liberdade não precisaria ser louvado num ambiente político que pensava no presente, ignorando toda uma trajetória histórica. Nesse sentido, o tipo de celebração promovido pela República, com afirmações de fraternidade e salvas de tiro, seria simples marca de uma celebração do presente que ignorava o peso e o sentido histórico da data celebrada.

Tendo escrito sua crônica no dia da festa, Machado de Assis parecia espelhar, nela, as celebrações oficiais que testemunhava. Sem muitas novidades, o quinto aniversário da Abolição repetia a lógica e a forma dos anos anteriores. Os edifícios públicos foram iluminados e a estação da Estrada de Ferro Central recebeu uma banda de música e uma iluminação especial. Os teatros também reservaram espetáculos diferenciados para celebrar a lei, e a rua Senador Dantas, além de ser iluminada de forma diversa do dia a dia, recebeu um coreto de uma fábrica de cerveja (*Diário de Notícias*, 14 maio 1893). A fim de facilitar o deslocamento de sociedades musicais do subúrbio para a cidade, a Estação Central concederia entradas gratuitas para os membros dessas sociedades (*O Paiz*, 12 maio 1893). Houve também festas realizadas pela Irmandade do Rosário de São Benedito. Em São Cristóvão, as celebrações ficaram por conta da Irmandade do Nosso Senhor do Bonfim e N. S. Paraíso, que pediram autorização ao intendente municipal para o lançamento de fogos de artifício e a colocação de mastros e galhardetes no coreto que seria erguido no adro da igreja.[269] Toda essa programação mostra que havia uma movimentação em torno da data, mesmo que a repercussão da adesão pública a ela não fosse feita de forma sistemática pelos jornais. Ou seja, apesar de haver festa, não sabemos nada além da sua realização (*Diário de Notícias*, 14 maio 1893).[270]

Não era de se estranhar, por isso, que o desânimo de Machado de Assis pelas festas do 13 de Maio de 1893 fosse reiterado por alguns jornais da capital federal. N'*O Paiz*, folha republicana que contava com a colaboração de Quintino Bocaiúva (Barbosa, 2000:49; Pessanha, 2006), a empolgação do editor pelas festas parece ter mudado conforme passou o dia. Na véspera do aniversário, ao divulgar a programação do dia seguinte, afirmara que se revelava "no seio da população fluminense um justo entusiasmo pelas festas que serão realizadas amanhã, comemorativas da lei de 13 de maio, início das liberdades públicas do Brasil" (*O Paiz*, 12 maio 1893). No entanto, não demonstrou a mesma animação ao relatar que o dia transcorria sem maiores mostras oficiais de júbilo: "sem grandes demonstrações de público regozijo passa hoje uma das maiores datas que a história pátria registra" (*O Paiz*, 13 maio 1893). Ao contrário da população, que parecia permanecer com seu entusiasmo em torno da festa, as manifestações oficiais em torno da celebração da data pareciam cada vez mais reduzidas. Assim como fez o *Diário de Notícias* no relato da festa, *O Paiz* não ofereceu aos seus leitores maiores informações sobre a adesão popular aos festejos programados, permanecendo, assim, a ideia de que os festejos pela Abolição caíam num vazio de sentidos e de adesão pública.

O desânimo de Machado de Assis era também compartilhado por um leitor do *Diário de Notícias* que enviou um artigo ao jornal a respeito da data. Nele,

---

269 AGCRJ. Códice 43,3,75. Festejos religiosos pela data da lei que extinguiu a escravidão no Brasil – Igreja do Bonfim e N. S. do Paraíso. São Cristóvão – 1893.

270 Na nota não há mais detalhes sobre o público que compareceu aos festejos.

reclamava que as festas pela Abolição haviam ocorrido sem a menção aos nomes de alguns abolicionistas importantes, como José do Patrocínio, Julio de Lemos, Luiz de Andrade, Antonio Azeredo e João Clapp.[271] O autor termina o texto com ênfase sobre o esquecimento operado nos dias de festa:

> Estranhável, repito, que nas festas da Abolição sejam omitidos os nomes de alguns dos mais dignos e ilustres generais d'essa campanha – nomes tão intimamente ligados ao 13 de maio, que festejar a abolição sem os honrar é fazer uma exclusão [...] seguramente inexplicável [*Diário de Notícias*, 10 maio 1893].

Sua conclusão a respeito das festas mal esconde seu descontentamento com a forma pela qual o novo regime recém-instaurado passara a celebrar a data. Se afirmava não ver os abolicionistas serem celebrados, mesmo sendo lembrados em eventos particulares, desligados de qualquer lógica oficial e pública, o missivista se mostrava incomodado com a releitura da história promovida pela República, que tentava recriar arbitrariamente os sentidos da festa. Como Machado de Assis, era da tentativa de calar a história de muitos sujeitos envolvidos com a festa que ele reclamava em sua mensagem. Parece explicável, por isso, que na continuação de sua crônica Machado de Assis associasse as novas comemorações do 13 de Maio às festas da Independência, que já haviam caído no esquecimento e não tinham mais a força e importância que haviam tido em sua infância.

> Temo que o nosso regozijo vá morrendo, e a lembrança do passado com ele, e tudo se acabe naquela frase estereotipada da imprensa nos dias da minha primeira juventude. Que eram afinal as festas da independência? Uma parada, um cortejo, um espetáculo de gala. Tudo isso ocupava duas linhas, e mais estas duas: as fortalezas e os navios de guerra nacionais e estrangeiros surtos no porto deram as salvas de estilo. Com este pouco, e certo, estava comemorado o grande ato da nossa separação da metrópole [*Gazeta de Notícias*, 14 maio 1893].

A perda do regozijo que o literato teme é o perigo que sentia correr a festa da Abolição: de grande festejo para uma parada cívica sem povo e sem sentido. A experiência do literato com as festas pela Independência levava a crer que o mesmo

---

271 Luiz de Andrade e Antonio Azeredo participaram da Confederação Abolicionista (Silva, 2003).

poderia ocorrer com as da Abolição, que na República se esvaziavam.[272] Ao citar a lembrança do passado, o literato, na verdade, está temendo uma descaracterização da festa por parte de quem seria responsável pela sua promoção: o regime republicano. O tempo feio que fazia era uma resposta à frieza do esquecimento que tal data vinha sofrendo.

Portanto, os aniversários da Abolição seriam feitos, na República, a partir de uma conjuntura política específica, que acabou por tentar afastar a festa de seus sentidos e sujeitos originais – fossem as lideranças abolicionistas ligadas à Coroa ou os próprios libertos. Por outro lado, a cada ano a data vinha sendo apropriada por aqueles que, independentes de parâmetros oficiais, continuavam a celebrar os sujeitos do passado, os abolicionistas e a princesa. Para esses festeiros, a data do 13 de Maio era a da Abolição da escravidão e assim deveria ser celebrada. Na crônica de Machado de Assis, a defesa dessa celebração se reafirma principalmente ao tentar trazer do passado um período de glória e de grandes festividades. Para o literato, testemunha das festas de 1888, a essência das comemorações não deveria ser perdida, apesar de um esforço oficial para que isso acontecesse. Ao final da crônica deixa claro seu desejo, entre as rabugices de um velho escritor:

> Não, não. O triste sou eu. Provavelmente má digestão. Comi favas, e as favas não se dão comigo. Comerei rosas ou primaveras, e pedir-vos-ei uma estátua e uma festa que dure, pelo menos, dois aniversários. Já é demais para um homem modesto [*Gazeta de Notícias*, 14 maio 1893].

A tristeza do literato e a falta de flores se ligavam, portanto, à indiferença em relação à festa, que o entristecia e causava má digestão. Ao escrever a crônica em 1893, percebe que as celebrações que testemunhara nos cinco aniversários da Abolição não foram suficientes para satisfazer sua vontade de festejar a data. As festas das suas lembranças, que deveriam ser modelos para as dos anos seguintes, não haviam durado além daquele dia de delírio de 1888. A República, de fato, parecia não perpetuar os sentidos da data, muito menos o sol da liberdade vivido naquele dia da Abolição.

272 A respeito das festas pela Independência, ver Kraay (2011).

12. As comemorações de uma conquista

A última década do século XIX foi de batalhas pela consolidação do regime republicano e de afirmação de uma memória em torno da Abolição. Nos anos seguintes à crônica de Machado de Assis, a vida política do país permanecia conturbada, na transição de presidentes e ainda sob os resquícios da política florianista de se manter na presidência mesmo sob protestos.[273] As comemorações pela libertação dos escravos a cada ano ganhavam um aparato cívico e oficial e se distanciavam da euforia popular vivida por homens como Machado de Assis e Coelho Netto em 1888. Diante desse contexto de esvaziamento, Coelho Netto publica seu romance *A conquista*, em 1897, com a proposta de retomada de uma reflexão em torno do sentido da festa da Abolição.[274] O livro, que tinha como subtítulo "*episódios da vida literária*", foi saudado na ocasião do lançamento como uma das melhores obras de Coelho Netto (Pereira, 2016:66).

Nesse texto, Coelho Netto adotou pseudônimos para identificar os literatos a que se referia e com quem ele próprio convivera. Sendo assim, ele era Anselmo Ribas, protagonista do romance; Aluízio de Azevedo era identificado como Ruy Vaz, e Luiz Murat aparece sob o nome de Luiz Moraes (Rodrigues, 1998:237). A história do romance começa com a chegada do jovem Anselmo à cidade do Rio de Janeiro e seu encontro com Ruy Vaz, que, apesar de ser um escritor de renome no meio literário, o que criara em Anselmo a ilusão de uma vida de

273 No ano de 1894, Patrocínio ainda se escondia no subúrbio da cidade a fim de se afastar de qualquer perigo de associação com o caos político que existia na República. Outros também se exilaram e saíram da cena política até a posse do novo presidente. Entre os exilados, estavam Rui Barbosa, que foi para Londres; Olavo Bilac foi para Sabará, interior de Minas Gerais; Pardal Mallet foi para o interior do estado do Rio de Janeiro (Rodrigues, 2001:36).

274 O livro foi publicado primeiramente em forma de folhetim no jornal *A República*, em 1897, e no formato de livro em 1899 (Pereira, 1994). A edição usada neste trabalho é a quinta edição de uma publicação de uma editora portuguesa. As referências de data serão feitas ao ano de 1899, quando o texto saiu publicado em formato de livro, com a página referente a essa edição portuguesa.

sucesso no Rio de Janeiro, tinha um cotidiano de sacrifícios, decepcionando, assim, o recém-chegado. A partir da quebra da ilusão de Anselmo de vida tranquila na Corte, a história se desenvolve com a abordagem do dia a dia desses literatos, que se dividiam entre produzir literatura e empregos que não davam o prestígio com que sonhavam, como o trabalho nas redações, por exemplo.[275] No entanto, foi na imprensa que esse grupo viveu o auge da sua atuação na batalha empreendida em favor da Abolição. Coelho Netto lembrava-se da campanha abolicionista, em um misto de ficção e memória que terminava com a festa do 13 de Maio de 1888:

> Porém, uma voz rouca bradou na rua: "Viva José do Patrocínio! Viva Joaquim Nabuco!" Anselmo correu à janela, palpitante. Estava uma multidão diante do escritório e um mulato gordo, esbaforido, atirando o chapéu ao ar, fazia enorme algazarra. Anselmo desceu e, rompendo o povo, chegou ao homem que logo avançou, rouco, encharcado de suor e apertou-o nos braços, gritando com fúria: "Viva José do Patrocínio! Viva a *Cidade do Rio*! Primeiro jornal do mundo!" e, sem mais, arregaçando as mangas do casaco surrado, subiu para o balcão e, com grande esforço, arrancando as palavras, pôs-se a falar [Coelho Netto, 1899:434].

No trecho destacado acima, Anselmo estava na redação do *Cidade do Rio* escrevendo sobre a Abolição para o jornal, enquanto ouvia o êxtase da multidão que, de forma repetitiva, dava vivas aos abolicionistas Joaquim Nabuco e José do Patrocínio. Nesse romance, os literatos que atuaram nos jornais são os principais personagens da história da Abolição. A escrita de um livro que tivesse como enredo principal a participação deles em torno dessa "conquista" tinha o claro objetivo de entrar na disputa pela memória, ainda em construção, sobre o sentido da festa do 13 de Maio. Para melhor compreendê-lo, por isso, cabe tentarmos entender o "ambiente festivo" vivido por Coelho Netto nos anos anteriores, com o qual dialoga em 1897 ao escrever seu romance.

O ano de 1895 ainda era de conturbação, principalmente por ser o segundo ano do governo de Prudente de Morais, quando os efeitos de um rearranjo político, a fim de afastar os grupos ligados a Floriano Peixoto, causaram tensão nas ruas

---

275 Os literatos da geração de Coelho Netto tinham uma remuneração por seus trabalhos que raramente permitia que vivessem unicamente das letras (Pereira, 2004:36).

da capital por parte daqueles destituídos dos seus postos e simpáticos a alguma corrente ligada ao ex-presidente (Lessa, 2001:35-6).[276]

Como nos anos anteriores, quando um préstito escolar era a grande festividade cívica para a Abolição, em 1895 o mesmo ocorreria, mas sem a presença de um grupo de professores das escolas municipais de uma região da cidade. No ofício enviado ao prefeito, eles comunicaram que não participariam do préstito por não terem sido avisados com antecedência.

> [...] Demais, os professores do 4º distrito não foram convidados prévia e oficialmente pelo seu inspetor escolar.
>
> Todas estas circunstâncias e as chuvas abundantes dos últimos dias, privando as crianças, geralmente pobres, das escolas, de preparar as necessárias roupas, obrigam o professorado a deixar de comparecer a essa passeata, deixando, portanto, de cumprir um [*ilegível*], a que, aliás, como é público e notório, nunca se eximiram, antes por vezes e espontaneamente promoveram.[277]

A ausência desses alunos e a falta de comunicação com os organizadores dos festejos, combinadas com o tempo de chuva que não saía do noticiário de 1895, mostram que o simples comparecimento à festa não deveria ser feito de forma aleatória e sem planejamento. Ao contrário, o grupo de crianças precisava fazer parte de um ritual cívico e visual para o qual era necessário tempo de preparação. Ainda assim, o préstito se realizara sob críticas do redator d'*O Paiz* (14 maio 1895):

> E lá se foi o 13 de maio: a data passou incolor e sem ruído. [...] a apostar que, ao chegarem a seus colégios, os senhores professores nem se lembraram de dizer à criançada por que razão saiu à rua, por que passeou e o que queria dizer aquilo tudo.
>
> E lá se foi o 13 de maio e assim vamos nós mesmos nos esquecendo, vamos nós mesmos apagando, pelo relaxo ou pelo pouco caso, as páginas mais belas de nossa vida de povo moderno, mas já glorioso.

---

276 Entre os grupos partidários de Floriano Peixoto, estavam os jacobinos, também conhecidos como florianistas. Eram grupos heterogêneos, compostos por oficiais subalternos, cadetes, burocratas, profissionais liberais, empregados de escritório, jornalistas e similares que aderiram ao projeto de Floriano Peixoto, servindo no período do seu governo como base política. Na ocasião de sua saída, resistiram às medidas do novo presidente (Needell, 1993).

277 AGCRJ. Códice 43, 3, 77. *Festejos pela Lei de 13-05-1888. Declaração dos professores do 4º Distrito Escolar (1895).*

Para o redator do jornal, o préstito cívico não parecia ser suficiente para a comemoração da data da Abolição. Na verdade, essa festividade reforçava a perda de sentido da festa, algo alertado por Machado de Assis anos antes. De acordo com a opinião desse jornalista, de nada adiantaria um festejo se não estivesse imbuído de um ensinamento acerca do mesmo. A Abolição parecia esvaziada de sentidos até entre aqueles que tinham obrigação de ensinar, os professores. O possível esquecimento sobre o 13 de Maio era obra também de um período conturbado no qual o momento cívico perdeu espaço para a instabilidade política e, consequentemente, para qualquer comemoração que associasse liberdade e manifestação popular.

O desânimo ligado à festa, que para o jornalista parecia se resumir apenas ao préstito, também apareceu em outros textos publicados nos jornais, que não deixavam de ligar tal sentimento à situação política instável daquele ano. Em pleno 13 de Maio, o jornal republicano *O Paiz* publicava um motivo para a realização das festividades: "festejar a data emancipadora seria o melhor testemunho da nossa vitalidade cívica". Essa vitalidade não poderia ser perdida, apesar dos inúmeros perigos que ela corria naqueles tempos. No entanto, o jornal reconhece a falta de união dos órgãos de imprensa diante de outra batalha: "Estamos, porém, desunidos todos nós e agitados n'uma outra campanha, em que, por desgraça, já vão bem borrifadas de sangue as bandeiras dos partidos em luta" (*O Paiz*, 13 maio 1895). A batalha a que se refere ainda é por conta do caos vivido naquele ano na política, entre a paralisia do Executivo, os protestos militares e a anarquia congressual (Lessa, 2001:38). A Abolição, para esse autor, seria uma forma de renovação e retomada de um passado que pudesse inspirar o presente. E, para ele, em comparação com o que havia ocorrido com a Abolição quando foi celebrada em 1888 como uma vitória pacífica e sem sangue, a batalha vivida pela imprensa naqueles anos parecia muito mais intensa.

O ano de 1895, com um novo presidente civil, tinha nas festas "guardadas" pela República um esvaziamento ainda maior. Os festejos pela Abolição tornavam-se burocráticos e sem sentido para aqueles que viveram a festa em 1888. Nesse ano, a lembrança da primeira festa era o tema da crônica de Arthur Azevedo publicada n'*O Paiz* em 13 de maio de 1895. O texto curto tinha o ano de 1888 como lembrança de um passado glorioso que não se repetiria no ano da escrita do texto:

> Há hoje sete anos que assisti ao espetáculo mais grandioso que os meus olhos puderam ver. Viva eu um século, e não se me apagará do espírito a impressão forte desse dia, de expiação e de glória!
>
> Quem aos 13 de maio de 1888 se achou nesta capital e assistiu às festas que se fizeram, pôde gabar-se de ter visto o Povo.
>
> Eu vi-o, e confesso que nunca mais lhe pus a vista em cima depois que se perdeu nos espaços o som do último foguete abolicionista. Eu vi-o entusiasmado, belo, terrivelmente belo na sua alegria indômita e selvagem.
>
> Reconheci que era ele, porque havia muitos anos, já o tinha visto uma vez, embora sob outro aspecto, diante do cadáver esquartejado de Maria da Conceição, barbaramente assassinada pelo desembargador Pontes Visgueiro.
>
> Ali era o povo sinistro, ululante, que pedia vingança com rugidos e ondulações de oceano; aqui era o povo, que celebrava estrepitosamente a fulminante vitória da sua causa, a terminação de uma grande vergonha nacional, o derradeiro minuto de um longo período de opressao e miséria; mas tanto lá como cá o mesmo era, era o povo, o legítimo povo, que nunca mais vi depois disso.

Na segunda parte do texto, o autor amaldiçoa aqueles que não tinham o coração alvoroçado pela data do 13 de Maio. A longa citação foi necessária, uma vez que Arthur Azevedo está definindo em cada passo quem é o Povo – em letra maiúscula – que ele viu nas ruas em maio de 1888 e que, desde então, não reconhecera mais em outro lugar, muito menos em outra situação. A primeira visão que tivera do povo, em 1873, foi na manifestação por conta da morte trágica da amante de um desembargador que a matou, esquartejou seu corpo e o colocou dentro de uma mala.[278] Essa visão parecia encantá-lo, mas não tanto quanto aquela que teve em 1888, quando as ruas foram ocupadas não para um protesto, mas sim para a celebração pelo fim de um tempo marcado pela opressão e a miséria.

Esse povo foi o protagonista da festa da Abolição. Apesar de o cronista ter nele um todo homogêneo e coeso, tal como era visto pelos literatos na década de 1880 (Pereira, 2004), esse povo fazia parte de uma festa que estava muito distante daquela celebrada naqueles anos republicanos. Em maio de 1888, com

278 O crime cometido pelo desembargador Pontes Visgueiro ocorreu em São Luís do Maranhão, em 1873. O desembargador, de 62 anos, matou Maria da Conceição, prostituta, de 15 anos, ao saber que ela tivera outro amante enquanto Visgueiro viajava. O corpo da amante foi esquartejado e colocado dentro de um baú, que foi enterrado no quintal (Paula, 2012:44-47).

a ocupação das ruas pelo "legítimo povo", segundo Arthur Azevedo, a Abolição pôde ser celebrada de forma autêntica e singular. A constatação do sumiço das ruas desses que comemoravam era também uma forma de problematizar a festa de 1895: vazia e distante da celebração de uma grande causa.

Com a lembrança da festa de 1888, essa sim a verdadeira festa da Abolição, em 1895 Arthur Azevedo se distancia da saudação feita à família imperial, quando escreveu poesias destacando o protagonismo do imperador e da princesa diante da assinatura da lei. Sete anos depois, dá ao povo o protagonismo do festejo, sendo a Abolição não mais a causa da família imperial ou dos demais líderes políticos, mas sim do povo que a celebra. Essa mudança de postura de Arthur Azevedo diante da Abolição não está desligada da conjuntura política vivida por ele num momento em que literatos procuravam dar à República um caráter popular.

O ano de 1888 continuou sendo revisitado nas páginas desse jornal, dessa vez com um texto de João Clapp, presidente da Confederação Abolicionista, publicado ao lado da coluna de Azevedo. Apesar de promover uma homenagem aos abolicionistas já falecidos, Clapp marca também a trajetória política daquele tempo, no qual a Abolição é tida como prenúncio da República: "Abatidos e condenados aos grilhões do cativeiro de uma raça, surgiu a liberdade de um povo com a Proclamação da República". A Abolição daria uma liberdade parcial, enquanto a República a complementaria. Nesse texto, Clapp liga a República a uma causa popular, a Abolição, dando mais uma vez o protagonismo da ação ao povo que estava nas ruas para comemorar o fim da escravidão e que foi libertado pela República no ano seguinte. Em contraste com os festejos de 1888, esses literatos e abolicionistas viviam o vazio das festas de 1895, distantes do caráter popular da República e dos antigos heróis da Abolição – Patrocínio e os demais abolicionistas já falecidos e lembrados por João Clapp em seu texto.

O povo que ocupara as ruas em 1888 e que saudava os líderes abolicionistas, conforme lembrado por Arthur Azevedo e João Clapp, ganharia um espaço de destaque nas memórias da Abolição na obra de Coelho Netto. Nela, a euforia do povo conferia a Patrocínio um papel de relevo, o mesmo que anos mais tarde seria retomado por seus contemporâneos na escrita das suas memórias.[279]

[279] Entre as biografias de Patrocínio, os livros de Raimundo Magalhães Júnior e Osvaldo Orico enfatizam seu papel fundamental para a Abolição.

Nessas memórias, um episódio vivido pelo abolicionista em pleno 13 de maio de 1888 chama a atenção. Apesar de não ser possível confirmar o diálogo existente entre Patrocínio e o amigo João Marques, o que vale é a ironia existente nas palavras de Marques e a previsão que fizera.

Na volta para a casa e após despistar alguns homens pela rua que queriam saudá-lo, Patrocínio ouviu do amigo que o acompanhava a seguinte constatação:

> – Que belo dia para morreres, Patrocínio. Nunca mais encontrarás outro igual. Morrerás em plena apoteose e tua morte abalará o Brasil. [...] tuas estátuas ornarão as praças públicas e teu nome ficará como um símbolo. Vais viver, meu velho, e vais para a política... e aquilo emporcalha, meu amigo [Orico, s.d.:134].

Se, em maio de 1888, Patrocínio tentava escapar daqueles que queriam saudá-lo pelo término da grande obra, nos anos seguintes a política, tal como previu o amigo, ameaçaria sua sobrevivência aquele dia áureo, situação resultante de uma vida "emporcalhada" e com o abolicionista tendo de superar outra perseguição, a da política republicana. Esta última o afastava dos festejos pelo 13 de Maio e aos poucos apagava sua participação na conquista da grande causa. Uma reação a esse sumiço foram os textos produzidos por literatos, aqueles que conviveram com Patrocínio, e que a cada maio marcavam na escrita que o abolicionista e o povo deveriam ser celebrados como protagonistas da Abolição.

A festa de 1895 era, portanto, uma imagem fria e burocrática da Abolição, tendo no préstito escolar um exemplo de festejo comandado pela República, agora ocupada por um presidente civil. O desfile de crianças organizado como numa parada militar e sem compartilhar o sentido daquela festividade era a representação da previsão de Machado de Assis e seu temor de que a festa da Abolição se tornasse um simples desfile. Contra a consolidação dessa forma de festejar a data estavam os literatos, que, relembrando o ano de 1888, retomavam o caráter popular da primeira festa, mesmo caráter que deveria ser incorporado pela República.

A celebração pelo 13 de Maio "apenas como dia de festa nacional" e não como festa popular foi a constatação feita pela imprensa republicana em 1896 (*O Paiz*, 14 maio 1896). Não é de se estranhar, por isso, a relação reticente que Arthur Azevedo estabeleceria, nesse ano, com a festa em homenagem ao oitavo aniversário da Abolição. O desaparecimento dos nomes dos abolicionistas nos festejos foi ressaltado mais uma vez por ele, que preferiu por isso ficar em casa com as memórias de 1888.

> Ontem – 13 de maio – meti-me em casa. Não fui assistir às imponentes festas oficiais que houve em comemoração da gloriosa data; faltei à esplêndida parada e não acompanhei a patriótica e piedosa romaria dos vinte mil cidadãos, que foram, incorporados, visitar no cemitério de S. Francisco Xavier e S. João Batista as sepulturas de José Maria da Silva Paranhos, de Joaquim Serra e de José Ferreira de Menezes [*O Paiz*, 14 maio 1896].

Toda essa grandiosidade da festa, a que o autor diz ter faltado, apesar do exagero que confere à participação na romaria, mostra o quanto aquela festividade se restringia a eventos bem distintos daqueles vividos por ele em 1888. Em grande parte, a data passava a ser celebrada em ambientes fechados e sem o caráter de festa oficial, configurado nos anos anteriores pela realização de préstitos públicos.[280] Em comemoração à data, os jornais destacavam os eventos que foram realizados pela Irmandade do Rosário na manhã do dia 13 de maio – que contaram com um representante enviado pelo presidente da República. Iniciado com uma celebração pela alma dos escravizados, o evento foi composto ainda por uma missa solene e por uma procissão que saiu da igreja do Rosário e percorreu as ruas no entorno. De acordo com a nota, vários cavalheiros presentes se incorporaram ao préstito, levando os estandartes das associações abolicionistas, recolhidos na irmandade. Ao término desse préstito, outra sessão comemorativa ocorreu na igreja e, dessa vez, deu espaço para a fala de José do Patrocínio, João Clapp, Carlos de Lacerda, além dos religiosos membros da irmandade. Toda essa festividade foi encerrada às 17h.

Ciente do caráter pontual e localizado deste festejo, Arthur Azevedo prefere, porém, não tomar parte dele. Preferia, como explica, lembrar outros personagens, vivos ou mortos, que não haviam merecido as honras nem no passado nem nesse presente de festas.

> Meti-me em casa e festejei o 13 de maio sozinho, sem luminárias nem foguetes, recordando mentalmente todas as fases da vitoriosa campanha abolicionista e os nomes

280 Os préstitos escolares continuaram sendo realizados, mas sem aparato oficial, como ocorrera nos anos anteriores.

> dos seus mais variados soldados, entre os quais alguns, como Raymundo Pereira de Souza (quem o conhece?), nunca saíram nem jamais sairão da obscuridade a que os condenou a própria modéstia.
>
> A causa da abolição, como todas as grandes causas, tem os seus heróis ignorados, mas estes consideram-se felizes no esquecimento e na sombra, tanto desinteresse e tanta sinceridade havia nos serviços que prestaram e nos sacrifícios que se impuseram. [*O Paiz*, 14 maio 1896].

O literato chamava a atenção, na crônica, para a arbitrariedade da definição dos símbolos e heróis da campanha abolicionista – que deixava de lado pessoas simples, como Raymundo Pereira de Souza. Esse abolicionista recebeu uma homenagem no dia do seu aniversário, em 2 de junho de 1888, menos de um mês passada a Abolição, por meio de um texto publicado sobre ele no *Cidade do Rio*, em que o autor destacava suas ações contra o cativeiro e sua modéstia na realização desse trabalho.[281] Conforme foi dito por Arthur Azevedo, a Abolição era para esses "esquecidos" a recompensa de uma luta e, por isso, eles não precisariam ser relembrados a cada aniversário. Desse modo, no oitavo aniversário da Abolição, o literato preferia retomar a memória desses abolicionistas anônimos e, assim, celebrar a data na solidão de sua casa e em suas lembranças. O passado é o motivo da festa e não o presente, acusado por ele de deixar no esquecimento os heróis e suas causas. Para Arthur, o futuro era a esperança para a constituição da memória e sua redenção.

> Justo seria mais tarde, quando se escrevesse a história dessa luta grandiosa travada entre a liberdade e o escravagismo, entre o coração e o estômago, esses desconhecidos aparecessem todos, senão ao lado, ao menos logo abaixo daqueles que, pelo talento de jornalistas ou de tribunos, merecidamente figuram no primeiro plano [*O Paiz*, 14 maio 1896].

Segundo o literato, era necessária a reescrita da história da Abolição, que deveria focar essa vertente popular da campanha abolicionista, seus verdadeiros heróis e sua festa. Para isso, Arthur Azevedo oferece um esquema no qual

281 Em 1889, Raymundo Pereira de Souza foi homenageado pela Sociedade Abolicionista Cearense por meio de uma medalha entregue a ele (*Cidade do Rio*, 21 maio 1889).

haveria aqueles que, por possuírem um talento, estariam num primeiro plano entre os que lutaram pela Abolição, e logo em seguida viriam os demais, como Raymundo Pereira de Souza, citado anteriormente por ele. Assim, os heróis anônimos teriam na escrita da história da Abolição a garantia de um lugar, já que nas festas não tinham espaço para ter seus nomes celebrados. Ao mesmo tempo, os demais heróis esquecidos naqueles anos, entre eles os literatos e abolicionistas que atuaram nos jornais e na tribuna, teriam um destaque nessa história.

Essa espécie de arrumação da história da Abolição, com a fixação dos heróis dessa batalha, apareceu na obra de Coelho Netto no ano seguinte. Ao produzir um romance que se passa no período que precedeu o fim da escravidão, com o fechamento de sua análise na festa do 13 de Maio, Coelho Netto busca reafirmar o caráter popular da Abolição diante de uma República que a cada ano ignorava esse passado juntamente com seus personagens. O romance *A conquista* vinha como resposta aos anseios de homens como Arthur Azevedo, que nos anos anteriores rememorava a festa da Abolição a cada aniversário. Coelho Netto cristaliza, assim, através do seu texto, o esquema proposto por Azevedo na caracterização da Abolição, sua festa e seus sujeitos.

No ano da primeira publicação do romance de Coelho Netto, em 1897, as festas pela Abolição eram feitas em meio a uma tensão nas ruas da capital federal. O levante dos cadetes da Escola Militar, em pleno maio, aprofundara o clima de vigilância e perseguição do governo de Prudente de Morais (Magalhães Jr., 1972:311). Apesar disso, José do Patrocínio, que apoiava o presidente civil e vinha reaparecendo não apenas na vida pública, mas também na política,[282] passa a reassumir um crescente destaque na festa, em seus diferentes espaços. Assim como nos anos anteriores, a data foi novamente celebrada pela Irmandade do Rosário, que promoveu um *Te Deum* com direito a uma banda musical e a discursos de líderes religiosos e de alguns convidados. Destaque entre eles, Patrocínio discursou no evento sobre a Abolição e a escravidão – sendo depois saudado pelos presentes, assim como pelas redações dos demais jornais (*Jornal do Brasil*, 14 maio 1897). Ainda nesse dia, na sede do jornal *Cidade do Rio*, os "companheiros da imprensa" organizaram mais uma homenagem a ele. Uma espécie de almoço reuniu em torno de Patrocínio o ministro chileno e seus

282 Patrocínio se candidatou a uma vaga na Câmara dos Deputados em 1895, mas não conseguiu se eleger (Magalhães Jr., 1972:318-319).

secretários, alguns oficiais da Armada, o senador João Cordeiro, Macedo Soares, representantes das escolas superiores e da imprensa. Além desses, estavam Olavo Bilac, Ennes de Souza, Barata Ribeiro, José Agostinho dos Reis e Campos da Paz, este último companheiro de exílio de Patrocínio. Todos esses, além de comparecerem à solenidade, promoveram discursos rememorando a Abolição, lembrando os abolicionistas falecidos e rendendo saudações ao homenageado, que fez o brinde final (*O Paiz*, 14 maio 1897; Orico, s.d.:164).

Estas homenagens a Patrocínio, proscrito das primeiras edições da festa da Abolição na República, apontavam para um processo de retomada de um ritual de celebração que envolvia os antigos nomes do abolicionismo, assim como para a produção de discursos que remontassem aos tempos da batalha abolicionista. Era como parte desse movimento que, naquele ano, Coelho Netto daria forma ao romance *A conquista*.[283]

Nele, as desventuras literárias de Ruy Vaz e dos demais literatos que com ele conviviam não eram suficientes para Anselmo, que, a fim de garantir algum rendimento, procurou José do Patrocínio na *Gazeta da Tarde* para pedir-lhe um emprego. Patrocínio o saúda, uma vez que já sabia do talento do jovem literato. É a partir dessa inserção no mundo do jornalismo que Anselmo passa a ter contato com outra forma de escrita, mais ligada à sedução dos leitores para as notas que, em princípio, não tinham importância. Essas lições foram dadas por Patrocínio:

> O povo é bárbaro e, como não tem mais as lutas sangrentas, satisfaz-se com as descrições trágicas: o assassínio de um homem, num canto de estrada, sendo descrito com talento, agita mais a massa do que a notícia seca da derrota num exército [Coelho Netto, 1899:251-252].

Nessa fala, Patrocínio define também que povo era esse que lia seu jornal. Era aquele interessado em notícias trágicas e que tivessem destaque no cotidiano de leituras das notícias dos jornais. Ele sabia como conquistar a atenção dos seus ouvintes e seus leitores. Esse talento na escrita foi ressaltado pelo narrador

283 O livro *A conquista* é um exemplo de obra memorialística que tratou da chamada "boemia literária" do final do século XIX. No entanto, esse conceito ligado aos literatos da virada do século ficaria mais reforçado com as biografias produzidas entre as décadas de 1940 e 1960 (Rodrigues, 1998:235; Pereira, 1994).

do romance, dando a campanha abolicionista como exemplo. A respeito de Patrocínio e sua batalha, afirma: "Basta isso: a campanha abolicionista... pois é um diabo que, há não sei quantos anos, escreve sobre este tema: o senhor e o escravo – sempre com uma imagem nova e magnífica de esplendor" (Coelho Netto, 1899:253). Os argumentos do abolicionista a favor da Abolição não pareciam cessar com a passagem dos anos e com a escrita dos seus textos favoráveis à liberdade do escravizado.

Patrocínio, ao dar abrigo para inúmeros literatos em seus jornais, primeiramente na *Gazeta da Tarde* e depois no *Cidade do Rio*, influenciava esses homens com a causa que defendia e pela qual lutara durante anos. Não seria diferente com o jovem Anselmo, que, ao trabalhar com ele, passava a ter contato com o grupo de literatos que tinha como principal debate a Abolição e a República. O diferente posicionamento entre esses abolicionistas foi descrito no romance na discussão entre o exaltado republicano Luiz Moraes, Paula Neiva, personagem de Paula Ney, e Ruy Vaz. O republicanismo e a Abolição, que para Patrocínio eram questão de tempo, eram os assuntos que envolviam essa geração de literatos entre a escrita de versos, literatura e notícias, e que Coelho Netto retomava num momento em que esses homens estavam apagados nas lembranças contemporâneas da Abolição.

No romance, a entrada de Anselmo para a *Gazeta da Tarde* coincidiu com o período em que a campanha abolicionista ficara mais intensa (Coelho Netto, 1899:271). É nesse momento que a narrativa parece mais próxima de um relato do vivido pelo próprio autor. As ações do movimento abolicionista, o quilombo mantido pela confederação e as conferências dadas por Patrocínio nos teatros dão uma movimentação àqueles meses que antecederam a assinatura da lei. Ao fazer isso, o literato retira o protagonismo dos membros do Império ou do Parlamento, rememorando as ações de um abolicionismo urbano e do dia a dia das ruas e das redações dos jornais. É nessa parte do texto que Coelho Netto coloca Patrocínio como o protagonista da Abolição. Ele aparece saudado por um homem também disposto a participar dessa batalha:

> – Patrocínio, teu nome há de ficar gravado no Panteão da História do Brasil. Tu és a nossa esperança... não desanima, Patrocínio meu velho, e, no dia em que for necessário um homem para combater a teu lado, conta comigo! O Januário, Patrocínio... O Januário Calafate! [Coelho Netto, 1899:275].

Patrocínio era a esperança para pessoas comuns que viam na Abolição o fim de uma luta da qual também pretendiam participar. O romance de Coelho Netto colocava Patrocínio num lugar privilegiado da história do país e da Abolição. Ele era reconhecido como a esperança de um tempo e merecia para isso seu lugar de destaque. Algo completamente diferente daquilo que era vivenciado pelo próprio abolicionista nas festas republicanas da Abolição.

Antes da Abolição, Anselmo saiu da *Gazeta da Tarde*. Mais tarde, o próprio Patrocínio fundou o *Cidade do Rio*. Anselmo, assim, volta a trabalhar para ele, estando na redação do jornal no momento de euforia pela Abolição e que era vivido por todos, inclusive por seu companheiro de trabalho, Luiz Moraes. Aquele era um momento de vitória da atuação desses literatos que, através dos jornais, seguiram Patrocínio nos seus ideais abolicionistas. Na conquista desse ideal, a única arma utilizada foi a própria escrita e os discursos que, com a Abolição, ficavam mais intensos e cansativos. A esse respeito, conversam Luiz Moraes e Anselmo na redação do *Cidade do Rio* enquanto a multidão que ocupava a Ouvidor bradava por mais palavras dos abolicionistas. Ao cobrar uma resposta a essa multidão, Anselmo ouve de Luiz Moraes a sua definição sobre o papel que exerceram para o tal desfecho:

> – E eu! Pensas que tenho estado inerte? Já fiz pra cima de vinte discursos. Estive com o Bivar, está sem voz. Mas que belo, hein? Exclamou o poeta com entono. Que Victória...! A conquista do talento, hein! Decididamente não há arma como esta! E empunhou uma caneta com orgulho. Sim, senhor! Arrastou uma cadeira, sentou-se e, diante das tiras, exclamou de novo: bela coisa! [Coelho Netto, 1899:433].

A caneta era a arma daqueles homens, destacada por Luiz Moraes, em meio à batalha de ideias em que se transformara a campanha abolicionista. Diante do resultado dos seus esforços em traduzir a necessidade da Abolição, constatavam seu papel diante daquele grande acontecimento. A vitória era do talento daqueles que escreveram textos ou fizeram conferências em defesa da Abolição. *A conquista* era deles, ao utilizarem uma arma não bélica, mas eficiente. Além disso, em pleno festejo, os discursos proferidos por eles alimentavam ainda mais o imaginário da festa da Abolição e dos seus personagens.

Não era casual a valorização da pena como arma em meio às tensões políticas dos primeiros anos da República. De fato, a mesma pena que Coelho Netto destacou como sendo a arma da conquista da Abolição foi também responsável pela perseguição a que foram submetidos, anos mais tarde, alguns de seus protagonistas. O combate à política florianista nos jornais foi causa, por exemplo, do exílio de Olavo Bilac, preso na saída da redação do jornal *O Combate*, juntamente com Pardal Mallet e Plácido de Abreu, e o próprio Patrocínio foi preso na saída do prédio do *Cidade do Rio* (Magalhães Jr., 1974:153). Todos esses, somados a militares e outros civis, foram presos por serem "autores, promotores, cúmplices ou coniventes no crime de conspiração" (Magalhães Jr., 1972:293). A prática de defesa livre de seus ideais que parecia fazer parte de uma batalha em 1888 era também, desse modo, motivo de perseguição e prisão desses mesmos sujeitos anos mais tarde. Valorizar a pena era, assim, ao mesmo tempo, destacar o papel desses escritores no processo abolicionista e mostrar a força das ideias para destruir diferentes formas de opressão – fosse a escravidão ou a ditadura.

A julgar pelas novas comemorações do 13 de Maio nos anos seguintes, a campanha de literatos como Coelho Netto e Arthur Azevedo pela retomada da memória popular da festa parecia, de fato, ter surtido algum efeito. Em meio às comemorações de 1898, os redatores do jornal *O Paiz*, antes mesmo de divulgar os festejos que seriam realizados nesse dia, saudavam em uma espécie de editorial aquele que era caracterizado, então, como o principal sujeito da festa: "o povo", que "conquistara ao trono a libertação dos cativos". Deixada de lado a ênfase na fraternidade entre todos os cidadãos com a qual o mesmo jornal saudara a data em anos anteriores, seus redatores já marcavam agora o sentido social desse recorte, que fazia daquela celebração uma data popular. O esforço passava a ser, naquele momento, o de atribuir a mesma popularidade a outra data: a da Proclamação da República, que ocorreu meses depois:

> Apodados, agredidos e infamados mesmo, os batalhadores dessa cruzada santa encontraram ainda forças para novos combates e, dezenove meses mais tarde, nova aurora da liberdade, mais intensa e rútila, inundava de luz a nossa pátria. [...] Abolicionistas da escravidão, abolicionistas da instituição monárquica e de seus privilégios, os batalhadores do patriotismo continuam seguros a lutar pela liberdade [*O Paiz*, 13 maio 1898].

O editor desse jornal republicano coloca num mesmo patamar as lutas pela Abolição e pela República. Essa última havia sido conquistada meses depois pelos mesmos batalhadores da primeira. O tom popular era agregado à República tal como à Abolição. A festa pelo 13 de Maio tinha um sentido muito específico: "a comemoração de datas que relembram vitórias é alento aos que por elas batalharam". A comemoração, nesse ponto de vista, era o momento de rememorar um passado e seus personagens. Apesar disso, não valorizava nenhum daqueles mencionados no romance de Coelho Netto nem os batalhadores a serem louvados pela conquista que se celebrava.

Ao contrário da associação entre a Abolição e a República pregada pelos editores do jornal *O Paiz*, o *Jornal do Brasil*, no dia seguinte, destacou a Abolição como uma vitória muito distinta daquela de 15 de Novembro de 1889. O autor do texto, o republicano e abolicionista Dunshee de Abranches, afirmou:

> 13 de maio foi, assim, a maior revolução da nossa pátria. Não surpreendeu a alma popular, explodindo subitamente em uma madrugada e deslumbrando pela fascinação da audácia triunfante.

Organicamente ligado às aspirações populares, o 13 de Maio era encarado pelo autor como o fim de uma jornada. Ao analisar a trajetória da Abolição, citava desde as ações de José Bonifácio até as do senador Dantas – demonstrando, assim, que o fim da escravidão fazia parte de um longo processo de debate público, classificado como revolucionário. No contraponto a ele, repete a seguir, quando trata da República, o que era dito nas ruas e pelos jornais daquele período: "A população dormiu monárquica e acordou republicana" (Martins, 2001:7) – ideia que define a República como o resultado de uma mudança súbita, que não havia tido a mesma participação popular. Tanto para os que tentavam associar a Abolição à República quanto para os que resistiam a tal associação, reforçava-se assim para o 13 de Maio, nesses caminhos, a marca de uma festa ímpar no cenário nacional, dada sua relação estreita com as verdadeiras aspirações populares.

A primeira década do triunfo da Abolição, celebrada em um ano no qual a eleição do novo presidente e o fim do mandato de Prudente de Morais apontavam para um cenário de estabilidade política para a República, marcava assim um novo momento da celebração, para a qual eram construídos novos sentidos. Formou-se uma comissão cívica a fim de preparar as comemorações e solicitar da Intendência Municipal o apoio logístico e financeiro para sua realização. No próprio ofício em que faziam isso, os membros da comissão evidenciavam a singularidade da comemoração daquele ano em relação às dos anos anteriores. Era por comemorarem então a data em um "período de paz, no último ano do governo do Sr. Dr. Prudente de Moraes", que ela merecia uma "consagração bastante condigna".[284]

Na comissão formada para este fim apareciam homens de destaque, como o ex-prefeito Barata Ribeiro, o abolicionista Vicente de Souza e o literato Rodrigo Otávio.[285] O programa enviado tinha como finalidade pedir o apoio financeiro da Câmara Municipal, que, por isso, seria aplaudida pela imprensa. Entre os eventos programados estavam o embandeiramento e a iluminação de prédios públicos, batalha de confetes na rua Moreira César (rua do Ouvidor), distribuição de esmolas no Passeio Público a 250 pobres, formatura da Brigada Policial e do Corpo de Bombeiros, entre outras formalidades que envolveriam os membros da Intendência. Na sessão solene haveria também, como consta no programa, um ato em homenagem à imprensa da capital federal em reconhecimento pela grande comemoração empreendida por ela em 1888.[286] Não há no programa indicação de quem seria o homenageado nem de quais heróis da Abolição deveriam ser lembrados nas solenidades (*Jornal do Brasil*, 13 maio 1898).[287]

As festas da Abolição receberam um investimento maior, muito provavelmente por conta do aniversário de 10 anos da assinatura da lei. Além da divulgação dessas festividades oficiais, comandadas por uma comissão responsável, os jornais desse ano noticiavam eventos comemorativos à Abolição promovidos por um público até então pouco mencionado nas festas pelo 13 de Maio.

As comemorações da primeira década da lei e o ano seguinte foram feitas em bailes, como no Clube dos Fenianos; no Democráticos, com um "principesco baile" (*O Paiz*, 12 maio 1899); e no Tenentes do Diabo, com um "áureo baile". Esses clubes, que na campanha abolicionista apoiaram as iniciativas públicas pelo fim da escravidão participando dos festejos promovidos pela imprensa, 10 anos depois tinham na data apenas um motivo para a realização de um baile para

284 AGCRJ. Códice 43, 4, 12. *Festividades pela data da abolição da escravidão (1888-1898).*

285 Além desses, também assinavam e compunham a comissão: d. Abade de São Bento, conselheiro dr. Olegário de Aquino e Castro, dr. Honório Ribeiro, general barão de Itaipu, contra-almirante dr. Carneiro da Rocha, dr. Ataulpho de Paiva, dr. Rodrigo Octávio, dr. Moura Carijó, professor Soares Dias, Pedro da Silva Monteiro. O texto é assinado pelo 13º, José Ponciano de Oliveira.

286 AGCRJ. Códice 43, 4, 12. *Festividades pela data da Abolição da escravidão (1888-1898).*

287 Por conta da data, as repartições públicas permaneceriam fechadas, o rancho dos quartéis sofreria uma melhora e as irmandades continuariam a promover suas solenidades conforme fizeram nos anos anteriores (*Jornal do Brasil*, 13 maio 1898).

seus sócios, dentro dos limites de suas instituições. Ao contrário disso, estavam os clubes mais populares, que, de forma mais modesta, anunciavam nos jornais as festividades que promoveriam para celebrar a Abolição. O Flor de Botafogo realizou uma passeata pelas ruas do bairro, e no seu baile a entrada não seria liberada, podendo a diretoria vetar o ingresso de quem achasse conveniente (*Jornal do Brasil*, 13 maio 1899). O Clube Prazer da Glória e o Clube Teimosos Carnavalescos anunciaram a participação no préstito comemorativo da Abolição (*O Paiz*, 12 maio 1899).[288]

Esses últimos clubes, apesar de se diferenciarem das grandes sociedades carnavalescas, se incorporavam aos festejos pelos 10 anos da Abolição numa tentativa de retomar a manifestação popular presenciada nas ruas da cidade em 1888. A euforia do público no 13 de Maio, principalmente daqueles recém-libertados pela lei, foi descrita por Coelho Netto em seu romance:

> O dia passou-se em delírio. Bandos percorriam as ruas, cantando. Saíram serenatas e grupos de negros com os seus maracas e os seus reco-recos e, à luz de archotes, começaram os carpinteiros a martelar construindo coretos ou fincando postes para a ornamentação [Coelho Netto, 1899:430].

A festa da Abolição começou logo no momento seguinte à assinatura da lei, assim como as comemorações daqueles que, a seu modo, celebravam a liberdade. Coelho Netto, ao enfatizar a participação quase espontânea na arrumação do cenário da festa, marca também que os sentidos daquela celebração não eram apenas compartilhados entre literatos que, como ele, observavam a festa das sacadas das redações. Ao contrário, a festa era de todos que saíram às ruas para celebrar e fazer parte da sua produção. Dez anos depois, as ruas seriam novamente ocupadas por um público festeiro que, comandados pelos organizadores, pretendia retomar o caráter popular da Abolição e de sua festa.

De volta ao romance de Coelho Netto, a euforia no dia da assinatura da lei mereceu destaque do autor, que, ao final da semana, sintetizou o cansaço daqueles homens, como Anselmo, que viveram intensamente as comemorações. No entanto, ao constatar o fim da festa, esse literato se coloca um questionamento:

---

288 Um préstito cívico seria realizado na praça da República. Possivelmente, é a esse préstito que se referem os anúncios dos clubes Prazer da Glória e Teimosos Carnavalescos (*O Paiz*, 12 maio 1899).

> Durante oito longos e agitados dias o povo festejou, com entusiasmo, a promulgação da lei igualitária. Anselmo, que conseguira o dom da ubiquidade para poder gozar de todas as festas suntuosas e alegres que foram celebradas, como se já se houvesse habituado àquela vida de atropelo, acordando com o silvo agudo da máquina de uma fábrica, estirou os braços e bocejou com preguiça, deixando-se ficar na cama a olhar o papel do quarto, manchado de umidade.
>
> – E agora, seu Anselmo? A campanha está vencida... Quererá ainda o Patrocínio continuar com a *Cidade do Rio*? Com que programa? Enfim... [Coelho Netto, 1899:468].

A campanha vencida colocava o ponto final num processo promovido por Patrocínio e, por conta disso, fazia Anselmo se questionar sobre o que viria depois. Esse futuro incerto tanto para ele quanto para o jornal era, na verdade, a incerteza do futuro da própria nação, que começava a ter uma nova configuração após o fim do sistema escravista.

Alter ego de Coelho Netto, o narrador encerra o livro fazendo essa pergunta ao dono do *Cidade do Rio,* José do Patrocínio, que não lhe responde exatamente o que viria a seguir da conquista. A vida na redação parecia continuar a mesma, entre batalhas pela sobrevivência e a conquista de novas causas. Os homens que ali tinham vivido alcançaram uma vitória e promoveram para ela esses longos dias de festa. Com seu fim, restava a eles continuar a escrita de um tempo ou das crônicas do dia a dia a serem publicadas nos jornais da Corte.

O livro *A conquista* era a síntese de um tempo cuja memória parecia se perder em meio aos festejos pela Abolição distanciados de sua real característica: a festa popular como resultado de uma causa conquistada pelos literatos e abolicionistas. Era aos homens que no dia a dia da escravidão a combateram por meio das letras enquanto tentavam sobreviver na Corte que se dirigia o título introdutório do romance, "Aos da caravana". Coelho Netto solidificava essa memória por meio dessa narrativa:

> Triste, triste foi a nossa vida posto que, de longe em longe, como um raio de sol atravessando nuvens tempestuosas, o riso viesse palidamente à flor dos nossos lábios. Mas chegamos, vencemos... Deus o quis! E, se ainda não tomamos de assalto a praça em que vive acastelada a indiferença pública, já cantamos em torno e, ao som dos nossos hinos, ruem os muros abalados e avistamos, não longe, pelas brechas, a cidade Ideal dos nossos sonhos [Coelho Netto, 1899].

A praça que vivia a indiferença pública pode ser vista como a trajetória desses homens e sua importância para a nação que se configurava naquele final de século. A vitória dessa trajetória estava clara para o autor, assim como a responsabilidade desses que compunham a caravana. Restava, então, serem reconhecidos nessa cidade ideal com que ainda sonhavam. Nessa idealização, a festa da Abolição era popular, assim como foi sua conquista.

Em meio aos esquecimentos dos heróis do 13 de Maio nos festejos republicanos que se seguiam, Coelho Netto ofereceu uma leitura para a Abolição, estabelecendo, para isso, os heróis e suas responsabilidades para a grande conquista. Na espécie de panteão construído pelo autor, Patrocínio ocupava lugar de destaque, uma vez que eram dele as glórias recebidas tanto no dia da assinatura da lei como nos dias anteriores, quando literatos tinham na força dos seus jornais um ambiente para lutar por suas ideias, abolicionistas e republicanas. Esse mesmo herói era esquecido pelos festejos cívicos que descaracterizavam a Abolição como causa conquistada por meio de uma revolução popular. No entanto, as celebrações pelo 13 de Maio ainda eram realizadas por aqueles que encontravam brechas no caráter cívico e impopular que a República atribuía à festa. Desse modo, as celebrações em irmandades negras e em bailes populares eram exemplos de como a marca popular da festa da Abolição ainda resistia ao engessamento de seus sentidos empreendido nos anos republicanos. Contra essas amarras, e a fim de deixar na memória a responsabilidade dos literatos na promoção da Abolição, o livro *A conquista* respondeu aos anseios desses homens, que nos anos anteriores tentavam, a cada aniversário, retomar a marca popular da festa.

13. Memórias de uma alegria pública

Quase 10 anos após a publicação do romance de Coelho Netto, a festa do 13 de Maio de 1888 mais uma vez assumiria papel central em outra produção literária de um dos principais escritores brasileiros: Machado de Assis, que voltava ao tema de sua crônica de 1892 no romance *Memorial de Aires*.

Escrito em formato de diário de um antigo conselheiro do Império, o romance foi publicado em 1908, quando a lei da Abolição fez 20 anos. Aires, na indeterminação dos acontecimentos, teria mantido o registro dos fatos que presenciou ao longo de sua vida, em especial nos últimos anos do Império. O livro corresponde ao período entre janeiro de 1888 e agosto de 1889. O primeiro aniversário da volta do conselheiro Aires ao Brasil dá início a esse registro, após sua aposentadoria do cargo de diplomata exercido na Europa. Entre a história de vida de um casal e o início de um relacionamento de outro, o enredo da história narrada por Aires se desenvolve tendo como pano de fundo o fim da escravidão e seus efeitos para os antigos senhores do interior da província. Os meses que antecederam a Abolição, assim como os momentos seguintes e todo o rearranjo ocorrido numa sociedade dependente do trabalho escravo, são tratados nesse romance à medida que ocorrem os fatos vividos e sentidos pelo narrador da trama.

Entre esses fatos, a Abolição e suas comemorações, assim como a euforia do dia 13 de maio de 1888, assumem um papel crucial no texto. Ao testemunhar o entusiasmo das ruas em torno da Abolição, Aires escolhe a opção de não se envolver nas festas. Ao mesmo tempo, o alívio pela assinatura da lei fica evidente no registro do seu diário no dia 13 de maio.

> Enfim, lei. Nunca fui, nem o cargo me consentia ser propagandista da abolição, mas confesso que senti grande prazer quando soube da votação final do senado e da

sanção da regente. Estava na Rua do Ouvidor, onde a agitação era grande e a alegria geral [Assis, 1999:67].[289]

Anteriormente, no registro do seu diário, o conselheiro Aires não havia demonstrado maiores empolgações em torno do envio do projeto da Abolição à Câmara nem sobre sua aprovação. Afinal, Machado de Assis inseria o narrador da sua trama na ambiência senhorial urbana da Corte, produzindo um registro sutil a respeito da escravidão e seu fim, algo que não era novidade em suas obras.[290] Desse modo, não condizia com o personagem uma alegria eufórica pela Abolição. Ainda assim, Aires demonstra alívio pelo fim da escravidão e reconhece a existência de festas públicas. Apesar de preferir o afastamento delas, confessa que foi convidado por um amigo da imprensa a entrar no carro que faria a saudação à regente e aos conselheiros do Império em frente ao Paço. A recusa se deu por conta dos seus "hábitos quietos, os costumes diplomáticos, a própria índole e a idade" (Assis, 1999:42). As festas da Abolição, de fato, para esse senhor, não pareciam tão convidativas.

Foi no meio da lembrança dessa agitação geral, que Aires mostrou ver a Abolição de 1888 como o fim de um passado de horror.

> Ainda bem que acabamos com isto. Era tempo. Embora queimemos todas as leis, decretos e avisos, não poderemos acabar com os atos particulares, escrituras e inventários, nem apagar a instituição da História, ou até da Poesia [Assis, 1999:68].

O "isto" destacado pelo autor é a escravidão, que tão cedo não sairia das marcas do presente. Com esse fim, restava outra batalha que se daria no âmbito da escrita. Através da história e da poesia a luta pela memória da Abolição ganharia espaço, sendo obra de literatos que, como Machado de Assis, viveram o tempo da escravidão e das festas pelo 13 de Maio. A produção de uma obra ficcional tendo a Abolição como pano de fundo era o local do não apagamento dessa história.

Para alguns críticos literários, o romance (assim como o desânimo de seu protagonista) seria fruto da solidão vivida por Machado de Assis após a morte de sua esposa (Broca, 1957:59). Ao dar forma a uma história que tinha por base

289 Todas as referências a esse romance serão da edição da Klick Editora (1999).
290 Tal movimento é identificado nos romances anteriores de Machado de Assis, como *Helena*, *Memórias póstumas de Brás Cubas* e *Dom Casmurro* (Chalhoub, 2003:57).

o cotidiano quase sem importância de um casal sem filhos que começa e termina a história na solidão do seu lar, o autor deixaria no texto a expressão de sua amargura subjetiva e individual. Desde então, no entanto, outros autores trataram de chamar a atenção para o caráter restrito e parcial da visão pessimista e socialmente desinteressada construída para Machado de Assis ao longo do século XX. Ainda que em perspectivas variadas, eles apontaram para a profunda ligação de Machado de Assis com as questões de seu tempo, analisado nos romances através de seu realismo peculiar.[291] Seguindo a trilha desses autores, cabe assim buscar o sentido da memória projetada em 1908 por Machado sobre a festa, a partir de seu personagem-narrador.

Tendo vivido os festejos da Abolição em 1888, que já comentara na crônica de 1893, Machado de Assis continuava, duas décadas depois, marcado por suas lembranças. Estas se ligavam, no entanto, a um novo momento, já bem diverso daquele da crônica: o século XX, no auge da modernidade republicana, quando a barbárie da escravidão dos Oitocentos parecia ter sido definitivamente abandonada.

A cidade que Machado de Assis experimentava em 1908 era bem distinta daquela que deu espaço às festas da Abolição. O Rio de Janeiro se tornara capital da República e passava por um projeto de remodelação que lhe daria ares próprios da modernidade (Neves, 2003). De fato, desde a assinatura da lei e nos 20 anos seguintes, o Rio de Janeiro se transformara na principal cidade do país em população e negócios (Benchimol, 2006:243).[292] Suas ruas e avenidas foram adaptadas a essa nova configuração que a cidade recebera nos tempos republicanos. Essa espécie de rearranjo do cenário da cidade se fazia a reboque do turbilhão vivido por seus habitantes no final do século XIX, quando a Abolição da escravidão e a República mudaram as configurações políticas e sociais até então vividas. A estabilidade política conquistada após os primeiros governos militares[293] serviu para preparar o país e a sua capital para os novos

291 Ver Gledson (1991), Schwarz (1996) e Chalhoub (2003).

292 De acordo com o censo de 1906, a cidade contava com 811.444 habitantes. Nesse censo, não há a contabilidade dos habitantes a partir da cor. No entanto, pela nacionalidade foram identificados 702 africanos vivendo no Distrito Federal. Para mais informações sobre esse censo, ver *Recenseamento do Rio de Janeiro (Distrito federal)*. Realizado em 20 de setembro de 1906 (Rio de Janeiro: Oficina de Estatísticas, 1907).

293 O presidente seguinte, Rodrigues Alves, herdou de Sales uma economia "temporariamente estabilizada" (Benchimol, 2006:255).

tempos modernos que viriam nos Novecentos. Dentro desses novos tempos o passado escravista não deveria ser lembrado. Uma das formas para apagá-lo era a remodelação de um antigo local de chegada de africanos: o aterramento do antigo cais provocado pela reformulação do porto logo nos primeiros anos republicanos. A conclusão da obra da região portuária, feita pelo prefeito Pereira Passos, tentava apagar da cidade a memória não só da escravidão, mas também do próprio Império, com a mudança do nome de ruas nas proximidades.[294] A nova região portuária inseria a capital numa rede de relações com outros sistemas econômicos e abria suas portas para novos negócios e, consequentemente, para a tão sonhada modernidade.

Era em meio a esse entusiasmo com a ideia de progresso que Machado de Assis atribuía a Aires uma visão distante em relação à festa da Abolição. À primeira vista, essa distância parecia espelhar o desânimo de vários cronistas do período sobre os festejos do 13 de Maio, tal como fizera o próprio Machado em 1893. Era o caso de João do Rio, que, em crônica escrita em 1908, voltava a contrapor a falta de entusiasmo que via nos festejos daquele ano com a animação geral sempre lembrada para o maio de 1888:

> Esse 13 de maio foi no primeiro maio festejado com préstito e tais aclamações e tais coisas que a cidade parecia vibrar inteira de alegria e de delírio como salva de peste ou outro mal atroz. Depois o entusiasmo foi minguando como minguava a saúde de José do Patrocínio. Nos últimos anos a festa do 13 de maio foi a festa da "Cidade do Rio". Exteriormente a cidade não mostrava saber que grande data era aquela [*Gazeta de Notícias*, 17 maio 1908].

Segundo o cronista, quando José do Patrocínio (falecido em 1905) ainda estava vivo, o aniversário da Abolição se fazia em torno de sua figura e do seu jornal, o *Cidade do Rio*. Morto o herói, perdia-se com ele todo o resto de animação da festa, que ficaria restrita à celebração de pequenos círculos e a situações e instantes diferentes do motivo celebrado em 1888.

---

294 É importante lembrar que Machado de Assis nasceu no morro do Livramento, que fica bem em frente ao cais do Valongo, redescoberto pelas obras de remodelação da cidade do Rio de Janeiro para as Olimpíadas de 2016. Em 2017, o cais ganhou o título de Patrimônio da Humanidade. Ver <https://whc.unesco.org/en/list/1548/>. Acesso em out. 2022.

No mesmo caminho, um certo J. Bocó, ao comentar naquele ano na revista *O Malho* o "vintenário" da Abolição, reclamava também do indiferentismo que testemunhava em relação à data. De seu ponto de vista, no entanto, esse indiferentismo tinha causas já muito diversas daquelas que haviam gerado, em 1893, a crônica de Machado de Assis, como mostra na continuação do seu texto:

> Rio Branco e Patrocínio, para só falar nos dois extintos mais populares do abolicionismo, rir-se-ão d'esta indiferença oficial, e, às barbas do Padre Eterno, esboçarão uma suspeita:
>
> – Grande Jehovah! Porventura o nosso querido Brasil estará debaixo do novo cativeiro? [*O Malho*, 16 maio 1908].

A resposta a esse questionamento, segundo o cronista, deveria ser dada pelo presidente, pela lavoura, pelo comércio, todos atravessando problemas que impediam os cidadãos de chegar à verdadeira liberdade. Frente a esses novos problemas que impediam os brasileiros de desfrutar efetivamente da liberdade, imaginava a ação de novos heróis, capazes de fazer valer efetivamente essa causa:

> [...] é provável que Rio Branco e Patrocínio baixem a fronte, contristados, e em nome do sentimento público d'esta terra, impetrem do Padre Eterno a dádiva de um novo 13 de maio, que até nos liberte da escravidão dos ideais de uma guerra, que certos estratégicos de gabinete andam agora a explorar com grande risco da pele... dos outros...! [*O Malho*, 16 maio 1908].

A data de 13 de maio de 1908 aparece assim reivindicada, na crônica, como momento de libertação de outras amarras que haviam surgido num contexto político e social bem distinto daquele do 13 de Maio de 1888. Rio Branco e Patrocínio, enquanto sujeitos desse acontecimento, parecem não reconhecer a sociedade que teria sido deixada para trás e, por isso, seria necessária outra libertação. O fim do artigo mostra que, passados 20 anos, a causa da liberdade já não parecia capaz de comover e mobilizar, dada a relevância e urgência dos novos problemas.

Frente a testemunhos como esses, o desânimo do conselheiro Aires parece refletir apenas uma releitura do 13 de Maio, que tentava diminuir o entusiasmo descrito pelo próprio autor na crônica de 1893. A análise de críticos que apontam para o caráter não confiável dos narradores construídos por Machado sugere, no entanto, o limite de tal interpretação. De fato, se eram fortes as opiniões que tentavam descaracterizar a importância da festa frente aos novos temas da modernidade, outros cronistas, como Arthur Azevedo, tratariam de chamar atenção para sua importância para um grupo social muito específico: os ex-escravizados e seus descendentes, principalmente as mulheres. É o que ele faz em uma crônica em versos publicada no dia 13 de maio n'*O Paiz* sob o título "A história de uma escrava", narrada pela própria e tendo como início seu nascimento em uma fazenda e sua vinda para a Corte para satisfazer aos interesses da sinhá, filha do seu senhor. Essa escrava se dizia diferente das outras devido aos predicados que possuía:

> Eu não fui criada a esmo,
> Conquanto fosse uma escrava;
> Muitas vezes Nhanhanzinha
> Junto de si me assentava,
> E me ensinava leitura,
> E a rabiscar me ensinava.
>
> Era, porém, na costura
> Que eu mostrava maior primor:
> Vestidos fazia a ponto
> De muita gente supor
> Que eram obra da madame
> Lá da rua do Ouvidor.

Seus dotes satisfaziam aos interesses do senhor e da sua família, que, segundo ela, tinham boas relações, e, por isso, os bailes em sua residência eram constantes. A sinhá, que parecia gostar da escrava, pediu sua alforria na ocasião de seu casamento.

> Teve a noiva uma lembrança
> Toda caridade e amor:
> Minha carta de alforria
> Pediu ao pai, meu senhor;
> Mas ele não quis passá-la
> E disse de mau humor:

– Pois queres alforriá-la?
Mostras não ser sua amiga!
No dia em que essa mulata
A liberdade consiga
Dá logo em mulher à toa!
Não percas a rapariga.

A sinhá pretendia alforriá-la sem pensar se ela a deixaria ou não. A prevenção feita pelo pai a fez desistir. A resposta da escrava a essa situação dava sentidos à liberdade contrários aos pensados por seus senhores.

Alcançando a liberdade,
Eu não daria em devassa,
Pois era trabalhadeira,
Nada tinha de madraça
E ficar ali metida
Foi toda a minha desgraça.

Para a escrava, a liberdade não era a negação do trabalho, até porque via um valor em suas funções. A alforria a tiraria do *status* de escrava, apesar de continuar trabalhando. Porém, a negação ao pedido da sinhazinha fez com que o pior acontecesse: logo após o casamento, o marido da sinhazinha se interessou pela escrava, que não conseguiu resistir aos encantos do moço.

– Minha mulata formosa,
Nós somos ambos escravos...
Deus nos fez um para o outro:
Do amor sugamos os favos!
São desforras os meus beijos,
E os teus beijos desagravos!

O possível encantamento entre ambos terminou com a descoberta da gravidez da escrava, que, por causa disso, foi penalizada com castigos no tronco. Seu filho foi abandonado na roda dos enjeitados e ela teve de retornar ao interior para servir em outra fazenda.

Essa nova vida foi mais terrível e ela perdera todos os predicados que se orgulhava em ter:

Envelheci no trabalho,
Fui tarefeira exemplar;
Mas já não pego na agulha
Nem no ferro de engomar;
Já não visto uma senhora;
Já não sei nem soletrar!

Seu sofrimento na fazenda acabara com o 13 de Maio.

Da fazenda para fora
Fui posta ao primeiro raio
Altivo, ardente, brilhante
Do sol de 13 de maio,
E vim, trazendo somente
Molambos no meu balaio.

O sol altivo, contente e brilhante que a tornara livre não lhe oferecera nada além da sua liberdade e dos seus molambos, carregados pela cidade. A escrava já era diferente daquela que chegara à Corte junto com a sinhazinha.

Foi deveras inclemente
Essa viagem que eu fiz,
Velha, andrajosa, faminta,
Por desertos e alcantis,
Até chegar à cidade
Do meu amor infeliz.

Áurea lei da liberdade,
Bendigo a piedade tua;
Mas é triste, muito triste
Ver-me doente e seminua,
Pelos moleques vaiada,
Pedindo esmolas na rua!

A escravidão acabara tarde para a escrava, que, com a liberdade, seguiu para as ruas, transformando-se num tipo que certamente era perseguido e condenado nos tempos da República. Essa difícil história termina com uma síntese da sua vida para seu filho, caso ela o encontrasse.

> Que eu, nascida na fazenda,
> De uma negra e do feitor,
> Sou sua mãe dolorosa,
> E ele, a flor, pobre flor,
> A pobre flor melindrosa
> Nascida do meu amor.

A longa história da escrava ocupou uma coluna e meia da primeira página do jornal. Era a trajetória de vida de uma mulher que passava por diferentes momentos no seu processo de escravização: desde sua origem, sendo fruto de uma prática comum do período da escravidão, como as relações entre escravizados e livres; a posse de predicados nobres, a vivência no interior da casa do senhor, tendo intimidade com a sinhazinha; a cobiça do marido de sua senhora, a gravidez e os castigos por isso, entre eles a negação ao seu direito à maternidade, fechando assim um ciclo de relações perversas e com uso da força e/ou da dominação e opressão típicas da escravidão. Sua escravização em outra fazenda era o ponto final para a eliminação de aspectos positivos adquiridos por essa mulher no período da escravização, como seus dotes domésticos e sua beleza, ambos se acabando antes da Abolição. A liberdade vinda com a lei prolongou uma vida de sofrimento nas ruas da cidade, esbarrando com a sua antiga sinhá, que ainda conservava sua beleza.[295] Ao mesmo tempo, o sol do 13 de Maio a tirou de um cativeiro de sofrimento e deu a ela a possibilidade de procurar pelas ruas da cidade o filho rejeitado por seu antigo senhor, apesar de estar submetida a xingamentos e violências daqueles que ignoravam o impacto da escravidão na vida de homens e mulheres.[296]

A história da escrava narrada por Azevedo é semelhante à de muitas outras mulheres no período da escravidão. Um ponto importante de ser mencionado diz

295 "Sinhazinha inda é casada;/ há poucos dias a vi/ pelo braço do marido,/ e logo os reconheci./ Como estão bem conservados,/ e eu... eu como envelheci..."
296 Arthur Azevedo repetia nessa poesia a associação feita durante os festejos de maio de 1888 entre sol e liberdade.

respeito às alforrias prometidas às mulheres, peças de um jogo de interesses dos seus senhores que tentavam, através desse instrumento, substituir a escravaria por serviçais fiéis e leais, quase da família. As alforrias prometidas ou concedidas às mulheres, assim como a escravidão do seu ventre, as colocavam nas frentes das batalhas legais por mudanças sociais no período da escravidão e têm sido, nos últimos anos, exploradas pela historiografia da escravidão (Cowling, 2018:42). Azevedo parecia estar atento às batalhas vividas por elas, principalmente ao enfatizar nessa narrativa a noção da escravizada para os sentimentos de "feminilidade" e "maternidade", e sua perda para a violência da escravidão. Nos estudos sobre mulheres escravizadas, essas noções estão dentro de um aspecto de liberdade que ia sendo reelaborado num novo contexto político (Cowling, 2018:42).

A negação da maternidade às mulheres escravizadas ou libertas foi outro instrumento utilizado por senhores para aumentar seu corpo de criados dependentes ou retardar a vida plena de liberdade dessas mulheres. Se a escravizada da poesia de Azevedo não teve oportunidade de criar o próprio filho, outras não o viram nascer. Esse último exemplo é narrado por Machado de Assis num conto publicado anos antes da poesia de Azevedo.

Companheiro de Arthur Azevedo na Secretaria de Agricultura, Machado de Assis escreveria sobre a escravidão e seus vestígios. Na advertência ao livro de contos *Relíquias de casa velha* (1906), ele informava que ali haveria relíquias de uma vida.[297] O conto "Pai contra mãe" abriu o livro e parece ser a relíquia do tempo da escravidão, que deixou miséria, pobreza e diferenças sociais nos primeiros anos da República (Moraes, 2009). No conto, Machado inicia alertando para o que a Abolição eliminou: o ofício de capturar escravos. Ao tratar da situação vivida pelo casal Cândido e Clara, que, sem condições de sobreviver com a chegada do novo filho, investe na captura de escravos, o literato chama a atenção para aqueles tempos do pós-Abolição e para a miséria deixada pela escravidão. Escrevendo já num presente livre de escravos, o autor rememora a vida da mulher escrava, Arminda, que não tinha direito de ser mãe, uma vez que ao ser perseguida por Candido e entregue ao seu senhor acaba perdendo seu filho.

O literato Machado de Assis viveu as comemorações daquele 13 de Maio de delírio, os primeiros anos do pós-Abolição e permaneceu na cidade que tinha sido a mais escravista das américas e que, na República, se remodelava. No en-

297 Sobre uma análise mais ampla dos contos presentes nesse livro, ver Moraes (2010).

tanto, ao rememorar, anos depois, o passado escravista do país, o autor identifica e registra suas permanências nos novos tempos republicanos. As condições de miséria permanente são exemplificadas pela família de Cândido e dos sonhos de futuro representados pelas crianças. A escrava Arminda e o livre Cândido veem nos seus filhos uma chance de mudança, de retomada de alguns valores afetivos de que antes não haviam gozado. Ter o filho em segurança era projetar um futuro distinto do que eles tinham até então (Moraes, 2009). Porém, a violência da escravidão impediu que uma das crianças "vingasse", e quase 20 anos depois da Abolição Machado indicava os limites da maternidade das mulheres escravizadas.

De acordo com Camillia Cowling (2018:53), a escravidão pervertia os papéis "naturais" de gênero, algo sabido pelos arautos do abolicionismo atlântico e possivelmente por Arthur Azevedo e Machado de Assis, que viveram o cotidiano da secretaria e suas batalhas pelo cumprimento da lei de 1871 (Chalhoub, 2003). Ao mesmo tempo, esses dois literatos viviam o tempo do pós-Abolição que tentava redefinir, desde maio de 1888, o futuro desses ex-escravos. O próprio Machado de Assis, em sua poesia sobre a Abolição, determinava que o futuro se daria pelo trabalho e na união dos brasileiros. No entanto, como chama atenção Cowling (2018:262), essa perspectiva do futuro dos ex-escravos não atentava para o das mulheres, que parecem invisíveis nas discussões sobre cidadania e trabalho frequentes nos textos sobre o futuro da sociedade brasileira com o fim da escravidão. Qual seria o destino dessas mulheres, ex-escravizadas, no pós-Abolição? Arthur Azevedo e Machado de Assis pareciam perceber naqueles anos que a liberdade delas não passaria por uma vida livre das marcas da escravidão.

Não por acaso, no momento em que Arthur Azevedo escrevia sua crônica a festa da Abolição, mesmo esvaziada na região da cidade que compunha o cenário moderno de uma cidade-capital, era apropriada por outros sujeitos que faziam questão de celebrá-la a seu modo. Essa apropriação foi percebida por outro literato, Olavo Bilac, que, ao contrário de João do Rio, via o caráter parcial daquele desânimo em relação à festa. Como notava Bilac, naquele momento seriam os subúrbios os responsáveis pela continuidade dos festejos. Era para esses bairros mais distantes que a cidade crescia, apesar de todo o preconceito que, segundo ele, existia em relação aos seus moradores:

> Os subúrbios eram, para os moradores da cidade, uma região inóspita e selvagem, de desterro e castigo. Quando se falava de uma família, outrora rica, e de repente

caída em miséria, havia sempre esta frase: "Os fulanos? Estão agora morando nos subúrbios", o que equivalia a dizer: 'Morreram! Estão enterrados! Deus lhe fale na alma! [*Gazeta de Notícias*, 17 maio 1908].

Ao notar a força da festa da Abolição em tais localidades, Bilac começa por apontar sua singularidade. Distantes física e simbolicamente de todo um ideal de progresso que tinha na recém-reformada região central da cidade seu símbolo maior, os subúrbios se tornavam locais com diversões próprias – entre as quais o cronista ressaltava os salões de bailes, clubes, bibliotecas e teatros. A partir dos laços estabelecidos nesses espaços regulares de lazer, os subúrbios formariam uma lógica festiva própria, expressa na forma pela qual seus moradores celebravam as grandes datas nacionais. Entre estas, destacava-se, para ele, a Abolição.

Não representava novidade, àquela altura, o fato de que os suburbanos comemorassem o 13 de Maio de maneira regular. Se desde 1888 os moradores dessas regiões haviam celebrado ao seu modo a data, a cada ano se repetiam comemorações como aquela testemunhada em 1906, em Madureira, por um fotógrafo.

Figura 41
***Revista da Semana*, 8 jul. 1906**

Estação de Madureira – A capella de S. José da Pedra, nesta estação. Festa realizada em 13 de maio do corrente anno.
(Augusto Cunha, phot. amador).

A foto feita na comemoração pelo 13 de Maio nas proximidades da estação de trem de Madureira mostra o quanto a festa pela Abolição era celebrada por pessoas distintas daquelas da Corte em 1888, quando roupas elegantes eram vendidas para as mulheres usarem. Nos subúrbios, as vestimentas eram simples e a composição social estava mais próxima daquela das irmandades negras do centro da capital. Por mais longe que estivessem habitualmente do olhar dos literatos que escreviam nos principais jornais da capital federal, as festas da Abolição não pareciam desanimadas nos primeiros anos do século, se olhadas a partir das regiões suburbanas.

Tomando conhecimento desse fato somente em 1908, Bilac parecia surpreender-se com o contraste notado naquele ano entre o esvaziamento dos festejos na moderna área central da cidade e a animação dos subúrbios – sendo o 13 de Maio celebrado com grande animação nas regiões do Méier e Engenho de Dentro:

> O patriotismo, repelido do asfalto, foi viçar entre as mangueiras do Méier e Engenho de Dentro. Já o 13 de maio foi ruidosamente comemorado por lá com préstitos, bailes, fogos de artifício, enquanto por aqui as luminárias das repartições públicas piscavam melancolicamente sobre as ruas desertas, e o elemento oficial e o povo dormiam o sono da indiferença sobre o colchão da apatia [*Gazeta de Notícias*, 17 maio 1908].

Sem ver na simples iluminação dos edifícios públicos uma comemoração digna da nota, Bilac aponta nesses festejos oficiais a marca da indiferença, que não leva em conta a importância da data celebrada. Era aos suburbanos que caberia, então, o protagonismo da comemoração.

Não seria difícil, aos contemporâneos de Bilac, reconhecer o fenômeno que ele demarcava com sua crônica. No dia 13 de maio daquele ano, o anúncio das festas que ocorreriam nos subúrbios apareceu na terceira página d'*O Paiz*, juntamente com uma ilustração. Nela, uma mulher negra joga pétalas de flores sobre uma sepultura onde estava escrito "abolicionistas".

Logo abaixo, num tom nada animador em relação às festas a serem realizadas na capital, o jornalista destaca que haveria no centro, como de costume, "salvas e embandeiramento", espetáculos teatrais e festas de iniciativas particulares. No entanto, o que enriqueceria o dia dos festejos seriam as solenidades ocorridas longe do centro da capital:

Figura 42
***O Paiz*, 13 maio 1908**

> E seria apenas isto a solenidade, se não houvesse mais a cerimônia organizada pelos nossos colegas do 'Subúrbio', no parque da Boca do Mato.
>
> Os nossos colegas não têm poupado sacrifícios para que a festa, embora modesta, dada a exiguidade de tempo, tenha todo o brilho possível [*O Paiz*, 13 maio 1908].

O evento foi organizado pelo jornal *Subúrbio* e pela Liga da Educação Cívica e seria gratuito a toda a "população suburbana".[298] A programação dos festejos era variada e envolvia uma seção para crianças, com participação de clubes infantis do Méier, peças de teatro, recitação de poesias e discursos de Xavier Pinheiro, presidente da comissão organizadora, e de Evaristo de Moraes. Teria também a participação do cantor Eduardo das Neves, cantando modinhas com seu violão, e um casal fazendo acrobacias. Além desses festejos, haveria barraquinhas em benefício à construção das capelas de Nossa Senhora Aparecida, Nossa Senhora da Guia e Associação Charitas (*Jornal do Brasil*, 13 maio 1908).

298 O *Jornal do Brasil* também deu notícias dessas festas.

O presidente da comissão central dos festejos, Xavier Pinheiro, poeta, funcionário público e morador da região, era também o editor do jornal *Subúrbio* e colaborador d'*O Paiz* na seção destinada aos leitores dessa região (Mendonça, 2014:59; 73).[299] O jornal *Subúrbio*, publicado no Méier entre os anos de 1907 e 1911,[300] e a Liga da Educação Cívica foram os promotores dos festejos pela Abolição nesse bairro. A liga, fundada também pelo diretor do jornal, tinha como função manter o "culto dos servidores ilustres do Brasil".[301] O jornal compartilhava os princípios da liga a respeito da louvação aos vultos históricos e, para isso, em uma seção especial, publicava alguns ensaios, entre eles um sobre a Abolição da escravidão e a Proclamação da República (Mendonça, 2014:106).[302]

Nesses festejos, há de se considerar as personalidades convidadas a participar: Evaristo de Moraes e Eduardo das Neves, ambos negros. O primeiro, um advogado que atuou em defesa dos interesses dos operários conjugando atuação profissional e militância política, além da escrita num periódico operário, a *Gazeta Operária* (Mendonça, 2007:97).[303] O segundo, um famoso cantor da sua época que, tendo trabalhado em circos, teve suas canções publicadas pela Editora Quaresma, especializada em temas populares e de grande circulação. Eduardo das Neves era um cronista da cidade, uma vez que, pelas suas canções, abordava os temas do cotidiano, da política e da sociedade em que vivia (Abreu e Dantas, 2011), e, além disso, cantou o 13 de Maio, que Martha Abreu classificou como "hino popular da abolição da escravidão", cujas gravações na Odeon datam de 1907 a 1912 (Abreu, 2017).[304] A participação de ambos nos festejos pela Abolição,

---

299 Outros jornais publicados na capital também tinham seções específicas para os leitores dos subúrbios, como *Jornal do Brasil*, *Correio da Manhã* e *Diário de Notícias*, entre outros.

300 A publicação era semanal e saía aos sábados.

301 O jornal divulgou os princípios da liga em setembro de 1908, mas ela foi citada nos festejos de maio desse ano. Além de Xavier Pinheiro, a liga foi criada também por outros jornalistas da imprensa suburbana (Mendonça, 2014).

302 Outros trabalhos encontrados pelo autor e publicados no jornal falavam sobre a história da Polícia Militar e da região do subúrbio.

303 Os anos anteriores haviam sido de profunda militância política de Evaristo de Moraes a favor dos operários envolvidos nos movimentos grevistas que surgiam na capital.

304 Vale a pena reproduzir os versos dessa canção: "A viola já deu baixa/ violão não tem valia/ Até o 13 de maio meu bem.../ a canoa revirando/ Toda noite aguentou/ quando foi na madrugada/ foi-se embora, me deixou/ as crioulas que só comiam/ o puro angu com feijão/ agora comem tainha/ apertem o nariz então/ a canoa virô/ deixá-la virá/ de boca para baixo/ cacunda pro ar/ chegou a ocasião da negrada bumbar/ subi no alto do monte/ fui ver o preto passar/ e a crioula do lado, meu bem.../ a canoa virô/ a viola já deu baixa/ violão não tem valor/ o preto já é livre/ já que não tem senhor/ a canoa virô/ acabô ocasião pro bahiano chorar/ andei por vilas e cidades/ andei pelos arrebaldes/ não há quem não desejasse/ o dia da liberdade/ a canoa virô". O livro, em formato de *ebook*, lançado em 2017 por Martha Abreu, possui *links* que podem ser acessados para ouvir as canções, reunidas e discutidas pela autora nessa obra.

numa região destacada do Centro e que tinha entre seus moradores homens letrados, funcionários públicos e trabalhadores tanto das indústrias próximas quanto do comércio e das fábricas em expansão nas primeiras décadas, é sinal de que a fala de Evaristo de Moraes a favor da causa operária era apropriada e compartilhada tanto pelo responsável pelo periódico quanto por aqueles que compareceram aos festejos para assisti-lo.

Evidenciava-se, assim, o sentido da manutenção da força de uma celebração que, se já acontecia nos subúrbios desde 1888, ganhava novos sentidos em tempo de modernidades republicanas. O que, aos olhos de jornais da grande imprensa da capital, como *O Paiz* e o *Jornal do Brasil*, aparentemente poderia ser considerado um simples festejo pela Abolição no arrabalde, representava, na verdade, uma forma de atuação política não apenas dos festeiros, como dos seus organizadores – que não escolheram a esmo os participantes do evento. Os discursos pronunciados pelos palestrantes, assim como as modinhas cantadas por Eduardo das Neves, não foram publicados pelos jornais. A julgar pelos seus temas habituais, no entanto, pode-se inferir que falavam em seus pronunciamentos e cantos da realidade social daqueles festeiros – fosse de forma direta, tratando do mundo da política, ou pelo viés da experiência, tratando da realidade da cidade desses sujeitos. Não era casual, por isso, o fenômeno testemunhado por Bilac.

Outro sinal disso são os festejos que ocorreram no ano seguinte, em 1909, nos quais, além da Abolição, aproveitava-se a data do 13 de Maio para comemorar a eleição do primeiro deputado negro para um mandato na Câmara Federal: Monteiro Lopes,[305] republicano e abolicionista, eleito com um número significativo de votos, apesar de ter de enfrentar outra batalha para assumir seu mandato.[306] Os argumentos contra sua posse ligavam a sua cor à incompatibilidade do exercício legislativo.[307] Não por acaso, entre aqueles que o defenderam de forma pública

305 Monteiro Lopes (1867-1910) nasceu livre em Recife, Pernambuco. Formou-se em direito pela Faculdade do Recife em 1889. Antes de ir para a capital federal, passou por Manaus, exercendo os cargos de promotor público e juiz de direito. Foi para o Rio de Janeiro em 1894 e exerceu também a advocacia. Nesse período, era identificado nos jornais como "advogado das irmandades", "defensor dos operários", "líder dos pretos" (Dantas, 2010).

306 Alguns periódicos da Corte, como as revistas *Careta* e *Fon-Fon*, por exemplo, eram contra a candidatura de Monteiro Lopes, utilizando argumentos variados, desde sua aparência física até comentários racistas (Dantas, 2019:189).

307 A *Gazeta de Notícias* defendeu em suas páginas a constitucionalidade das eleições apoiando a posse de Monteiro Lopes.

estava Evaristo de Moraes.[308] Monteiro Lopes foi empossado em 1º de maio de 1909 e no dia 13 resolveu comemorar a posse juntamente com o aniversário da Abolição. Esses festejos foram novamente organizados pela Liga da Educação Cívica e tiveram a presença de Eduardo das Neves (Dantas, 2010:202). Entre os homenageados estava José do Patrocínio, falecido desde 1905. Uma multidão comandada pelo deputado foi até o túmulo do abolicionista prestar as homenagens devidas (Domingues, 2013). A data do 13 de Maio representava, além da liberdade conquistada por meio da lei, a possibilidade de uma nova conjuntura social para homens e mulheres afrodescendentes e egressos da escravidão que passariam a contar com um representante no legislativo. A comemoração conjunta da Abolição e da posse de Monteiro Lopes, retomando o herói do abolicionismo – José do Patrocínio –, dá novos sentidos à data por parte de um grupo social que se apropria dela como conquista e momento de esperança, evidenciando o que já era visto desde 1888: as possibilidades de atuação de uma população negra livre e liberta (Pinto, 2018:313).

Percebe-se, dessa forma, o modo singular pelo qual esses festeiros do subúrbio se apropriavam da data. Enquanto na região central ela era associada somente a uma celebração da liberdade que já não parecia fazer sentido em tempos de um liberalismo excludente, nos subúrbios era em torno de elementos ligados às aspirações negras que o 13 de Maio ganhava sentido. Por mais que percebessem, por vezes, o fenômeno, muitos escritores e desenhistas do tempo não conseguiam entender seus sentidos – como mostrava, em 1906, uma charge publicada na revista *O Malho* sob o título "Choro ao 13 de maio".

Segundo o testemunho da imagem, a festa negra pela Abolição continuava a ser realizada em salões a partir de uma lógica própria daqueles que foram libertos pela lei e que por isso festejavam.

> P'ra festejá grande data
> Nosso turo cae no samba!
> Negra aqui já é mulata
> Pulemo na corda bamba!

---

308 Monteiro Lopes morava no subúrbio, perto da estação do Rocha, e mantinha um escritório na praça Tiradentes. Manteve relações de amizade com Evaristo de Moraes, José do Patrocínio, Hemérito dos Santos, Libâneo de Souza e Lopes Trovão (Dantas, 2010:172). Evaristo de Moraes, na ocasião da luta pela posse de Monteiro Lopes, publicou, no *Correio da Manhã*, artigos que defendiam Lopes.

Depois do 13 de maio
Crioula virou senhora!
Eu pulo porém não caio,
Crioula vamos embora!

Figura 43
***O Malho*, 12 maio 1906**

A grande data era festejada também por conta da alteração do *status* social após a assinatura da lei. Tal mudança era comemorada a partir de um ritmo próprio que possivelmente era incompreendido pelos autores da revista.

De maneira irônica, o chargista retratava a dança que era, na verdade, uma forma de esses homens e mulheres, de algum modo egressos da escravidão, celebrarem sua identidade, também marcada pelo associativismo negro por meio da formação de clubes dançantes distantes do centro, nos subúrbios por exemplo (Pereira, 2010). Neles, a data do 13 de Maio era ocasião de festa e acaba se incorporando a novas causas vividas por homens e mulheres da cidade e das regiões mais afastadas. A festa pela Abolição passava a ser socialmente marcada por afrodescendentes e moradores dos subúrbios que celebravam a data como forma de reforçar seus sentidos da lei, distintos daqueles que ocupavam a região central da cidade e que já não promoviam festas.[309] Essa especificidade na celebração da Abolição por esse grupo social foi notada por Olavo Bilac e por outros jornalistas ao relatarem a continuidade dos festejos em regiões mais afastadas do grande centro.

Frente a tal constatação, cabe voltarmos às palavras atribuídas por Machado de Assis, em 1908, ao conselheiro Aires. Ainda na noite do 13 de Maio, Aires identifica a determinação social daquela festa de que ele se recusava a participar. Esse indiferentismo diante da festa da Abolição apareceu também em outros personagens do romance de Machado de Assis.

No capítulo "14 de maio, meia noite", Aires descreve esse indiferentismo quando, ao chegar à casa do casal Aguiar, constata uma reunião sendo ali realizada. Por conta da alegria de todos, conclui ser a Abolição o principal motivo.

> A alegria dos donos da casa era viva, a tal ponto que não a atribuí somente ao fato dos amigos juntos, mas também ao grande acontecimento do dia. Assim o disse por esta única palavra, que me pareceu expressiva, dita a brasileiros:
>
> – Felicito-os.
>
> – Já sabia? – perguntaram ambos.
>
> Não entendi, não achei que responder. Que era que eu podia saber já, para os felicitar, se não era o fato público? Chamei o melhor dos meus sorrisos de acordo e complacência, ele veio, espraiou-se, e esperei [Assis, 1999:43].

O fato público ainda vivo para Aires passava de forma indiferente para um grupo de pessoas que não pretendia compartilhar os vivas que estavam acontecendo pelas ruas da cidade. De fato, esses que confraternizavam em plena noite de festa eram pertencentes à elite fluminense que, à medida que a escravidão ia dando sinais de esgotamento, perdia sua função naquela sociedade. Comemorar a Abolição, nesse caso, não fazia sentido, e por isso as festas públicas não eram maiores que uma festa particular. A data, portanto, para o casal Aguiar não gerava grande significado apesar de ser, para Aires, uma alegria pública e de todos os brasileiros. O desânimo em relação à festa da Abolição parece afetar o conselheiro alguns dias depois. No dia 17 de maio fez o seguinte registro em seu diário:

309 Sobre a febre dançante existente no período republicano no Rio de Janeiro, principalmente na ocasião do aniversário da Abolição, com bailes realizados por clubes negros, ver Pereira (2020), especialmente o capítulo "O forrobodó negro".

> Vou ficar em casa uns quatro ou cinco dias, não para descansar porque eu não faço nada, mas para não ver nem ouvir ninguém, a não ser o meu criado José. Este mesmo, se cumprir, mandá-lo-ei à Tijuca, a ver se lá estou. Já acho mais quem me aborreça do que quem me agrade, e creio que esta proporção não é obra dos outros, e só minha exclusivamente. Velhice esfalfa [Assis, 1999:44].

A alegria pública vivida por ele no 13 de Maio não parecia continuar nos dias seguintes. No dia 17, foram iniciadas as festividades promovidas pela imprensa da Corte. Os dias que o conselheiro afirma querer ficar em casa seriam cheios de eventos realizados a partir de um sentido programado por seus organizadores. Sua recusa em participar desses festejos, apesar de permitir a saída do seu criado, é por não ver sentidos de celebração para pessoas como ele. A festa, a seu ver, era de outros sujeitos, de perfil distinto do conselheiro e de seus pares. Se esse aparente indiferentismo de Aires para com a festa da Abolição foi usado pelos críticos de Machado de Assis como prova do indiferentismo do autor à escravidão e à realidade político-social (Broca, 1957:10), percebemos que essa recusa de Aires era, na verdade, um alerta do próprio autor sobre a festa que se realizara nas ruas naquele maio. A Abolição, a seu ver, era uma alegria pública que deveria ser compartilhada por todos os brasileiros não apenas nas ruas, mas também no interior das relações sociais às quais pertencia. O conselheiro Aires, ao não participar da festa, permitia sua celebração por parte de seu criado ou de outros que poderiam saudar qualquer personagem daquela batalha.

Explicava-se, assim, a distância que separava a animação que Machado reconhecia ter tido pela festa do 13 de Maio de 1888 em uma crônica escrita poucos anos depois do desânimo que atribuía, em 1908, ao conselheiro Aires. Longe de ser problema privado, tal desânimo se ligava à trajetória pela qual passara a festa ao longo daquele tempo. Tendo vivido a euforia de 1888, quando a liberdade vinda por meio de uma lei representou a conquista de uma geração que acompanhou nas ruas e no Parlamento os debates em torno da Abolição definitiva, Machado de Assis testemunhou a disputa em torno de seus sentidos nas décadas seguintes, atravessando diferentes contextos políticos, além de testemunhar na sociedade republicana os efeitos da escravidão. Frente ao progressivo apagamento da importância e sentido da festa, acabou, porém, por perceber algo que podia ter notado já em 1888, se não tivesse visto a festa de cima dos carros alegóricos do desfile organizado pela imprensa fluminense: por mais que nos discursos ilustrados se tratasse de uma causa quase filosófica, ligada a uma liberdade cuja celebração não fazia mais sentido em 1908, do ponto de vista dos sujeitos distantes do universo de seu personagem narrador a questão se colocaria de forma bem diversa. Espalhados pelas ruas, por clubes carnavalescos, pelos balcões do comércio, pelas tipografias, pelos subúrbios ou pelo interior, outros sujeitos davam à festa sentidos que seriam de todo estranhos a pessoas como o conselheiro Aires. Do seu desdém para com a celebração de 1888 se configurava, para os leitores de duas décadas depois, a parcialidade do olhar lançado por homens como ele sobre uma festa tomada, por muitos, como momento de reivindicação de melhorias de vida, projeção de futuro e lembrança de um passado que servia de lição para o que viria após o fim do cativeiro.

Epílogo

Nos 20 anos de festas da Abolição, entre 1888 e 1908, as disputas e apropriações em torno da data e seus significados foram vividas por aqueles que, de forma direta ou indireta, tomaram parte das celebrações pelo fim da escravidão. Por mais que já se configurasse, em 1908, certa consciência em críticos como Machado de Assis quanto ao caráter parcial das imagens unívocas construídas para explicar seu sentido, o processo de contínua reconstrução de memórias para a data estava longe de ter um fim – antes pelo contrário.

Nos meses seguintes aos 20 anos da Abolição, alguns personagens que viveram a primeira festa e construíram uma narrativa para aquele evento já deixavam de existir. O professor Luiz Pedro Drago, que teve a iniciativa de fazer uma subscrição popular para a compra da pena de ouro para a assinatura da lei, faleceu em junho de 1908 e, nas homenagens publicadas, seu passado ligado à Abolição não foi lembrado; apenas sua dedicação ao magistério (*Gazeta de Notícias*, 6 jun. 1908). Os antigos funcionários do Ministério da Agricultura que fizeram homenagens ao ministro, os literatos Machado de Assis e Arthur Azevedo, também morreram nesse ano, o primeiro no dia 29 de setembro e o segundo no dia 22 de outubro. O abolicionista, socialista e republicano Vicente de Souza morreu um pouco antes, no dia 18 de setembro de 1908 (Pinto, 2019). A República do Brasil perdia aqueles que testemunharam a Abolição, restando textos, imagens, poesias e memórias.

As festividades no 13 de Maio não deixaram de ocorrer ao longo dos anos, e durante todo esse período a data foi exaltada e condenada de acordo com as condições sociais vividas pela sociedade brasileira, principalmente os afrodescendentes, que décadas após a Abolição não tinham ainda vivenciado um tempo de liberdade. O período da ditadura militar e o aumento da diferença social entre brancos e negros mobilizaram ainda mais os movimentos sociais, principalmente o negro, que em 1978 torna-se o Movimento Negro Unificado

(MNU). No manifesto do movimento contra a discriminação racial, houve a negação ao 13 de Maio, visto como dia da assinatura de uma lei que havia ficado no papel, uma vez que o negro se encontrava ainda preso a outras amarras: nas favelas, cortiços, presídios, no emprego e subemprego, e sofrendo diretamente as violências do Estado por meio, principalmente, das instituições policiais (Gonzalez, Hansenbalg, 2022:73-74). A data da Abolição vira alvo de protestos e, com a aproximação do seu centenário, é apropriada por outros sujeitos, entre eles a mídia, representada pela Rede Globo de Televisão, que no final de 1987 lançou como vinheta de final de ano a música *Axé*, de Martinho da Vila. No clipe, inúmeras personalidades negras, entre cantores, atores, apresentadores cantaram a música de versos simples e celebrando o ano que se iniciava:

> Axé, axé, axé pra todo mundo, axé
> Muito axé, muito axé
> Muito axé pra todo mundo, axé
> Eu negro brasileiro
> Desejo pra esse Brasil
> De todas as raças
> De todos os credos
> Axé
> Axé, axé, axé pra todo mundo, axé
> Muito axé, muito axé
> Muito axé pra todo mundo, axé
> Axé: paz
> Axé: felicidade
> Axé: energia positiva, força
> Muito axé pra todo mundo, axé.

O início de 1988 seria do centenário da Abolição na mídia, e em novembro a mesma emissora lançara a minissérie *Abolição*, com romantização sob responsabilidade do historiador Joel Rufino dos Santos e roteiro de Walter Avancini e Wilson Aguiar Filho. A produção televisiva teve quatro episódios e oferecia um interessante roteiro para pensar o fim da escravidão. Dividida entre os acontecimentos na senzala de uma grande fazenda de escravos, representando a resistência dos escravizados aos castigos impostos pelo feitor, e a mobilização na Corte pela passagem da lei da Abolição, a ficção se aproximava da realidade, principalmente a parte que pretendia destacar ainda mais a participação dos escravizados no processo abolicionista. A pressão das senzalas, na série, parece ter sido mais um combustível para o encaminhamento do processo parlamentar.

O carnaval daquele ano no Rio de Janeiro teve, nos desfiles na Marquês de Sapucaí, outras narrativas para a Abolição que refletiam uma nova leitura que vinha sendo feita para o 13 de Maio pelos movimentos sociais de décadas anteriores.

No Rio de Janeiro o campeonato foi vencido pelo GRES Unidos de Vila Isabel, com o enredo "Kizomba, festa da raça", que exaltava Zumbi dos Palmares como um personagem ligado ao processo da Abolição e o continente africano, com fantasias celebrando a cultura negra e sua diversidade e destacando a presença da cultura africana no Brasil.[310] Não se tratava, porém, de um caso isolado, pois outras duas escolas também tiveram como tema a liberdade dos escravos: GRES Beija-Flor e GRES Mangueira, cujos desfiles criticavam a Abolição por não ter efetivamente dado a liberdade para os negros. De forma aparentemente contraditória, no momento em que o 13 de Maio devia ser comemorado ele era submetido a um rigoroso olhar crítico por parte dos descendentes dos grupos sociais beneficiados em 1888 pela lei, possivelmente alimentado pelas décadas de constatação dos movimentos sociais que percebiam limites na lei e pelas ações repressoras e violentas da ditadura militar.

Não era um acaso que essa perspectiva crítica surgisse, ao mesmo tempo, em três diferentes agremiações. De fato, uma das principais "denúncias" do movimento negro naquele ano foi sobre o que seus líderes chamaram de "farsa" da Abolição (Pereira, 2008; Munanga, 2004:54). Segundo tal perspectiva, o negro teria sido libertado por uma lei que beneficiou mais os brancos – que haviam conseguido, através dela, se livrar do problema da escravidão – do que aos próprios negros, cuja inserção na sociedade não chegou a ser verdadeiramente resolvida. Tais ideias, que tentavam apagar a importância da data e dos personagens a ela associados, vinham sendo reproduzidas em teses, livros e artigos de intelectuais e professores desde a década de 1960. Sob tal perspectiva, o 13 de Maio perdia espaço como festa capaz de representar o orgulho e a identidade dos negros

---

310 Em 2018, em homenagem aos 30 anos do campeonato da Vila Isabel, foi lançado o excelente documentário "Kizomba – 30 anos de um grito negro na Sapucaí", em que os responsáveis pelo enredo, entre eles Martinho da Vila e a presidente da escola, narram os bastidores e o desfile que levou a Vila ao campeonato em 1988.

no Brasil, tarefa que progressivamente seria assumida por outra data: o 20 de Novembro, data da morte de Zumbi dos Palmares – o novo herói da negritude brasileira, saudado pela Vila Isabel no ano do centenário da Abolição:

> Valeu Zumbi!
> O grito forte dos Palmares
> Que correu terras, céus e mares
> Influenciando a abolição.[311]

Desse modo, a Vila Isabel levava naquele ano para a avenida um símbolo que crescia em significado no movimento negro, capaz de representar a resistência à escravidão. Era a luta de negros rebeldes como Zumbi nas terras distantes do interior de Alagoas que, nessa leitura, teria efetivamente influenciado a Abolição mais de um século depois, e não a postura passiva dos negros que, na Corte, teriam feito saudações à dádiva recebida da princesa Isabel.

Junto à mudança de seus heróis, essa nova leitura do movimento abolicionista promovia um deslocamento de seus sentidos. Desse ponto de vista, a liberdade conquistada pela via legal no dia 13 de maio não seria o suficiente para libertar efetivamente os escravos, uma vez que seus descendentes continuariam aprisionados em outra escravidão: aquela de caráter social. Por esse motivo, era a realidade vivida pelos brasileiros de baixa renda naquele ano o tema central dos sambas cantados pelos componentes da Mangueira e da Beija-Flor:

> **Mangueira**
> Será...
> Que já raiou a liberdade
> Ou se foi tudo ilusão? Será
> Que a lei áurea tão sonhada
> Há tanto tempo assinada
> Não foi o fim da escravidão?
> Hoje dentro da realidade
> Onde está a liberdade?
> Onde está que ninguém viu?

311 Jonas, Rodolpho, Luiz Carlos da Vila. GRES Unidos de Vila Isabel. *Kizomba, festa da raça*. 1988.

Moço,
Não se esqueça que o negro também construiu
As riquezas do nosso Brasil.[312]

Beija-Flor
Eu sou negro
E hoje enfrento a realidade
E abraçado à Beija-Flor, meu amor
Reclamo a verdadeira liberdade (já raiou)
Raiou o Sol, sumiu
E veio a Lua
Eu sou negro, fui escravo
E a vida continua.[313]

Nos sambas dessas duas escolas, a liberdade conquistada em 1888 não tinha ressonância um século depois, uma vez que os problemas não apenas do negro, mas de todos os brasileiros, ultrapassavam o vivido pelo escravo no tempo da assinatura da lei. No entanto, o fim da escravidão parecia inspirar esses sambistas a contestar outras prisões que não tiveram na lei seu fim.

Essa Abolição criticada em livros e em letras dos carnavais em 1988 nada mais é do que um novo conceito construído a partir das necessidades da sociedade brasileira um século depois. O passado inspirava a crítica, e celebrá-lo era uma forma de mostrar também que houve um tempo em que a liberdade não existia. Com a Abolição, o Sol, símbolo da liberdade, aparece e logo some, conforme o samba da Beija-Flor, por ser uma liberdade que, naquele momento, não supria as necessidades daquela sociedade. Ao mesmo tempo, aquele que reclama desse sumiço é o que vive outra escravidão, "eu sou negro/e hoje enfrento a realidade", distinta daquela vivida por seus antepassados. O samba da Mangueira também questiona: "Hoje dentro da realidade, onde está a liberdade? Onde está que ninguém viu?". Ou seja, a Abolição do 13 de Maio conquistara uma liberdade que, em 1988, já não era suficiente para livrar os afrodescendentes

312 Hélio Turco, Jurandir, Alvinho. GRES Estação Primeira de Mangueira. *100 anos de liberdade – realidade ou ilusão?* 1988.
313 Ivancué, Claudio Inspiração, Marcelo Guimarães, Aloísio Santos. GRES Beija-Flor de Nilópolis. *Sou negro, do Egito à liberdade.* 1988.

de outras amarras. Assim, mais que criticar ou negar a lei, o que queriam esses sambistas era inspiração para novas conquistas, e, ao mesmo tempo, alertar para algo tratado quase um século antes: o negro também fazia parte do Brasil – "Moço/Não se esqueça que o negro também construiu/As riquezas do nosso Brasil". Não fazia sentido a permanência de uma desigualdade social, uma vez que todos, independentemente da cor, fizeram parte da construção do país. O centenário da Abolição sintetizava um passado, ainda de opressão e de privações sociais, ao mesmo tempo que a disputa pelo sentido da data servia para uma nova luta, dessa vez por ampliação dos direitos que não foram conquistados a reboque da lei.

As disputas em torno do 13 de Maio permaneciam após 100 anos, sendo a data apropriada de forma ativa por negros e negras em busca de novas liberdades. Um exemplo foi a "Marcha da farsa da Abolição", ocorrida em maio de 1988 no Rio de Janeiro, quando homens e mulheres do Movimento Negro e de outras associações cantaram na avenida Presidente Vargas (Rio de Janeiro) o samba da Mangueira, segunda colocada naquele ano, que questionava: "Será que já raiou a liberdade, ou se foi tudo ilusão? Será que a lei Áurea tão sonhada, há tanto tempo assinada, não foi o fim da escravidão?". Nessa ocasião, uma multidão, incluindo alunos de escolas públicas, ocupou uma importante avenida do Rio de Janeiro com cartazes feitos à mão, enquanto alguns homens e mulheres discursavam nos carros de som, cobrando maior visibilidade para as questões que envolviam a população negra, principalmente no que se referia à educação, contra a violência policial e afirmando que outra Abolição era necessária.[314] Nessa ocasião o racismo virou alvo, principalmente quando a marcha foi impedida de seguir o caminho da Candelária até o monumento a Zumbi dos Palmares (Santos, 2022:256). Aproximadamente 5 mil pessoas tiveram seu direito de protesto freado por autoridades que ainda possuíam resquícios da ditadura e acreditavam que tal movimento provocava o "ódio entre as raças", algo, para essas autoridades, inexistente no Brasil.[315]

Entretanto, o mesmo centenário da Abolição que colocou Zumbi no patamar de um novo herói na luta por novos direitos por parte da comunidade afrodes-

314 O canal *Cultne*, no YouTube, possui valiosos vídeos da Marcha da Abolição de 1988.

315 O Serviço Nacional de Informação (SNI), órgão criado pela ditadura militar, ainda estava operando em 1988 e vigiou as manifestações realizadas pelo Movimento Negro no Rio e em São Paulo pelo centenário da Abolição.

cendente foi também de balanço historiográfico acerca da escravidão.[316] O ano de 1988, também da Constituinte, se tornou chave para aprofundar ainda mais as discussões sobre a desigualdade racial e promover um exame sobre novas fontes e metodologias para o estudo da escravidão. Nesse ano, somados ao carnaval, ocorreram seminários, eventos acadêmicos, séries de TV, protestos, entre outros, para discutir a Abolição ou colocá-la em pauta. Ao mesmo tempo, o movimento da historiografia que se seguiu ao centenário, e que não estava alheio às demandas do Movimento Negro, chamava a atenção para a batalha cotidiana do escravo para a conquista da liberdade por meio legal e dentro dos parâmetros de luta já estabelecidos e reconhecidos pelas autoridades imperiais.[317] O fim da escravidão como uma causa conquistada após uma pressão promovida por literatos, abolicionistas e pelos próprios escravizados era o resultado dessa política cotidiana de luta pela liberdade que vinha desde muito antes da assinatura da lei de 1888. De fato, não teria caído do céu a liberdade nem teria vindo das mãos de Isabel.[318] Sendo assim, a luta empreendida durante todo o período escravista por liberdade tem no 13 de Maio de 1888 sua primeira conquista, e na festa a consolidação da vitória de uma batalha legal pelo fim da escravidão. As festas promovidas por literatos, jornalistas e ex-escravos tinham na conquista da lei sua base de comemoração.

Podemos, assim, ver as formas pelas quais o 13 de Maio foi transformado, em 1988, em um palco de disputas políticas e historiográficas como um desdobramento, ainda que tardio, da maleabilidade da memória construída a partir de 1888, tanto pelos organizadores dos festejos oficiais quanto por aqueles sujeitos anônimos que, a seu jeito, comemoravam pelas ruas aquela conquista. A história da Abolição escrita décadas e séculos depois é, dessa forma, o fruto dessa relação tensa entre história e memória (Le Goff, 1984). A memória da Abolição construída a partir do dia 13 de maio de 1888, viva e em permanente evolução (Nora, 1993:9), se tornou campo de disputa de poder e de significado que teve na história a sua fixação para as gerações seguintes (Le Goff, 1984:47).

---

316 Entre eventos pelo centenário da Abolição, ocorreram seminários internacionais na Unicamp, na USP, na UFF e na UFRJ, além do lançamento do *Guia de fontes para a história da África* pelo Arquivo Nacional, entre outras publicações. O centenário da Abolição também foi tema de inúmeros textos em jornais escritos por especialistas (Cardoso, 1988; Schwartz, 2001).

317 Entre esses trabalhos estão: Castro (1995); Machado (2010), cuja primeira edição é de 1994; Mendonça (2001, 2008), cuja primeira edição é de 1999; Chalhoub (1990).

318 Faço menção ao samba campeão da Mangueira de 2019, *Histórias para ninar gente grande*, quando a Verde e Rosa levou para a avenida alguns personagens "desconhecidos" do grande público, mas já bastante estudados por essa nova historiografia da escravidão e da liberdade surgida nas últimas décadas.

Apesar dos novos sentidos inseridos para o 13 de Maio pela população afrodescendente um século depois,[319] a data, nos seus primeiros 20 anos, foi palco de uma disputa pela memória na qual os significados da liberdade estavam em jogo. Nesse ambiente de festas, o destino dos libertos pela lei, ou por ações anteriores a ela, foi ignorado por aqueles interessados mais no futuro político do Império e da República. O pós-Abolição seria um momento de tensão para quem fazia as festas ou disputava seus sentidos nos anos seguintes a 1888. A celebração promovida pela imprensa para comemorar a lei tendia a engessar seus sentidos, estabelecendo assim, para os homens das letras e abolicionistas, uma participação crucial no desfecho que se celebrava. Ao mesmo tempo, o espaço da festa de 1888 era disputado por aqueles que se viam participantes do processo: ex-escravizados, trabalhadores, abolicionistas do interior e dos subúrbios. Todos promoveram suas próprias celebrações pela liberdade a partir das suas experiências com a escravidão e sua luta contra ela. Os aniversários da lei, nas duas primeiras décadas, foram vividos a partir da rememoração de um passado, o maio de 1888, em oposição às mudanças pelas quais passava o significado da data operadas pelo civismo republicano e letrado que tendia a mediar as formas de celebração. Em meio a essas mudanças, estavam ainda os festeiros da Abolição, fossem eles trabalhadores do Rio de Janeiro, moradores dos subúrbios ou afrodescendentes reunidos em clubes e irmandades que usaram a data como momento de reivindicação de outras conquistas e de rememoração de um passado de luta. Em 20 anos, a lei da Abolição e sua data foram comemoradas a partir das experiências daqueles que tinham seus próprios significados para a palavra liberdade.

319 Atualmente, a data é Dia Nacional de Denúncia Contra o Racismo.

Anexo 1. Cronologia da assinatura da lei e das celebrações

03/05. Fala do Trono feita pela princesa regente no Senado.

08/05. Apresentação do projeto de lei na Câmara dos Deputados e primeira discussão.

09/05. Segunda discussão do projeto de lei na Câmara.

10/05. Terceira discussão do projeto e aprovação na Câmara dos Deputados.

11/05. Apresentação do projeto de lei no Senado e primeira discussão.

12/05. Segunda discussão do projeto de lei no Senado.

13/05. Parte da manhã: terceira discussão do projeto e aprovação no Senado. Parte da tarde: assinatura da lei pela princesa Isabel no Paço Imperial.

15/05. Divulgação, na imprensa, dos festejos organizados pela Comissão da Imprensa Fluminense.

17/05. (Quinta-feira). Missa campal em São Cristóvão na parte da manhã e bailes populares durante a noite.

18/05. (Sexta-feira). Corridas de cavalos no Derby Club, matinê literária e espetáculos teatrais gratuitos à noite.

19/05. (Sábado). Préstito escolar na parte da manhã e, na parte da tarde, regatas em Botafogo.

20/05. (Domingo). Préstito da imprensa na parte da tarde.

21/05. (Segunda-feira). Publicação de um único jornal na corte, o *Imprensa Fluminense*.

Anexo 2. Ordem do préstito da imprensa no dia 20 de maio de 1888

Essa ordem foi composta a partir das notícias sobre o préstito publicadas no *Diário de Notícias, Gazeta de Notícias* e *Cidade do Rio* entre os dias 19 e 22 de maio de 1888.

1. Representantes da imprensa com dr. Pederneiras à frente e a cavalo, como os demais.
2. Banda de música do corpo da polícia de Niterói.
3. General Deodoro da Fonseca.
4. Banda de música do encouraçado Riachuelo.
5. Batalhão Naval.
6. Imperiais Marinheiros.
7. Colégio Naval.
8. Operários do Arsenal da Marinha.
9. Escola da Marinha.
10. Clube dos Democráticos com carro de luxo com estandarte – Comissão do Clube dos Democráticos a cavalo.
11. Comércio da rua do Ouvidor – Carro com estandarte e carro com comerciantes.
12. Colônia italiana – Carro com estandarte e carro com representantes.
13. Membros da Sociedade Auxiliadora da Indústria Nacional.
14. Sociedade Espanhola de Beneficência – Carro com estandarte e carro com sócios.
15. Companhia construtora – Operários a pé em número superior a 100 e com estandarte.
16. Empregados da alfândega.
17. Empregados dos telégrafos.
18. Colégio Alberto Brandão.

19. Comissão do Liceu Literário Português.
20. Olaria Maia.
21. Club Abolicionista Forense.
22. Guarda a cavalo do corpo policial.
23. Banda de representantes da imprensa, a cavalo.
24. 1º Batalhão do Exército.
25. Representantes do *Jornal do Commercio.*
26. Colônia orfanológica – Fábrica de flores orfanológica.
27. Carro alegórico "A caridade não tem pátria".
28. Terceira comissão da imprensa, a cavalo, com José do Patrocínio e seu filho.
    a. *Diário Mercantil de São Paulo.*
    b. José do Patrocínio e seu filho, a cavalo.
    c. *Cidade do Rio.*
    d. Confederação Abolicionista.
29. Albergue Noturno.
30. Redação do *Cidade do Rio* – Dois carros, um com o estandarte e outro com os funcionários do jornal.
31. Carro com os estandartes da Confederação Abolicionista.
32. Carro com os membros da diretoria da Associação Beneficente Homenagem ao Conde de S. Salvador de Matosinhos.
33. Banda de música.
34. Arsenal de Guerra.
35. Empregados dos telégrafos.
36. Alunos do Liceu de Artes e Ofícios.
37. Alunos da Escola São Vicente de Paula.
38. Alunos da Escola Pública de São José.
39. Alunos do Instituto Politécnico.
40. Grêmio Beneficente Visconde do Rio Branco.
41. Clube Progressista.
42. Carro com diretoria do Clube Abolicionista.
43. Clube Gutemberg – Carro com sócio do clube distribuindo folhetos.
44. Corpo de polícia com as bandeiras do Brasil e da Argentina.
45. Clube Vila Isabel.
46. Societè de Gynastique Française.

47. Clube de Esgrima (outros carros), com Afonso Celso Jr. no carro.
48. Carros com famílias.
49. Carro com artistas dramáticos.
50. Clube Ginástico Português.
51. Companhia de Carris Urbano.
52. Sociedade Francesa de Beneficência.
53. Sociedade Francesa de Socorros Mútuos.
54. Clube 14 de Julho (nacionalidade francesa).
55. Sociedade Coral Francesa.
56. Jockey Club.
57. Comissão da imprensa, a cavalo.
58. Escola Politécnica, com carro, guarda de honra a cavalo, corpo docente de carro, alunos em 14 carros – carro com alunos e outro carro com André Rebouças.
59. Sociedade União dos Cocumbis.
60. Escola de Medicina.
61. Escola Militar da Corte.
62. Corporação Tipográfica.
63. Carros de família.
64. Derby Club – Banda de música, guarda de honra, carro com estandartes, guarda de honra a cavalo, carro alegórico com a data da lei e as quatro principais províncias libertadoras.
65. Carro com sócios.
66. Escola da Marinha.
67. *Jornal do Commercio.*
68. *Gazeta de Notícias,* com Ferreira de Araújo e Machado de Assis.
69. *Diário de Notícias,* com Fernandes Mendes e família.
70. *Gazeta de Notícias.*
71. *Jornal do Commercio.*
72. Arthur Azevedo e o *Novidades.*
73. Outros carros dos jornais e seus representantes.

Anexo 3. Prestação de contas feita pelos tesoureiros da Comissão da Imprensa Fluminense, Henrique de Villeneuve e Arthur Azevedo

Receita

Produto líquido da corrida no Derby Club – 3:834$100.
Produto líquido da regata na enseada de Botafogo – 317$500.
Produto líquido de um páreo no Sport Club, oferecido pela diretoria – 417$000.
Produto líquido da folha *Imprensa Fluminense* – 8:351$700.
Produto da distribuição de fitas com o dístico – *Imprensa Fluminense* – 182$500.
Donativo da Companhia Carris do Jardim Botânico – 2:000$000.
Donativo da Companhia Carris São Cristóvão – 2:000$000.
Donativo da Companhia Carris urbanos – idem.
Donativo da Companhia Carris Vila Isabel – 1:000$000.
Donativo do Sr. José Luciano Lopes (Passeio Público) – 16$000.
Aluguéis de carros – 760$000.
Auxílio dado pela Ilm. Câmara Municipal da Corte – 10:000$000.
Total: 30:878$800.

Despesa

Com a realização da missa campal na praça D. Pedro I, conforme a especificação – 3:000$000.
Idem, passeio dos alunos das escolas públicas e particulares – 1:122$050.
Idem, espetáculos gratuitos [ilegível].
Idem – 1:983$300.
Idem, bailes populares, idem – 3:920$00.
Idem, fogos artificais em vários pontos da cidade – 6:000$5000.
Idem, marcha popular no dia 20 de maio – 2:330$000.
Idem, publicação da folha *Imprensa Fluminense* – 4:334$950.

Gastos diversos, impressões, expediente etc. – 1:643$200.
Total: 24:561$500.
Saldo que vai ser entregue a Ilm. Câmara Municipal da Corte – 6: 317$300.
Total 30:878$800.
As contas foram aprovadas pelos membros da comissão.

Fonte: *O Paiz,* 5 jun. 1888.

Fontes

Periódicos

13 de Maio (1888).
A Verdade (1888).
Carbonário (1888-1889).
Cidade do Rio (1888).
Diário de Notícias (1888-1895).
Gazeta da Tarde (1888).
Gazeta de Notícias (1888-1890; 1892-1893; 1906; 1908).
Gazeta Nacional (1888).
Imprensa Fluminense (1888).
Jornal do Brasil (1897-1899; 1908).
O Constitucional (1889).
O Fluminense (1885).
O Malho (1906).
O Paiz (1885; 1888-1899; 1902; 1908).
O Programador (1887).
O Sportman (1887).
Revista da Semana (1906).
Revista Illustrada (1888).
Revista Typographica (1888-1889).
The Rio News (1888).

Manuscritos

Biblioteca Nacional

BN, II – 32, 10, 01. *Subscrição popular feita por iniciativa de Luiz Pedro Drago.* Seção de manuscritos.

BN – Digital: mss49 – 4-4. *Princesa Isabel – autógrafos do decreto de extinção da escravidão no Brasil.*

BN, II – 32,10, 1. *Rascunho do discurso de Luiz Pedro Drago na ocasião da entrega da pena de ouro para a Princesa.*

Arquivo Geral da Cidade do Rio de Janeiro

AGCRJ. Códice 43, 3, 77. *Festejos pela Lei de 13-05-1888. Declaração dos professores do 4º Distrito Escolar (1895).*

AGCRJ. Códice 43, 4, 12. *Festividades pela data da Abolição da escravidão (1888-1898).*

AGCRJ. Códice 43, 3, 75. *Festejos religiosos pela data da lei que extinguiu a escravidão no Brasil – Igreja do Bonfim e N. S. do Paraíso. São Cristóvão – 1893.*

AGCRJ. Códice 6, 1, 7. *Códice escravidão.*

AGCRJ. Códice 6, 1, 4. *Ofício do contador da câmara sobre a quantia doada ao representante da Imprensa para os festejos da lei de 13 de maio, 1888.*

AGCRJ. Códice 6, 2, 14. *Abolição da escravidão.*

AGCRJ. Códice: 43, 4, 12. *Ofício da Confederação Abolicionista ao Intendente Municipal, 9 de maio de 1890. Festividades pela data da Abolição da escravidão (1888-1898).*

Código de posturas da Ilustríssima Câmara Municipal do Rio de Janeiro, 1854.

Impressos

A FESTA das crianças. Comemoração da lei de 13 de maio, que aboliu a escravidão no Brasil. Imprensa Nacional, 1888.

ALMANAK Administrativo, Mercantil e Industrial do Rio de Janeiro (1884-1885).

ALMANAK Laemmert (1888).

ASSIS, J. M. Machado de. *Memorial de Aires.* Rio de Janeiro: Klick: 1999 [1908].

COELHO NETTO, H. Maximiano. *A conquista.* 5. ed. Porto: Lello & Irmão, 1899 [1897].

LAGO, Pedro; LAGO, Bia Corrêa. *Coleção Princesa Isabel.* Fotografia do século XIX. Rio de Janeiro: Capivara, 2008.

RECENSEAMENTO do Rio de Janeiro (Distrito Federal). Realizado em 20 de setembro de 1906. Rio de Janeiro: Oficina de Estatísticas, 1907.

RELATÓRIO do chefe de Polícia da província do Rio de Janeiro. In: *Relatório apresentado à Assembleia Legislativa Provincial do Rio de Janeiro na abertura da primeira sessão da vigésima sétima legislatura em 8 de agosto de 1888* pelo presidente, Dr. José Bento de Araújo. Rio de Janeiro: Typ. Montenegro, 1888. Disponível no Center for Research Libraries. Global Resources Network: <http://brazil.crl.edu/bsd/bsd/822/>. Acesso em: out. 2022.

Referências

ABREU, Martha. *O império do divino*: festas religiosas e cultura popular no Rio de Janeiro, 1830-1900. Rio de Janeiro: Nova Fronteira; São Paulo: Fapesp, 1999.

____. Outras histórias de Pai João: conflitos raciais, protesto escravo e irreverência sexual na poesia popular – 1880-1950. *Afro-Ásia*, n. 31, p. 235-276, 2004.

____. *Da senzala ao palco*: canções escravas e racismo nas Américas, 1870-1930. Campinas: Ed. Unicamp, 2017.

____; DANTAS, Carolina Vianna. 'É chegada a ocasião da negrada bumbar': comemorações da abolição, música e política na Primeira República. *Varia História*, Belo Horizonte, v. 27, n. 45, p. 97-120, jan./jun. 2011.

____; MATTOS, Hebe. Festas e lutas políticas: das festas do 13 de maio às festas do Quilombo de São José da Serra, RJ, 1888-2011. In: ABREU, Martha et al. (Org.). *Cultura negra*. Niterói: Eduff, 2018. v. 1: Festas, carnavais e patrimônios negros.

ALBUQUERQUE, Wlamyra. *Algazarra nas ruas*: comemorações da independência na Bahia (1889-1923). Campinas: Ed. Unicamp/Cecult, 1999.

____. *O jogo da dissimulação*: abolição e cidadania negra no Brasil. São Paulo: Companhia das Letras, 2009.

ALONSO, Angela. Apropriação de ideias no Segundo Reinado. In: SALLES, Ricardo; GRINBERG, Keila (Org.). *O Brasil imperial*. Rio de Janeiro: Civilização Brasileira, 2009. v. III: 1870-1889.

____. *Flores, votos e balas*: o movimento abolicionista brasileiro (1868-1888). São Paulo: Companhia das Letras, 2015.

AZEVEDO, Elciene. *Orfeu da carapinha*: a trajetória de Luiz Gama na imperial cidade de São Paulo. Campinas: Ed. Unicamp, 1999.

AZEVEDO, Manuel D. Moreira de. *O Rio de Janeiro*. Rio de Janeiro: Brasiliana, 1969.

BALABAN, Marcelo. *Poeta do lápis*: sátira e política na trajetória de Angelo Agostini no Brasil imperial (1864-1888). Campinas: Ed. Unicamp, 2009.

BARBOSA, Marialva. *Os donos do Rio*: imprensa, poder e público. Rio de Janeiro: Vício de Leitura, 2000.

____. *História cultural da imprensa*. Rio de Janeiro: Mauad, 2007.

BASILE, Marcelo Otávio Neri de Campos. Festas cívicas na Corte regencial. *Varia História*, Belo Horizonte, v. 22, n. 36, p. 494-536, jul./dez. 2006.

BATALHA, Cláudio, H. M. et al. (Org.). *Culturas de classe*: identidade e diversidade na formação do operariado. Campinas: Ed. Unicamp, 2004.

____. Centro Tipográfico 13 de Maio. In: ____ et al. *Dicionário do movimento operário*: Rio de Janeiro do século XIX aos anos 1920, militantes e organizações. São Paulo: Ed. Fundação Perseu Abramo, 2009.

BENCHIMOL, Jaime. Reforma urbana e revolta da vacina na cidade do Rio de Janeiro. In: DELGADO, Lucilia de Almeida Neves; FERREIRA, Jorge. *O Brasil republicano*: o tempo do liberalismo excludente. Rio de Janeiro: Civilização Brasileira, 2006.

BERTONI, Lilia Ana. *Patriotas, cosmopolitas y nacionalistas*: la construcción de la nacionalidad argentina a fines del siglo XIX. Buenos Aires: FCE, 2001.

BICALHO, Maria Fernanda. O Rio de Janeiro no século XVIII: a transferência da capital e a construção do território centro-sul da América portuguesa. *Urbana*, v. 1, n. 1, 2006.

BLAKE, Sacramento. *Dicionário bibliográfico brasileiro*. Rio de Janeiro: Conselho Federal de Cultura, 1970. v. 1.

BORGES, Célia Maia. *Escravos e libertos nas irmandades dos Rosários*: devoção e solidariedade em Minas Gerais – séculos XVIII e XIX. Juiz de Fora: Ed. UFJF, 2005.

BROCA, Brito. *Machado de Assis e a política e outros estudos*. Rio de Janeiro: Organização Simões, 1957.

CANDIDO, Antonio. *Um funcionário da monarquia*: ensaio sobre o segundo escalão. Rio de Janeiro: Ouro Sobre Azul, 2002.

CARDOSO, Ciro Flamarion (Org.). *Escravidão e abolição no Brasil*: novas perspectivas. Rio de Janeiro: Zahar, 1988.

CARPEAUX, Otto Maria. *Pequena bibliografia crítica da literatura brasileira*. 4. ed. Rio de Janeiro, [s.d.].

CARVALHO, José Murilo de. *A formação das almas*: o imaginário da República no Brasil. São Paulo: Companhia das Letras, 1990.

____. *Teatro das sombras*: a política imperial. Rio de Janeiro: Civilização Brasileira, 2003.

CARVALHO, Maria Alice Rezende de. *O quinto século*: André Rebouças e a construção do Brasil. Rio de Janeiro: Revan, 1998.

CASTRO, Hebe Maria Mattos de. *Das cores do silêncio*: os significados da liberdade no sudeste escravista – Brasil, século XIX. Rio de Janeiro: Arquivo Nacional, 1995.

CHAGAS, Carlos. *O Brasil sem retoques – 1808-1964*: a história do Brasil contada por jornais e jornalistas. Rio de Janeiro: Record, 2005.

CHALHOUB, Sidney. Os mitos da abolição. In: ____. *Trabalhadores*. Campinas: Fundo de Assistência à Cultura, Ed. Unicamp, 1989.

____. *Visões da liberdade*: uma história das últimas décadas da escravidão na Corte. São Paulo: Companhia das Letras, 1990.

____. *Trabalho, lar e botequim*: o cotidiano dos trabalhadores no Rio de Janeiro da *belle époque*. Campinas: Ed. Unicamp, 2001.

____. *Machado de Assis historiador*. São Paulo: Companhia das Letras, 2003.

____. Solidariedade e liberdade: sociedades beneficentes de negros e negras no Rio de Janeiro na segunda metade do século XIX. In: CUNHA, Olívia Maria Gomes da; GOMES, Flávio dos Santos (Org.). *Quase cidadão*: histórias e antropologias da pós-emancipação no Brasil. Rio de Janeiro: FGV Ed., 2007.

____. *A força da escravidão*: ilegalidade e costume no Brasil oitocentista. São Paulo: Companhia das Letras, 2012.

____; PEREIRA, Leonardo Affonso de M. *A história contada*: capítulos de história social da literatura no Brasil. Rio de Janeiro: Nova Fronteira, 1998.

CHAMON, Carla Simone. *Festejos imperiais*: festas cívicas em Minas Gerais (1815-1845). Bragança Paulista: Edusf, 2002.

COSTA, Emília Viotti. *Da senzala à colônia*. São Paulo: Difusão Europeia do Livro, 1966.

____. *Abolição*. São Paulo: Ed. Unesp, 2008.

COWLING, Camillia. Debating womanhood, defining freedom: the abolition of slavery in 1880s Rio de Janeiro. *Gender & History*, v. 22, n. 2, p. 284-301, ago. 2010.

____. *Concebendo a liberdade*: mulheres de cor, gênero e a abolição da escravidão nas cidades de Havana e Rio de Janeiro. Campinas: Ed. Unicamp, 2018.

CUNHA, Maria Clementina Pereira. *Ecos da folia*: uma história social do carnaval carioca entre 1880 e 1920. São Paulo: Companhia das Letras, 2001.

____. Apresentação. In: ____ (Org.). *Carnavais e outras f(r)estas*. Campinas: Ed. Unicamp, 2002.

CUSTÓDIO SOBRINHO, Juliano. Abram alas para a abolição: festejos, conflitos e resistências em Minas Gerais (1880-1888). In: ABREU, Martha et al. (Org.). *Cultura negra*. Niterói: Eduff, 2018. v. 1: Festas, carnavais e patrimônios negros.

DAIBERT Jr., Robert. *Isabel, a "Redentora" dos escravos*: uma história da princesa entre olhares negros e brancos (1846-1988). Bauru: Edusc, 2004.

DANTAS, Carolina Vianna. Monteiro Lopes (1867-1910), um 'líder da raça negra' na capital da República. *Afro-Ásia*, n. 41, p. 167-209, 2010.

____. Um líder da raça negra na Câmara dos Deputados: racismo, tensões raciais e mobilização política na capital da república (1909-1910). In: SAMPAIO, Gabriela dos Reis et al. (Org.). *Marcadores da diferença*: raça e racismo na história do Brasil. Salvador: Edufba, 2019.

DAVIS, Natalie Zemon. Razões do desgoverno. In: ____. *Culturas do povo*: sociedade e cultura no início da França moderna. Rio de Janeiro: Paz e Terra, 1990. p. 87-106.

DINIZ, Edinha. *Chiquinha Gonzaga*. Rio de Janeiro: Zahar, 2009.

DOMINGUES, Petrônio. 'Vai ficar tudo preto': Monteiro Lopes e a cor na política. *Novos Estudos Cebrap*, São Paulo, n. 95, p. 59-81, mar. 2013.

DORIA, Franklin. A abolição no Brasil. *Revista Instituto Histórico Geográfico Brasileiro*, v. 63, n. 102, p. 187-192, 1900.

DUQUE-ESTRADA, Joaquim Osório. *Abolição*: um esboço histórico. Rio de Janeiro: Leite Ribeiro & Maurillio, 1918.

____. *Abolição*: um esboço histórico. Brasília: Ed. Senado Federal, 2005 [1918].

EL FAR, Alessandra. *Páginas de sensação*: literatura popular e pornografia no Rio de Janeiro (1870-1924). Rio de Janeiro: Companhia das Letras, 2004.

ERMAKOFF, George. *O negro na fotografia brasileira do século XIX*. Rio de Janeiro: G. Ermakoff, 2004.

FARIAS, Juliana et al. *Cidades negras*: africanos, crioulos e espaços urbanos no Brasil escravista do século XIX. São Paulo: Alameda, 2006.

FENERICK, José Adriano. *Nem do morro nem da cidade*: as transformações do samba e a indústria cultural (1920-1945). São Paulo: Annablume, 2005.

FERNANDES, Maria Fernanda Lombardi. Os republicanos e a abolição. *Revista Sociologia e Política*, Curitiba, n. 27, p. 181-195, nov. 2006.

FERREIRA, Luciene Celestino França. *Nas asas da imprensa*: a repercussão da abolição da escravatura na província do Ceará nos periódicos do Rio de Janeiro (1884-1885). Dissertação (mestrado) – UFSJ, São João Del Rei, 2010.

FRACCARO, Glaucia Cristina Candian. *Morigerados e revoltados*: trabalho e organização de ferroviários da Central do Brasil e na Leopoldina (1889-1920). Dissertação (mestrado) – Unicamp, Campinas, 2008.

FRAGA FILHO, Walter. *Encruzilhadas da liberdade*. Campinas: Ed. Unicamp, 2006.

_____. O 13 de Maio e as celebrações na Bahia, 1888-1893. *História Social*, n. 19, p. 63-90, 2. sem. 2010.

FREYRE, Gilberto. *Ordem e progresso*: processo de desintegração das sociedades patriarcal e semipatriarcal no Brasil. Rio de Janeiro: J. Olympio; Brasília: INL, 1974.

GERODETTI, João Emilio; CORNEJO, Carlos. *As ferrovias do Brasil nos cartões-postais e álbuns de lembranças*. São Paulo: Solaris, 2005.

GLEDSON, John (Org.) *Bons dias! – Machado de Assis*. São Paulo: Hucitec, 1990.

_____. *Machado de Assis – impostura e realismo*: uma interpretação de *Dom Casmurro*. São Paulo: Companhia das Letras, 1991.

GONZALEZ, Lélia; HASENBALG, Carlos. *Lugar de negro*. Rio de Janeiro: Zahar, 2022.

GRAHAM, Sandra L. *Proteção e obediência*: criadas e patrões no Rio de Janeiro, 1860-1910. São Paulo: Companhia das Letras, 1992.

GUARINELLO, Norberto Luiz. Festa, trabalho e cotidiano. In: JANCSÓ, István; KANTOR, Iris (Org.). *Festa*: cultura e sociabilidade na América portuguesa. São Paulo: Edusp, 2001.

JESUS, Gilmar Mascarenhas de. Construindo a cidade moderna: a introdução dos esportes na vida urbana do Rio de Janeiro. *Estudos Históricos*, n. 23, p. 17-39, 1999.

KIDDY, Elizabeth W. Quem é o rei do Congo? Um novo olhar sobre os reis africanos e afro-brasileiros no Brasil. In: HEYWOOD, Linda M. *Diáspora negra no Brasil*. São Paulo: Contexto, 2008.

KOSSOY, Boris. *Dicionário histórico-fotográfico brasileiro*: fotógrafos e ofícios da fotografia no Brasil. Rio de Janeiro: IMS, 2002.

KRAAY, Henrik. Definindo nação e Estado: rituais cívicos na Bahia pós-independência (1823-1850). *Topoi*, Rio de Janeiro, v. 2, n. 3, p. 63-90, dez. 2001.

____. Sejamos brasileiros no dia da nossa nacionalidade – comemorações da independência no Rio de Janeiro, 1840-1864. *Topoi*, v. 8, n. 14, p. 9-36, jan./jun. 2007.

____. Alferes Gamboa e a sociedade comemorativa da independência do Império, 1869-1889. *Revista Brasileira de História*, v. 31, n. 61, p. 15-40, 2011.

LACOMBE, Américo Jacobina; SILVA, Eduardo; BARBOSA, Francisco de Assis. *Rui Barbosa e a queima dos arquivos*. Rio de Janeiro: Fundação Casa de Rui Barbosa, 1988.

LARA, Silvia Hunold. Conversas com a bibliografia. In: ____. *Campos da violência*: escravos e senhores na capitania do Rio de Janeiro – 1750-1808. Rio de Janeiro: Paz e Terra, 1988.

____. Escravidão, cidadania e história do trabalho no Brasil. *Projeto História*, PUC-SP, n. 16, fev. 1998.

LE GOFF, Jacques. Memória. In: *Enciclopédia Einaudi*. Rio de Janeiro: Imprensa Nacional – Casa da Moeda, 1984. v. 1.

LEAL, Elisabete da Costa. O calendário republicano e a festa cívica do descobrimento do Brasil em 1890: versões de história e militância positivista. *História*, São Paulo, v. 25, n. 2, p. 64-93, 2006.

LESSA, Renato. A invenção da República no Brasil: da aventura à rotina. In: CARVALHO, Maria Alice Rezende (Org.). *República no Catete*. Rio de Janeiro: Ed. Museu da República, 2001.

LIMA, Valéria. De escravos, artistas e imagens: formas de operar com a história. In: RIBEIRO, Gladys et al. (Org.). *Escravidão e cultura afro-brasileira*: temas e problemas em torno da obra de Robert Slenes. Campinas: Ed. Unicamp, 2016.

LINS, Antonio José P. S. Ferrovia e segregação espacial no subúrbio: Quintino Bocaiúva, Rio de Janeiro. In: OLIVEIRA, Márcio; FERNANDES, Nelson (Org.). *150 anos de subúrbio carioca*. Rio de Janeiro: Lamparina, 2010.

LUCENA, Ricardo de Figueiredo. *O esporte na cidade*: aspectos do esforço civilizador brasileiro. Campinas: Autores Associados, 2001.

MACHADO, Humberto. *Palavras e brados*: José do Patrocínio e a imprensa abolicionista do Rio de Janeiro. Niterói: Eduff, 2014.

MACHADO, Maria Helena Pereira Toledo. *O plano e o pânico*: movimentos sociais na década da Abolição. São Paulo: Edusp, 2010.

MACHADO, Ubiratam. *Os intelectuais e o espiritismo*: de Castro Alves a Machado de Assis. Rio de Janeiro: Antares; Brasília: INL, 1983.

MACIEL, Laura Antunes. Outras memórias nos subúrbios cariocas: o direito ao passado. In: OLIVEIRA, Márcio; FERNANDES, Nelson (Org.). *150 anos de subúrbio carioca*. Rio de Janeiro: Lamparina, 2010.

MAGALHÃES JR., Raimundo. *Machado de Assis, funcionário público* (no Império e na República). Rio de Janeiro: Ministério da Viação e Obras Públicas – Serviço de Documentação, 1958.

____. *Rui, o homem e o mito*. Rio de Janeiro: Civilização Brasileira, 1965.

____. *Arthur Azevedo e sua época*. Rio de Janeiro: Civilização Brasileira, 1966.

____. *A vida turbulenta de José do Patrocínio*. São Paulo: Lisa, 1972.

____. *Olavo Bilac e sua época*. Rio de Janeiro: Americana, 1974.

____. *Vida e obra de Machado de Assis*. Rio de Janeiro: Record, 2008. v. 3: Maturidade.

MARTINS, Ana Luiza. *O despertar da República*. São Paulo: Contexto, 2001.

MARZANO, Andrea. *Cidade em cena*: o ator Vasques, o teatro e o Rio de Janeiro (1839- 1892). Rio de Janeiro: Folha Seca, 2008.

MATA, Iacy Maia. *Os '13 de maio'*: ex-senhores, polícia e libertos na Bahia pós-abolição (1888-1889). Dissertação (mestrado) – UFBA, Salvador, 2002

MATTOS, Hebe. O herói negro no ensino de história do Brasil: representações e usos das figuras de Zumbi e Henrique Dias nos compêndios. In: ABREU, Martha et al. (Org.). *Cultura política e leituras do passado*: historiografia e ensino de história. Rio de Janeiro: Civilização Brasileira, 2007. p. 215-227.

MATTOS, Marcelo Badaró. *Escravizados e livres*: experiências comuns na formação da classe trabalhadora carioca. Rio de Janeiro: Bom Texto, 2008.

____. *Trabalhadores e sindicatos no Brasil*. São Paulo: Expressão Popular, 2009.

MAUAD, Ana Maria. Imagem e autoimagem do segundo reinado. In: ALENCASTRO, Luiz Felipe. *História da vida privada no Brasil*: Império, a corte e a modernidade nacional. São Paulo: Companhia das Letras, 1997. v. 2.

MELLO, Maria Tereza Chaves. *A república consentida*: cultura democrática e científica do final do Império. Rio de Janeiro: FGV Ed., 2007.

MELO, Victor Andrade de. O mar e o remo no Rio de Janeiro do século XIX. *Estudos Históricos*, n. 23, p. 41-71, 1999.

____. *Cidade esportiva*: primórdios do esporte no Rio de Janeiro. Rio de Janeiro: Relume-Dumará, 2001.

MENDONÇA, Joseli Nunes. *Cenas da abolição*: escravos e senhores no Parlamento e na Justiça. São Paulo: Fundação Perseu Abramo, 2001.

____. *Evaristo de Moraes, tribuno da República*. Campinas: Ed. Unicamp, 2007.

____. *Entre a mão e os anéis*: a lei dos sexagenários e os caminhos da abolição no Brasil. Campinas: Ed. Unicamp, 2008 [1990].

MENDONÇA, Leandro Climaco. *Nas margens*: experiências de suburbanos com periodismo no Rio de Janeiro, 1880-1920. Niterói: Eduff, 2014.

MENEZES, Raimundo de. *A vida boêmia de Paula Nei*. São Paulo: Martins, 1944.

MIRANDA, José Américo. *Maio de 1888*: poesias distribuídas ao povo, no Rio de Janeiro, em comemoração à Lei de 13 de maio de 1888. Rio de Janeiro: Academia Brasileira de Letras, 1999.

____. "Ecos da província". In: VENÂNCIO, Renato Pinto (Org.). *Panfletos abolicionistas*: o 13 de Maio em versos. Belo Horizonte: Secretaria de Estado de Cultura de Minas Gerais, Arquivo Público Mineiro, 2007.

MIYASAKA, Cristiane Regina. *Viver nos subúrbios*: a experiência dos trabalhadores de Inhaúma. (Rio de Janeiro, 1890-1910). Rio de Janeiro: Secretaria Municipal de cultura: Arquivo Geral da Cidade do Rio de Janeiro, 2011.

MORAES, Evaristo de. *A campanha abolicionista (1879-1888)*. Brasília: Ed. UnB, 1986 [1924].

MORAES, Renata Figueiredo. *Os maios de 1888*: história e memória na escrita da história da abolição. O caso de Osório Duque-Estrada. Dissertação (mestrado em história) – UFF, Niterói, 2007.

____. Pai contra mãe: a permanência da escravidão nos contos de Machado de Assis. In: ENCONTRO ESCRAVIDÃO E LIBERDADE, 4., Curitiba. *Anais*... UFPR, maio 2009.

____. As relíquias literárias de Machado de Assis. *Tempo e Argumento*, Florianópolis, v. 2, n. 2, p. 182-199, jul./dez. 2010.

____. Uma pena de ouro para a Abolição: a lei do 13 de Maio e a participação popular. *Revista Brasileira de História*, v. 33, n. 66, dez. 2013.

MOURA, Clóvis. Irmandade de Nossa Senhora do Rosário e São Benedito dos Homens Pretos. *Dicionário da escravidão negra no Brasil*. São Paulo: Edusp, 2004.

MUNANGA, Kabengele (Org.). *O negro na sociedade brasileira*: resistência, participação e contribuição. Brasília: Fundação Cultural Palmares, 2004.

NASCIMENTO, Álvaro Pereira do. *Cidadania, cor e disciplina na revolta dos marinheiros de 1910*. Rio de Janeiro: Mauad, 2008.

NEEDELL, Jeffrey D. *Belle époque tropical*: sociedade e cultura de elite no Rio de Janeiro na virada do século. São Paulo: Companhia das Letras, 1993.

NEPOMUCENO, Eric Brasil. *Carnavais da abolição*: diabos e cucumbis no Rio de Janeiro (1879-1888). Dissertação (mestrado em história) – UFF, Niterói, 2011.

NEVES, Margarida de Souza. Uma capital em *trompe l'oeil*: o Rio de Janeiro, cidade-capital da República Velha. In: GONDRA, José et al. (Org.). *Educação no Brasil*: história, cultura e política. Bragança Paulista: Edusf, 2003. p. 253-286.

NORA, Pierre. Entre memória e história: a problemática dos lugares. *Projeto História*, São Paulo, n. 10, dez. 1993.

OLIVEIRA, Lucia Lippi. As festas que a República manda guardar. *Estudos Históricos*, Rio de Janeiro, v. 2, n. 4, p. 172-189, 1989.

ORICO, Osvaldo. *O tigre da abolição*. Rio de Janeiro: Ediouro, [s.d.].

PAULA, Richard Negreiros de. *Paciente duplicado*: psiquiatria e justiça no Rio de Janeiro. Rio de Janeiro: Multifoco, 2012.

PEREIRA, Amauri Mendes. *Trajetória e perspectivas do movimento negro brasileiro*. Rio de Janeiro: Nandyala, 2008.

PEREIRA, Amilcar Araújo. 'Por uma autêntica democracia racial!': os movimentos negros nas escolas e nos currículos de história. *História Hoje*, v. 1, n. 1, p. 111-128, 2012.

PEREIRA, Leonardo Affonso de Miranda. Literatura e história social: a 'geração boêmia' no Rio de Janeiro do fim do Império. *História Social*, n. 1, p. 29-64,1994.

____. Sobre confetes, chuteiras e cadáveres: a massificação cultural no Rio de Janeiro de Lima Barreto. *Projeto História*, São Paulo, v. 14, p. 231-241, 1997.

____. Barricadas na academia: literatura e abolicionistas na produção do jovem Coelho Netto. *Tempo*, Rio de Janeiro, n. 10, p. 15-37, 2000a.

____. *Footballmania*: uma história social do futebol no Rio de Janeiro, 1902-1938. Rio de Janeiro: Nova Fronteira, 2000b.

____. *O carnaval das letras*: literatura e folia no Rio de Janeiro do século XIX. 2. ed. rev. Campinas: Ed. Unicamp, 2004.

____. 'O Prazer das morenas': bailes, ritmos e identidades nos clubes dançantes da Primeira República. In: MARZANO, Andrea; MELO, Victor Andrade (Org.). *Vida divertida*: histórias do lazer no Rio de Janeiro (1830-1930) Rio de Janeiro: Apicuri, 2010. p. 275-299.

____. *Coelho Netto, um antigo modernista.* Rio de Janeiro: Contra Capa, 2016.

____. *A cidade que dança*: clubes e bailes negros no Rio de Janeiro (1881-1933). Campinas: Ed. Unicamp; Rio de Janeiro: Eduerj, 2020.

____; CHALHOUB, Sidney. Apresentação. In: ____; ____. *A história contada*: capítulos de história social da literatura no Brasil. Rio de Janeiro: Nova Fronteira, 1998. p. 7-13.

PEREIRA, Matheus Serva. *Uma viagem possível*: da escravidão à cidadania. Quintino de Lacerda e as possibilidades de integração dos ex-escravos no Brasil. Dissertação (mestrado em história) – UFF, Niterói, 2011.

PESAVENTO, Sandra Jatahy. Cidades visíveis, cidades sensíveis, cidades imaginárias. *Revista Brasileira de História,* v. 27, n. 53, jun. 2007.

PESSANHA, Andrea Santos da Silva. *O Paiz* e a *Gazeta Nacional*: imprensa republicana e abolição. Rio de Janeiro, 1884-1888. Tese (doutorado em história) – UFF, Niterói, 2006.

PINTO, Ana Flávia Magalhães. *Escritos de liberdade*: literatos negros, racismo e cidadania no Brasil oitocentista. Campinas: Ed. Unicamp, 2018.

____. Vicente de Souza: intersecções e confluências na trajetória de um abolicionista, republicano e socialista negro brasileiro. *Estudos Históricos,* Rio de Janeiro, v. 32, n. 66, p. 267-286, jan./abr. 2019.

POPINIGIS, Fabiane. *Proletários de casaca*: trabalhadores do comércio carioca (1850-1911). Campinas: Ed. Unicamp, 2007.

PRIORE, Mary del. *Festas e utopias no Brasil colonial.* São Paulo: Brasiliense, 2000.

RAMA, Angel. *A cidade das letras.* São Paulo: Brasiliense, 1984.

REIS, João José dos. *A morte é uma festa*: ritos fúnebres e revolta popular no Brasil do século XIX. São Paulo: Companhia das Letras, 1991.

____. Identidade e diversidades étnicas nas irmandades negras no tempo da escravidão. *Tempo,* Rio de Janeiro, v. 2, n. 3, p. 7-33, 1996.

____. Tambores e temores: a festa negra na Bahia na primeira metade do século XIX. CUNHA, Maria Clementina Pereira (Org.). *Carnavais e outras f(r)estas.* Campinas: Ed. Unicamp, 2002.

RIBEIRO, Marcus Tadeu Daniel. Emílio Rouède (1848-1908). In: ____. *Emilio Rouède (1848-1908)*. Rio de Janeiro: Museu Nacional de Belas Artes, 1988. (Catálogo de exposição).

ROCHA, Antonio Penalves. *Abolicionistas brasileiros e ingleses*: a coligação entre Joaquim Nabuco e a British and Foreign Anti-Slavery Society (1180-1902). São Paulo: Edunesp, 2009.

RODRIGUES, Igor Soares. *Revista Typographica*: uma classe ilustrada em tempos confusos (1888-1890). Dissertação (mestrado) – Instituto de Filosofia e Ciências Humanas, Uerj, Rio de Janeiro, 2020.

RODRIGUES, João Paulo Coelho de Souza. A geração boêmia: vida literária em romances, memórias e biografias. In: CHALHOUB, Sidney; PEREIRA, Leonardo Affonso de M. *A história contada*: capítulos de história social da literatura no Brasil. Rio de Janeiro: Nova Fronteira, 1998.

____. *A dança das cadeiras*: literatura e política na Academia Brasileira de Letras (1896-1913). Campinas: Ed. Unicamp, 2001.

SALLES, Ricardo. *Nostalgia imperial*: a formação da identidade nacional no Brasil do Segundo Reinado. Rio de Janeiro: Topbooks, 1996.

SANDRONI, Cícero. *180 anos do* Jornal do Commercio: 1827-2007. Rio de Janeiro: Quorum, 2007.

SANTOS, Ynaê Lopes dos. *Além da senzala*: arranjos escravos de moradia no Rio de Janeiro (1808-1850). São Paulo: Hucitec, 2010.

____. *Racismo brasileiro*: uma história da formação do país. São Paulo: Todavia, 2022.

SCHWARCZ, Lilia Moritz. *As barbas do imperador*: d. Pedro II, um monarca nos trópicos. São Paulo: Companhia das Letras, 1998.

____. *Lima Barreto*: triste visionário. São Paulo: Companhia das Letras, 2017.

____; COSTA, Angela Marques da. *1890-1914*: no tempo das certezas. São Paulo: Companhia das Letras, 2007.

SCHWARTZ, Stuart. A historiografia recente da escravidão brasileira. In: ____. *Escravos, roceiros e rebeldes*. Bauru: Edusc, 2001. p. 21-88.

SCHWARZ, Roberto. *Ao vencedor as batatas*: forma literária e processo social nos inícios do romance brasileiro. São Paulo: Ed. 34, 1996.

SEGAWA, Hugo. *Arquiteturas no Brasil. 1900-1990*. São Paulo: Edusp, 2002.

SICILIANO, Tatiana Oliveira. *O Rio de Janeiro de Arthur Azevedo*: cenas de um teatro urbano. Rio de Janeiro: Mauad X, 2014.

SILVA, Ana Carolina Feracin da. Introdução. In: ____. *Bilhetes postais – Coelho Netto*. Campinas: Mercado de Letras; São Paulo: Fapesp, 2002.

SILVA, Eduardo. Rui Barbosa e o quilombo do Leblon. In: LUSTOSA, Isabel et al. *Estudos históricos sobre Rui Barbosa*. Rio de Janeiro: Casa de Rui Barbosa, 2000.

____. Integração, globalização e festa: a abolição da escravatura como história cultural. In: PAMPLONA, Marcos A. (Org.). *Escravidão, exclusão e cidadania*. Rio de Janeiro: Access, 2001.

____. *As camélias do Leblon e a abolição da escravatura*: uma investigação de história cultural. São Paulo: Companhia das Letras, 2003.

____. Sobre versos, bandeiras e flores. In: VENÂNCIO, Renato Pinto (Org.). *Panfletos abolicionistas*: o 13 de Maio em versos. Belo Horizonte: Secretaria de Estado de Cultura de Minas Gerais, Arquivo Público Mineiro, 2007.

____; REIS, João José. Entre Zumbi e Pai João: o escravo que negocia. In: ____; ____. *Negociação e conflito*: a resistência negra no Brasil escravista. São Paulo: Companhia das Letras, 1989.

SILVA, Helenice Rodrigues da. 'Rememoração'/comemoração: as utilizações sociais da memória. *Revista Brasileira de História*, São Paulo, v. 22, n. 44, p. 425-438, 2002.

SIQUEIRA, Carla Vieira. *A imprensa comemora a República*: o 15 de novembro nos jornais cariocas – 1890-1922. Dissertação (mestrado) – PUC-Rio, Rio de Janeiro, 1995.

SLENES, Robert. O que Rui Barbosa não queimou: novas fontes para o estudo da escravidão no século XIX. *Estudos Econômicos*, v. 13, n. 1, p. 117-149, jan./abr. 1983.

____. Escravos, cartórios e desburocratização: o que Rui Barbosa não queimou será destruído agora? *Revista Brasileira de História*, São Paulo, v. 5, n. 10, p. 166-196, mar./ago. 1985.

____. 'Malungu, ngoma vem!': África coberta e descoberta do Brasil (1991-1992). *Revista USP*, São Paulo, n. 12, p. 48-67, 1992.

____. 'Eu venho de muito longe, eu venho cavando': jongueiros cumba na senzala centroafricana. In: LARA, Silvia Hunold; PACHECO, Gustavo. *Memória do jongo*: as gravações históricas de Stanley J. Stein. Rio de Janeiro: Folha Seca; Campinas: Cecult, 2008.

SODRÉ, Nelson Werneck. *História da imprensa no Brasil*. Rio de Janeiro: Mauad, 1999.

SOUZA, Felipe Azevedo e. *Nas ruas*: abolicionismo, republicanismo e movimento operário no Recife. Salvador: Edufba, 2021.

SOUZA, Juliana Teixeira. *A autoridade municipal na Corte imperial*: enfrentamentos e negociações na regulação do comércio de gêneros (1840-1889). Tese (doutorado) – Unicamp, Campinas, 2007.

STEIN, Stanley J. *Grandeza e decadência do café no vale do Paraíba*: uma referência especial ao município de Vassouras. São Paulo: Brasiliense, 1961.

TAVARES, A. de Lyra. *Aristides Lobo e a República*. Rio de Janeiro: Biblioteca do Exército, 1987.

TERRA, Paulo Cruz. As câmaras municipais no Império: as posturas municipais do Rio de Janeiro sobre o trabalho (1830-1838). In: ____; MAGALHÃES, Marcelo; ABREU, Martha. *Os poderes municipais e a cidade*: Império e República. Rio de Janeiro: Mauad X, 2019.

THOMPSON, E. P. *Costumes em comum*. São Paulo: Companhia das Letras, 1998.

VALLE, Daniel Simões. A abolição da escravidão sob outro prisma: os projetos de reforma na imprensa espírita da Corte, 1881-1888. In: ABREU, Martha; PEREIRA, Matheus Serva (Org.). *Caminhos da liberdade*: história da abolição e do pós-abolição no Brasil. Niterói: PPGHistória-UFF, 2011. (Ebook).

VASQUEZ, Pedro Karp. *Dom Pedro II e a fotografia no Brasil*. Rio de Janeiro: Index, 1985.

VENÂNCIO, Renato Pinto (Org.). *Panfletos abolicionistas*: o 13 de Maio em versos. Belo Horizonte: Secretaria de Estado de Cultura de Minas Gerais, Arquivo Público Mineiro, 2007.

VIANA, Larissa. Sociabilidade religiosa e mestiçagem: a formação das irmandades de pardos no Rio de Janeiro colonial. In: ABREU, Martha et al. (Org.). *Cultura negra*. Niterói: Eduff, 2018. v. 1: Festas, carnavais e patrimônios negros.

VITORINO, Artur José Renda. *Processo de trabalho, sindicalismo e mudança técnica*: o caso dos trabalhadores gráficos em São Paulo e no Rio de Janeiro, 1858-1912. Dissertação (mestrado) – Unicamp, Campinas, 1995.

____. Os sonhos dos tipógrafos na corte imperial brasileira. In: BATALHA, Cláudio H. M.; SILVA, Fernando Teixeira da; FORTES, Alexandre (Org.). *Culturas de classe*: identidade e diversidade na formação do operariado. Campinas: Ed. Unicamp, 2004.

Este livro foi impresso nas oficinas gráficas da Editora Vozes Ltda.,
Rua Frei Luís, 100 – Petrópolis, RJ.